The Outline of
the Great Country Image

A Study on the Existence Mode,Core Variables
and Image of the Great Country since Modern Times

大国形象论纲

近代以来大国的存在方式、核心变量
及其形象问题研究

方正 著

社会科学文献出版社
SOCIAL SCIENCES ACADEMIC PRESS (CHINA)

前　言

近代以来，"国家形象"问题由国家自发实践进入学界，促使多流派多学科对这一领域展开研究与诠释，催生了诸多具有理论性的形象建构学说。这些学说在推进过程中，也对各国家制定本国形象政策的实践活动产生了一定的影响，具有一定的指导作用。以世界近代史为考察范围，国家形象斗争的热度与战争等重大历史事件的烈度呈正相关，如两次世界大战与冷战期间，对立双方开展的包括形象宣传在内的意识形态攻势。这促使"国家形象"研究进入高速发展时期。进入 21 世纪，"国家形象"议题进一步融入大众视野与日常生活，引起国内学界的关注与重视。

国内外学界普遍认同，"国家形象"具有重要的理论与现实意义，对于大国而言，更是如此。随着我国综合国力和国际地位的不断提升，国际社会对中国的关注前所未有，但中国在世界上的形象很大程度上仍是"他塑"而非"自塑"，我们在国际上有时还处于有理说不出、说了传不开的境地，存在信息流进流出的"逆差"、中国真实形象和西方主观印象的"反差"、软实力和硬实力的"落差"。究其原因，主要有三：一是偏见，源于西方对中国的陌生、隔阂和不了解；二是文化霸权主义，西方一些国家故意对中国进行妖魔化；三是中国在国家形象塑造方面缺乏经验，包括国家形象构建在内的国际性的文化建设与传播，未能很好地赶上当代中国经济、军事、政治建设步伐与成就，是在特殊领域发展不充分不均衡的一种表现。正因如此，习近平总书记强调："必须加强顶层设计和研究布局，构建具有鲜明中国特色的战略传播体系。"① 本书主要从"什么是大国与大国形象""构建什么样的大国形象""怎样构建大国形象"展开。

---

① 《习近平谈治国理政》第 4 卷，外文出版社，2022，第 316 页。

一 什么是大国与大国形象

大国形象是大国的重要内容，是大国综合国力和国家品质的集中体现，也是大国竞争的重要场域，因此具有战略意义。

从历史和现实两个层面来看，大国及其形象问题已经成为重要的历史辩题。"大国"的存在、变化、消亡及其作用的全过程，符合马克思主义所指明的历史规律，并受历史规律的限制与指导，这是大国及其形象问题能够成为历史辩题的**先决条件**。世界近代史表明，"大国"是推动历史车轮滚滚向前的重要力量，并对历史车轮的走向产生巨大影响，这是大国及其形象问题能够成为历史辩题的**必要条件**。进入世界百年未有之大变局的关键时期，"大国"的发展方向与行为方式将深刻影响全人类的未来，这是大国及其形象问题能够成为历史辩题的**充分条件**。

首先，**大国形象以大国为依托**。什么是大国？目前中西方学界对此并没有广泛认可的权威定义，理论界与舆论界在使用"大国"时存在一定的经验取向。以世界近代史为考察范围，我们可以将大国总结为"大体量的现代化国家"。一方面，大国相对于其他国家的突出特点就是"大"。主要体现在体量上，包括领土范围、人口数量、资源存量、经济总量、军事力量等国家实力要素。另一方面，大国能够从众多国家中脱颖而出的重要因素是成功实现现代化，主要动力为两次工业革命和21世纪以来的科技爆发。需要注意的是，近代以来，西方国家在工业革命的推动下逐渐实现以工业化为代表的现代化，并获得大国身份，是客观的历史事实。但是，其成为大国的过程，伴随着殖民主义的血腥灾难与残酷剥削，给世界人民带来了深重苦难。与此同时，尽管西方是现代化的先行者，但以中国为代表的后发国家经过长期探索与艰苦奋斗，开创了中国式现代化新道路。中国现代化的奇迹充分证明，现代化不只有西方化一条路可走。

其次，**大国形象是大国本质的体现**，近代以来的大国本质是什么？工业革命拉开了世界近代史的帷幕，欧洲各国先后走上了现代化道路，并踏上了殖民主义扩张道路。不论是西班牙、葡萄牙、荷兰，还是英、法、德、美，其大国身份均带有明显的殖民主义特征。因此，近代以来的大国首先是殖民主义大国。随着资本主义进入帝国主义阶段，殖民主义发展到顶峰，西方大国内部的帝国主义矛盾越发深重，并引起了两次世界大战，这一时期的西方大国成为帝国主义大国。十月革命一声炮响，世界上第一个社会主义国家诞生，帝国主义大国统治的世界出现了人类历史上第一个社会主义国家，并在先进的科学的马克思主义理论的指导下，迅速成长为社会主义大国。帝国主义内部矛盾引发两次世界大战，并使得部分国家丧失大国身份。第二次世界大战结束，冷战开启，形成美苏两极格局，美苏两国成为霸权主义大国的代表。冷战结束后，美国成为世界唯一超级大国，但冷战的结束并没有改变美国的存在方式，反而依靠强大的军事与经济实力推行强权政治，成为集殖民主义、帝国主义、霸权主义于一身的超级大国。第二次世界大战结束，宣告着旧的殖民主义的破产，世界被压迫被奴役的民族与国家奋起反抗，实现民族解放与独立，以中国、印度等为代表的国家重新获得大国身份，正如习近平总书记指出的"中国人民抗日战争的伟大胜利，重新确立了中国在世界上的大国地位"①。各国正通过民族复兴运动不断探索现代化道路，部分国家脱颖而出，逐渐成长为新型大国，响应了世界人民对和平与发展的深切呼唤。应当注意的是，虽然第二次世界大战后的民族解放运动导致了广大殖民地国家的独立，但殖民主义并没有消失，而是以一种新的、更加隐蔽的方式继续存在，如金融殖民、文化殖民等。因此，西方话语体系中的民主与自由等宣传攻势并不能粉饰以美国为首的西方大国是殖民主义、帝国主义和霸权主义大国的本质。

最后，**大国形象受大国变量的影响，大国的核心变量是政治因素。**2018 年 1 月 5 日，习近平总书记在新进中央委员会的委员、候补委员和省部级主要领导干部学习贯彻习近平新时代中国特色社会主义思想和党的十九大精神研讨班上明确指出："古往今来，世界上的大国崩溃或者衰败，其中一个普遍的原因就是中央权威丧失、国家无法集中统一。"② 总结大国兴衰成败的经验可以看出，大国不仅需要军事和经济的**硬实力**，也必须具备文化和政治的**软实力**，其中军事、经济和文化实力的叠加，造就了大

---

① 《习近平著作选读》第 2 卷，人民出版社，2023，第 336 页。
② 《习近平著作选读》第 2 卷，人民出版社，2023，第 107 页。

国的体量与现代化，而政治实力更具操作性，能够使大国国力出现倍增或锐减，因此是决定大国繁荣或消亡的核心因素。正如管子所说的"夫国大而政小者，国从其政。国小而政大者，国益大"。

大国的政治因素主要体现在**阶级性**与**人民性**上。国家是阶级矛盾不可调和的产物，阶级性体现在两方面：一是统治阶级与被统治阶级的力量对比，即对大国进行统治的阶级属性；二是占据统治地位的领导核心，主要是政党与政府的领导能力和治理能力。总的来说，就是大国领导核心的属性与能力，集中表现在大国上下能否团结统一与行动一致。人民是历史的创造者，人民是真正的英雄。人民性则体现为大国能否做到以人民为中心，尊重人民群众的历史主体地位和首创精神，始终坚持人民群众是历史发展的根本力量的客观规律。以人民为中心，正是人类文明新形态和新型大国的内在属性与要求。

中西方的大国形象具有本质上的区别。大国的核心变量为百年变局中的大国形象构建指明了方向，大国形象不仅要关注其**物质属性**，更要关注其**伦理属性**。这正是面向人类文明新形态的新型大国与以殖民主义、帝国主义和霸权主义为代表的旧形态大国的本质区别。中西方构建大国形象实践及其内容的区别源于对"大国"不同的文化文明属性及其反映的政治哲学。《说文解字》讲："大，天大、地大、人亦大。故大象人形。"《庄子》道："天地者，形之大者也；阴阳者，气之大者也。"《孟子·尽心下》讲："可欲之谓善，有诸己之谓信，充实之谓美，充实而有光辉之谓大，大而化之之谓圣，圣而不可知之之谓神。"大就是要符合"善""信""美""大""圣""神"等标准，并且始终秉持"士希贤，贤希圣，圣希天"的奋斗精神。那么，"大国"就是要"内圣外王"，"形于中，而发于外"，内以精神为之"大"，外以体量为之"大"。西方在通常意义上并不严格区分"大国"与"强国"，是一种基于现实主义思维的表达。反映在语言上，美西方以"Big Power"指代大国，"Great Power"指代超级大国，其关注点在力量、实力、权力上，因此创造出"无政府状态""无序状态""自助体系"等现实主义理论，粉饰殖民掠夺、压迫剥削。出于文化文明的差异，以及国家观、世界观、生命观等区别，中国在"大国"的翻译问题上，采取了一种"去权力（强力、强权）"方式，即"Major Country"（大型国家、主要国家）。因此，中国的大国形象是一种对大国"充实而有光辉"的本质描述，有别于西方以权力和利益为现实导向的形象重构。

二　构建什么样的大国形象

大国要有大国的样子，要展现更多责任担当。自新中国成立以来，历任党和国家领导人都高度重视我国大国形象建构的课题。毛泽东同志指出："中国是一个大国，它的人口占全世界人口的四分之一，但是它对人类的贡献是不符合它的人口比重的。"① 邓小平同志指出："中国的发展是和平力量的发展，是制约战争力量的发展。现在树立我们是一个和平力量、制约战争力量的形象十分重要，我们实际上也要担当这个角色。"② "无论如何要给国际上、给人民一个改革开放的形象，这十分重要。"③ 江泽民、胡锦涛同志强调："要坚持走和平崛起的发展道路。"④ 温家宝同志也曾明确指出，中国的发展道路是"和平崛起的发展道路"。他说："昨天的中国，是一个古老并创造了灿烂文明的大国；今天的中国，是一个改革开放与和平崛起的大国；明天的中国，是一个热爱和平和充满希望的大国。"⑤ 进入新时代，习近平总书记在十八届中央政治局第 12 次集体学习时明确指出："要注重塑造我国的国家形象，重点展示中国历史底蕴深厚、各民族多元一体、文化多样和谐的文明大国形象，政治清明、经济发展、文化繁荣、社会稳定、人民团结、山河秀美的东方大国形象，坚持和平发展、促进共同发展、维护国际公平正义、为人类作出贡献的负责任大国形象，对外更加开放、更加具有亲和力、充满希望、充满活力的社会主义大国形象。对那些妖魔化、污名化中国和中国人民的言论，要及时予以揭露和驳斥。"⑥

① 《毛泽东文集》第 7 卷，人民出版社，1999，第 124 页。
② 《邓小平文选》第 3 卷，人民出版社，1993，第 128 页。
③ 《改革开放三十年重要文献选编》上，中央文献出版社，2008，第 534 页。
④ 《胡锦涛文选》，人民出版社，2016，第 141 页。
⑤ 齐鹏飞、李葆珍：《新中国外交简史》，人民出版社，2014，第 219 页。
⑥ 《习近平关于社会主义精神文明建设论述摘编》，中央文献出版社，2022，第 70 页。

进入世界百年未有之大变局和中华民族伟大复兴战略全局交织的关键时刻，中国作为变局中的核心变量，为推动世界朝着更加公平正义的和平发展之路前进做出了巨大贡献，也必然遭遇到西方大国的蛮横阻拦。在全球化与世界大国核平衡的现实条件下，大国之间爆发直接战争的后果极其严重，不符合全人类与大国的根本利益。当显性战争被限制在一定范围内时，形象领域的交锋就越发激烈。因此，我们要将构建大国形象作为"国之大者"的重要内容，分析历史规律、把握历史大势，从而积极作为。

近代以来，**大国之间的形象斗争始终存在**，如独立战争期间的英美形象攻势、第二次世界大战期间同盟国与轴心国的形象攻势，这一类大国间的形象攻势是作为战争的辅助手段同步进行的。但到了冷战期间，美苏两个超级大国并没有爆发直接战争，大国形象上升为斗争的主要场域。这一时期，社会主义大国占据的形象关键词是"民主"，而资本主义大国占据的形象关键词是"自由"，双方交锋态势紧张，并且势均力敌。然而苏东国家的解体使得社会主义陷入了低谷，社会主义终结论一时甚嚣尘上，以美国为首的西方获得了民主自由的解释权，并自封为民主自由的灯塔，不时打着民主自由人权的幌子对其他国家进行打压，甚至蛮横干涉他国内政。

这一历史进程启发我们，不仅要讲好中国故事，让外国群体认识中国、理解中国，也要以外国理论、外国叙事，把握外国思想根源和实践走向。"知识—权力"理论揭示了当前西方把持国际话语权的主要手段和方式。这也是本书使用一定篇幅着重分析外国近现代重要理论，并探索"**知识—权力—秩序**"框架的实践动因。我们应当勇于斗争、善于斗争，一方面要摆脱被动解释局面，积极引导国际议题；另一方面要审慎谋划、提前布局，占领形象"知识"的下一个高地。更为重要的是，通过主动建构"知识"，设置议题，掌握话语"权力"，从而改善当下国际体系中不公平、不公正的部分，推动建构符合中国与全人类和平与发展的新"秩序"。可以从三个方面进行尝试，即"**和合**""**进步**""**美好**"。这三个词的优势在于，简洁直白、易于翻译传播以及能够产生跨民族、跨文化的共情与认同；内涵美好、符合和平与发展的时代主题，响应人类社会追求合作共赢的历史潮流；具有鲜明中国特色、体现中国大国本质，响应人类命运共同体理念。

首先是和合。当今的时代主题仍然是和平与发展，各国相互依存、休戚与共，人类生活在同一个地球村里，越来越成为你中有我、我中有你的命运共同体，唯有合作才能维护世界和平，唯有合作才能促进共同发展，合作是人类社会走向持久和平、稳定与繁荣的唯一正确选择。世界百年未有之大变局带来了风险与挑战，新时代的中国正是和平合作、开放包容、互学互鉴、互利共赢精神的主要倡导者与践行者。

其次是进步。随着两个大局不断深入，以美国为首的西方大国更加显露出其本质，世界各国和人民逐渐认识到以美式民主和自由为构建核心的西方大国形象的虚伪，世界需要新的领导力量，带领各国人民不断进步。进入新时代，璀璨悠久的中华优秀传统文化持续向世界展现出独特的魅力，航母高铁、量子通信、桥梁基建和空间站等不仅铸就大国重器，也成为大国新名片，向世界展示了一个进步大国该有的样子。近年来，国外理论界对中国改革开放、新时代以及抗击疫情等都做出了积极正面评价，典范、模范成为高频词，这也证明，中国是进步的典范，能够成为人类社会进步的促进者。

最后是美好。美好生活是人类的共同期待。改革开放40多年来，中国取得了举世瞩目的辉煌成就，创造了人类历史上的发展奇迹，这"极大改变了中国的面貌、中华民族的面貌、中国人民的面貌、中国共产党的面貌"[1]。尤其是进入新时代以来，中国实现了第一个百年目标，在中华大地上全面建成小康社会，正在意气风发地向着第二个百年目标迈进。中国经济建设、政治建设、文化建设、社会建设、生态文明建设"五位一体"的总体布局推动五大文明协调发展，使中国成为纷乱世界中一个更加美好的大国。

"旗帜就是方向，旗帜就是形象。"[2] 最为重要的是，不论是"和合""进步"，还是"美好"，它们都应当归于中国共产党领导这一根本原则，就是中国共产党领导的大国。

---

[1] 习近平：《在庆祝改革开放40周年大会上的讲话》，人民出版社，2018，第19页。

[2] 《江泽民文选》第2卷，人民出版社，2006，第525页。

三　怎样构建大国形象

习近平总书记在 2018 年全国宣传思想工作会议上指出："必须自觉承担起举旗帜、聚民心、育新人、兴文化、展形象的使命任务。"① 我们当前的使命任务就是举旗帜、聚民心、育新人、兴文化、展形象。举旗帜是定方向，聚民心是强基础，育新人是保未来，兴文化是增自信，展形象是新突破。"展形象，就是要推进国际传播能力建设，讲好中国故事、传播好中国声音，向世界展现真实、立体、全面的中国，提高国家文化软实力和中华文化影响力。"② 构建中国大国形象是两个大局时代背景下关乎第二个百年目标的重要课题，必须要以"国之大者"的态度和视角进行理论与实践层面的探索。

首先要坚定"四个自信"，实现**理论超越**。长期以来，西方把持着国际话语权，冷战结束后，作为世界唯一超级大国，美国根据本国意志重构了世界秩序和理论体系。西方性呈现鲜明的美国性，美式话语体系的最显著特点是，包括战争、和平、发展在内的一切国际事务，甚至其他主权国家的国内事务的解释权都被强行归于美国。与普适性装扮普适价值一样，美方以理论性代替理论，构建起一套符合美国价值观与需求的美式话语体系，强行主导国际话语权。西方化演变为美国化。这种靠霸权主义、篡改历史立足的发明创造缺乏合法性，因而解释力也将随着霸权主义的衰落而显示出疲态，无法经受历史和人民的考验。在这样的情况下，我们要坚持和发展中国特色社会主义的大国形象构建理论，保持理论自信和文化自信，充分认识到西方理论和美式理论的本质是地方性理论，而不是放之四海而皆准的世界理论。

其次要把握构建主体，坚定**道路方向**。构建中国大国形象的主体是中国共产党。东西南北中、党政军民学，党是领导一切的。中国从国家蒙辱、人民蒙难、文明蒙尘走向中华民族伟大复兴，并成为新型大国，正是因为有了中国共产党。办好中国的事情，关键在党。正是在中国共产党的

① 《习近平谈治国理政》第 3 卷，外文出版社，2020，第 312 页。
② 《习近平著作选读》第 1 卷，人民出版社，2023，第 194 页。

坚强领导与科学探索下，我们开创、坚持、捍卫和发展了中国特色社会主义，创造了中国式现代化新道路，创造了人类文明新形态。因此，我们在开展大国形象构建的实践中，必须自觉做到"两个维护"，增强"四个意识"，发挥中国特色社会主义的巨大优势，沿着中国特色社会主义道路坚定前进，保持中国又好又快的发展势头。

最后要分析当前形势，明确**传播对象**。大国形象竞争，就是国际话语权的竞争。讲好中国故事，必须弄清怎么讲、讲什么，更重要的是讲给谁听。因此，传播对象是必须明确的竞争焦点。很明显，我们不仅要讲给广大西方国家的人民听，让他们了解一个真实的、立体的中国，更要讲给广大亚非拉和第三世界的国家和人民，争取世界民心。历史上大国的消亡和大国形象的幻灭给所有大国以启示，伪善的大国和虚构的大国形象终将被历史与人民抛弃。因此，当我们朝着第二个百年目标迈步奋进的时候，应当保持清醒与警惕，走向强国的过程就是完整构建并全面展示中国大国形象的过程。

习近平总书记在纪念辛亥革命110周年大会上的讲话中指出："新的征程上，我们必须统筹中华民族伟大复兴战略全局和世界百年未有之大变局，抓住历史机遇，增强忧患意识、始终居安思危，保持革命精神和革命斗志，勇于进行具有许多新的历史特点的伟大斗争，以敢于斗争、善于斗争的意志品质，坚决战胜任何有可能阻碍中华民族复兴进程的重大风险挑战，坚决维护国家主权、安全、发展利益。"① 在"两个大局"的历史条件下，构建大国形象是国之大者的题中应有之义。道路是曲折的，前途是光明的。实践路上必然会面临许多风险挑战与阻碍，但是我们相信，在以习近平同志为核心的党中央坚强领导下，我们一定能够取得成功，让新时代中国的大国形象在世界上不断树立和闪亮起来。

---

① 习近平：《在纪念辛亥革命110周年大会上的讲话》，人民出版社，2021，第8～9页。

目　录

第一章　百年变局的历史辩题与理论超越

尽管我们所处的时代同马克思所处的时代相比发生了巨大而深刻的变化，但从世界社会主义500年的大视野来看，我们依然处在马克思主义所指明的历史时代。世界百年未有之大变局揭示的是500年来西方主导的殖民主义世界秩序的大变革。世界社会主义500年的历史，是社会主义与资本主义的斗争史，是民族解放与殖民压迫的斗争史，是公理正义与强权剥削的斗争史。世界百年未有之大变局，是500年来阶级斗争在世界层面由量变到质变的最终转变过程和关键时期。

第一节　"大国"成为历史辩题的对象

世界社会主义500年的历史，是一部西方殖民主义的血腥史。自16世纪初殖民主义由葡萄牙、西班牙开端以降，伴随18、19世纪两次工业革命，资本主义逐步进入帝国主义阶段，并加速瓜分世界领土、划定势力范围，西班牙、葡萄牙、荷兰、英国、法国、德国等渐次登场，一度成为霸主，获得殖民主义大国身份。至20世纪，殖民主义愈演愈烈，帝国主义间矛盾激化，两次引发世界战争，其结果是部分旧帝国走向失败、没落和分裂，失去大国身份。与此同时，世界社会主义运动兴起，反殖民反压迫斗争和民族独立解放运动迅速发展，殖民主义走向瓦解，印度、中国等赢得独立，从历史中苏醒，重拾大国身份。第二次世界大战后，以联合国成立为标志的战后秩序建立，枪炮殖民失去合法性，经济殖民、政治殖民、文化殖民成为主要方式，殖民体系由台前转向幕后。美苏成为世界两极，冷战拉开帷幕。猝不及防的东欧剧变和苏联解体，结束了历时44年的对立局面，美国成为单极，世界中心最终由欧洲转向美国，西方化演变为美国化，后殖民主义的世界格局由此固化至今，帝国主义间互不侵犯势力范围成为潜规则和长期共识。"民主和平论"似乎论证了"历史终结"的正确性。大规模战争业已结束，第三次世界大战的担忧逐渐淡去，世界主流转向和平与发展。

战争、和平与发展贯穿着人类的 20 世纪，经济全球化、科技大爆发等积极因素激励着人类朝着 21 世纪奋进。冷战结束后，美国成为世界秩序的规则制定者和行为领导者。然而事实证明，美国的世界秩序的本质是帝国主义和霸权主义的殖民秩序。哪里有压迫，哪里就有反抗。世界解放斗争和解放运动仍在局部爆发，而帝国主义一面坚信西式民主至高无上的合法性与优越性，宣扬虚伪的道德观念，一面以实际行动证明，"哪里出现反抗，哪里就压迫不足"的殖民传统。以美国为首的西方大国先后发动了海湾战争、科索沃战争、阿富汗战争、伊拉克战争、利比亚战争，企图以霸权主义方式给依旧沸腾的世界扣上盖子。然而 21 世纪伊始，全球恐怖主义就以极端方式扯下了美式民主的遮羞布，提醒着人类，世界并不如表面看上去的那般风平浪静，"权力"和"利益"依旧是西方大国的核心命题。

但是，世界上先进的、正确的、进步的力量总能够在压迫中生存和发展。21 世纪的前 20 年最大的变量，就是在中国共产党的带领下，中国人民顶住苏联解体与和平演变的压力，"冷静观察，稳住阵脚，沉着应付，韬光养晦，善于守拙，决不当头，有所作为"[①]，尤其是经过改革开放 40 多年来的艰苦奋斗，取得了举世瞩目的成就，中国走进新时代，并日益走近世界舞台的中央。

阻碍世界前进的消极因素越发明显地出现衰退，而人类社会进步力量更加蓬勃发展，世界政治呈现多极化态势，500 年来西方主导的霸权主义和强权政治世界秩序或将终结于 21 世纪。

人类能否按照马克思所指明的方式书写 21 世纪，又能否以新的存在方式迎接并创造美好未来？其关键仍在"大国"。一方面，近代以来的历

---

① 《中华人民共和国简史》，人民出版社、当代中国出版社，2021，第 195 页。

史表明，大国对世界格局和人类未来走向具有重要影响，一如荷兰、西班牙、葡萄牙、英法德相继登场的欧洲混战，英美之争的权力转移，美苏争霸的世界对立。大国的战略意志和国家行动持续改变着世界。这不仅适用于百年未有之大变局历史条件下的世界，而且越发显现出其深刻的影响力。另一方面，随着人类社会的进步发展，以及人类对战争的警惕与对和平的珍视，世界各国和世界人民对大国的要求与期待有所变化，这也促使大国进行自我革新。

因此，什么是大国、建设什么样的大国、怎样建设大国等问题，就共同构成了大国历史辩题的主要内容。

第二节　"大国"作为历史辩题的条件、内容和主要矛盾

500 年来，西班牙、葡萄牙、荷兰、英国、法国、德国、日本、俄国、美国、中国等国先后获取和重拾大国身份。历史风云跌宕，有的穿过历史、延续至今，有的则消亡在历史长河之中。

"大国"的存在、变化、消亡及其作用的全过程，符合历史规律，并受历史规律的限制与指导，这是"大国"及其相关问题能够成为历史辩题的先决条件。回溯 500 年历史，"大国"是推动着历史车轮滚滚向前的重要力量，并对历史车轮的走向产生巨大影响，这是"大国"及其相关问题能够成为历史辩题的必要条件。而置于世界百年未有之变局的关键时期，"大国"的发展方向与行为方式将深刻影响全人类的未来，这是"大国"及其相关问题能够成为历史辩题的充分条件。因此，当"大国"及其相关问题成为历史辩题时，就需要充分把握历史规律和未来大势。

作为历史辩题，必然需要对历史规律、历史主体、历史动力进行考察，因而，此辩题涉及的主要内容为：

前置辩题：什么是大国

1. 大国的构成要素

2. 大国的存在方式与核心变量

发展辩题：建设什么样的大国

3. 大国推动历史发展（大国对战争、和平与发展的影响）

4. 大国之争的本质

未来辩题：怎样建设大国

5. 大国的现实性与未来性

6. 大国何以担当百年变局

涉及辩题：大国的形象

7. 大国形象的重要性

8. 大国形象的本质与区别

以上辩题内容的关键在于对"大国"的定义。目前国内外学界以"大国"为对象的研究成果丰富，但相关成果或有意回避探讨"大国"定义，接受历史惯性认识，进行模糊处理，将个别国家认定为"大国"；或从研究者的学科背景出发，进行片面表述。零星分布的相关"大国"定义不尽如人意，对探析历史规律和把握历史大势缺乏指导意义。造成这种困难的主要原因在于，"大国"的核心与外延具有较强的相对性，其阐释方式与路径又较为多样化，加之历史上各"大国"在意识形态、社会结构、政治文化等方面各不相同，无法通过实证方式归纳统一标准。这也使该辩题的主要矛盾显现出来。

作为历史辩题，"大国"及其相关问题的主要矛盾在于：

1. "大国"的运动变化与人类历史发展的矛盾

2. "大国"的伦理属性与物质属性的矛盾

现实问题的矛盾首先需要从理论上予以分析、建构与阐释，从而对实践的发展产生积极的指导作用。

第三节　"大国"作为历史辩题急需理论超越

自殖民主义兴起，西方学界便开始加速理论发明，建构了包括"无政府状态""理想主义""现实主义"在内的政治学内容，并声称这些内容是对人类社会真理的发现。然而，西方发明这些内容的本质不是通过探索真理从而推动人类世界的和平与发展，而是通过构建西方话语体系美化资本主义和殖民主义。他们的理论建构不是为了规范自己，而是为了规范别人，以此占据道义上的制高点与理论上的合法性，使非西方永远心甘情愿地服从西方的压迫。这本身就是先天缺陷。

进入20世纪，两次世界大战使英、法、德等旧欧洲的殖民主义帝国在沦为二流国家的边缘挣扎，丧失了世界领导权。世界中心由欧洲转移到美国，冷战格局结束后，作为世界唯一超级大国，美国根据本国意志和本国利益，主导重构了世界秩序和理论体系。西方性呈现鲜明的美国性。包括战争、和平、发展在内的一切国际事务，甚至其他主权国家的国内事务的解释权都被强行归于美国。来自世界各地数量巨大的学者群体聚集到美国，正如美国以普适性装扮普适价值一样，相关学科的学者以理论性代替理论，构建起一套符合美国价值观与利益导向的美式话语体系，快速取得了国际话语权和主导权。西方化演变为美国化。这种靠霸权主义、篡改历史立足的发明创造缺乏合法性，因而解释力也将随着霸权主义的衰落显示出疲态，无法经受历史和人民的考验，这与近年来在世界重大冲突、战争等事件中，包括美国盟友在内的国际社会出现愈发普遍频繁的对美国的批评和反对形成强烈印证。

就500年来的殖民主义而论，西方发明的理论大致可以分成两类。

一是美化殖民主义，掩盖殖民主义的血腥历史，将野蛮描绘成文明。秉持这种目的的学者，一般认同基督教文明观念，强调天定命运观、宿命论和原罪论，他们往上挖掘到柏拉图、修昔底德、霍布斯和马基雅维利等古代学者，以彰显其出身正统、思想源长，从而使其观点具有合法性。以洛克等为代表的西方学者首先杜撰出一种"无政府理论"，暗示世界的无政府状态（chaos）和无序（disorder），由此表明，非西方都是缺失文明的、荒蛮的、无主之地，具有原罪，亟待西方到来，以救世主的姿态传播福音、建立信仰。因此，征服战争、殖民掠夺就具有了充分的合法性。那么西方内部怎么分配其对非西方的"合法性"呢？学者创造了自助体系（self-help）概念，将权力作为衡量标准，既然非西方是无主之地，那么西方就可以依照权力大小，"自助"分配非西方，这是西方与他国展开对话的思想来源。

二是吹捧霸权主义，粉饰天下太平，强行把历史终结在资本主义。霸权主义下的理论建构多无视公义、脱离历史、背叛人民，很多著名的论断是一种被安排的理论创造。与此同时，受到多种因素影响（主要是为了自我实现），许多非西方学者也通过挖掘本国历史片段，证明本国符合西方理论建构的安排，从而实证西方理论是普适理论。为了挽救深陷经济、社会等系统性危机的资本主义，并适当迎合当今世界和平与发展的主题，资本主义内部进行了一定调整，也通过理论创造，将西方打造为和平的缔造者与捍卫者。而非西方，尤其是秉持不同意识形态的国家，则被构陷为和平破坏者。相关理论如经济相互依赖和平论、民主和平论、国际制度和平论等，这些理论的出发点、关注点和侧重点各不相同，但其共同性在于，理论的创造和发明的目的在于维持现有的、西方既得利益的、不公正的国际秩序，并将所有挑战者构陷为和平破坏者。珍惜与维护和平的本意不是成为维护西方主导的不公义世界的力量或帮凶，和平不是无原则、无条件地维持现状，中国人民对和平有自己的深刻理解，有自己的方案和经验，其基本内涵就是：反对殖民主义、帝国主义与霸权主义。当今尤其以反对殖民主义遗毒和反对霸权主义扩张为首要任务。尽管当今世界仍是西方化世界，更多地显性表现为美国化世界，但变局的题中应有之义之一应是扭转这一局面，使世界回归世界，世界回归人民。这是变局加速后西方、后美国世界到来的动力之一，也是西方以遏制中国为主要手段、阻止变局发展的主要原因。

进入 21 世纪，在世界百年未有之大变局的历史与现实条件下，美式价值观暴露出虚伪，美式民主弊端层现，美式理论缺乏解释力，既不能解释美国价值与美国行动之间的差距鸿沟，也不能解释以中国为代表的发展中国家取得的重大成就。其中，约翰·米尔斯海默（John Mear-sheimer）的《大国政治的悲剧》当之无愧地成为最成功的失败案例。世界人民已经厌倦了由美国学者发明的话语体系和理论，世界上真正谋求本民族和本国家发展的人民，真正珍视和平、谋求发展的国家都急需进行理论超越。因此，对待西方理论的态度应该是，了解他们的知识、学科、话语、体系，尤其要关注那些深度参与了政府政策制定与执行，并且曾担任过重要职务的学者，拿来的目的是用他们听得懂的方式讲给他们听，而不是讲他们想要听到的内容。所谓中体西用，在当下应有新的内涵。正如《大国政治的悲剧》一书的译者王义桅在此书代译序中指出："中国学界对现实主义理论的探讨并未跳出西方的逻辑，认清其本质。现实主义理论不是被证实或证伪的，只能被超越。中国能否和平崛起，便是这种超越的集中诘问。"①

中国自古就是大国，中国经历百年屈辱在 20 世纪后半叶重拾大国身份，在中国共产党的坚强领导下，全面建设社会主义现代化强国，实现中华民族伟大复兴是必须也一定能够完成的任务。进入世界百年未有之大变局和中华民族伟大复兴战略全局相互交织的历史进程中，中国人民选择了用和平崛起的方式再一次证明，没有血腥和罪恶、没有霸权和修昔底德陷阱，也能够实现大国雄心。其关键在于，西方能否接受非西方的和平崛起，而非西方如何在依旧西方化的世界里实现和平崛起。

西方学者和政客不断向世界人民灌输这样的观点——中国的大国崛起会威胁世界和平。这显然是颠倒是非，以美西方的逻辑强加于世界人民。一方面，对于中国来说，内因是主要原因，变局之中最重要的仍是快速高质量发展，发展的首要外部条件是和平，这是我们致力于和平事业的现实动因之一；另一方面，尽管世界进入百年未有之大变局，但和平与发展仍是主流，世界和平面临的主要挑战是美西方霸权主义国家为维护殖民体系而不断掀起的战争。

我们必须清醒地认识到，和平是至关重要的，但和平不是无原则妥协，是充分斗争和敢于胜利。作为世界百年未有之大变局的核心变量和主导力

---

① 〔美〕约翰·米尔斯海默：《大国政治的悲剧（修订版）》，王义桅、唐小松译，上海人民出版社，2014，代译序，第Ⅱ页。

量，中国的主动作为就是要把斗争的尺度、宽度、广度和深度牢牢掌握在自己手中。与此同时，世界上的国家，大部分是热爱和平、向往发展的，中国的发展给世界带来了希望、样本和方案，世界绝大多数国家和人民是拥护的。当显性战争被控制在一定范围内，"大国"间的隐形战争——以国家形象战争为内容的国际话语权争夺——就摆在了台上，且愈演愈烈。这是中国在世界百年未有之大变局的关键时期实现中华民族伟大复兴和社会主义现代化强国目标，必须重视和关注的斗争内容。

第四节　"大国形象"是"大国"历史辩题的题中应有之义

"大国形象"是常用概念，但不是学界传统议题。以往的"大国形象"作为概念使用时，通常表达的仍是"国家形象"内涵。以"中国负责任大国形象"为典型案例，对常用句式进行一般性分析可以得出以下结论：句式通常以中国作为主语和多数对象，以形容词作为主要内容用以指明具体意义，以"形象"作为实际宾语，在这一句式中，"大国"只是"形象"的修饰词，割裂了"大国形象"的整体性，也弱化了"大国"的内涵与意义。近些年，随着中国日益走近世界舞台中央，对外宣传日益深化，对新时代中国的描述需求与日俱增，理论补充刻不容缓。与此同时，我国政府文件、重要讲话和国际国内重要场合对"大国形象"的使用频率快速提升，研究情况得到了极大改善。"大国形象"的整体性研究成为"大国"历史辩题的题中应有之义和新兴议题。

学界基于约瑟夫·奈（Joseph Nye）的"软实力"（Soft Power）理论对"国家形象"领域的研究产生了足够的重视，并且已经形成了较为丰富的学术成果，各领域的专家学者从其专业角度出发阐述了中国作为一个国际行为主体的形象构建的相关理论、原则和路径。值得注意的是，"国家形象"这一概念在大多数情境下是与"外交"这一国家实践紧密结合在一起的。20世纪末，国际金融危机时期，我国政府就提出要做"国际社会负责任的大国"①，到党的十八大召开后，中共中央总书记和中国国家主席习近平在多个重要外交场合阐释了中国关于"大国外交"的理念，向世界传递了中国作为一个"大国"的外交原则与思路，获得了国内国际一致好评。随着2010年中国国内生产总值超越日本，成为世界第二大经济体，国家综合实力进一步提升，国民信心进一步增强。从2011年中国国家形象宣传片在美国纽约时代广场播放，引起国际社会极大关注，到2017年，政论片《大国外交》上映，"大国"概念逐渐清晰并深入人心，"国家形象"概念的研究上升到了"大国形象"的层面。

在这样的背景下，国内学界开始重视在"大国"视域下对中国的国家形象、外交政策等内容进行研究，相关成果逐渐丰富起来。相关研究内容也清楚地表明，部分学者以学术勇气、探索精神和负责任的态度对"大国"与"大国形象"两个概念进行学理性的界定与描述，但也有部分学者对这两个概念采取了回避或漠视的态度。因此，在这样的情况下，对"大国"与"大国形象"展开基础性的科学研究与逻辑分析是十分必要且紧迫的：一方面，世界局势风云谲变，随着超级大国露出衰退迹象，世界政治经济格局遭受到冷战以来的最大冲击，尽管世界局势整体和平，但斗争形势严峻激烈，中国应当以怎样的姿态和理论迎接挑战和机遇，是摆在我们面前的重要问题之一；另一方面，随着我国国家实力持续快速增强，中国的经验产生了极大的示范效应，"世界那么大，问题那么多，国际社会期待听到中国声音、看到中国方案，中国不能缺席。"② 在我们回答世界疑惑、回应世界需求时，我们应当以怎样的形象展示新时代中国，这是应当慎重考虑的。

马克思主义哲学已经指明，理论源于实践，理论又指导实践。在政治哲学层面上，国家理论指导国家实践的有效开展，国家实践又促进国家理论的蓬勃发展。在当下，我国的国际实践对"大国"与"大国形象"研究产生了强烈的理论需求，这是选择开展本书研究的现实依据，同时，对基础理论的探索与夯实激发了该领域学者浓厚的研究兴趣与学术责任，这

---

① 李君如：《中国特色社会主义道路研究》，人民出版社，2012，第295页。
② 《习近平主席新年贺词（2014—2018）》，人民出版社，2018，第13页。

是选择开展本书研究的理论依据。

"大国形象"议题具备一定的理论资源与研究基础。目前学界以"大国形象"为对象的系统研究较少,主要集中在郭树勇、管文虎、袁赛男、周厚虎等几位专家学者的少数研究成果上。究其原因,一方面是因为"大国"这一概念较为模糊,其内涵、要素及外延缺乏各学科、各领域均认同的统一标准;另一方面是由于我国学者在使用"大国"概念时较为严谨,他们大多秉承"国有强弱,而无大小"的研究思维,更多的是注重区分"强国"与"弱国"、"发达国家"与"发展中国家",而非"大国"与"小国"。与此同时,相关领域的国外学者在使用"大国"这一概念时则显得较为随意,往往根据研究兴趣和经验判断使用此概念。尽管在理论资源和研究基础方面有一定困难,但根据学界普遍认可的相关理论,不论是"强国"与"弱国",还是本书所关注的"大国",都是建立在"国家"这一概念的基础之上的。因此,本书在研究"大国形象"时,虽然不易获取直接研究资料及研究经验,但是仍然能够以"国家形象"这一理论资源作为研究基础。

国内学界自 2005 年起至今,已就"国家形象"的构成要素、基本特征、方法战略及重要意义等问题形成了丰硕的学术成果,但总体上,"国家形象"研究的"重策略、轻机制"现象较为突出:对"国家形象"在国家政治生活中的具体实践道路和策略的研究占 21% 左右,对"国家形象"生成机制和作用机制的研究仅占 1% 左右。① 且策略层面的"国家形象"研究多为"自塑"论述,缺乏有关生成机制的学理支撑。强调"自塑"的研究成果既涵盖了认为国家本身的客观状况及行为是塑造本国形象的决定性因素,所以从政治、经济、军事、文化、外交、政府、国民等方面提出中国国家形象的定位及塑造、改善国家形象的对策(建制层),如管文虎的《国家形象论》②、张昆的《国家形象传播》③、孙津的《赢得国家形象》④、

---

① 王海洲:《"国家形象"研究的知识图谱及其政治学转向》,《政治学研究》2013 年第 3 期。

② 管文虎:《国家形象论》,电子科技大学出版社,2000。

③ 张昆:《国家形象传播》,复旦大学出版社,2005。

④ 孙津:《赢得国家形象》,河南美术出版社,2002。

李正国的《国家形象构建》①；也涵盖了认为形象塑造就是信息塑造与传播的过程，因而从传播角度阐述改善国家形象的举措（操作层），如段鹏的《国家形象建构中的传播策略》②，刘继南等的《中国形象——中国国家形象的国际传播现状与对策》③ 和《国际视野中的中国国家形象：中国国家形象的国际传播现状与对策》④ 等著作和论文。相对于持"自塑"理论的学者，持"他塑"理论的学者认为，"国家形象"触及的是"国家形象认知"问题，是一种主观性的认知或意象，形象的"他塑"是无法回避的问题。他们指出，如果不深入探究东西方在政治积习、历史经验、文化价值、认知心理等方面的差异，"国家形象"的研究对实践的指导就很难做到有的放矢。有部分学者已经对"他塑"过程进行了一定程度的探讨：如陈宗权等在《社会认同论与国家形象主体性生成理论的可能——兼论国家形象研究范式及未来的研究纲领》一文中提出将"国际形象"化约为一个社会心理学命题；⑤ 吴友富在论著《中国国家形象的塑造和传播》中初步提出了包括"像""声望和信誉""印象""人性化的感受""认知""身份"等在内的"国家形象塑造"理论框架；⑥ 丁磊在《国家形象及其对国家间行为的影响》一书中从心理学角度分析了国家形象中的知觉、情感、评价等要素以及这些要素在国家形象中的作用等；⑦ 李智在《中国国家形象：全球传播时代建构主义的解读》一书中结合社会学和心理学强调了国家形象是一种在国际社会内与对象国互动过程中所形成的相互承认、认同的关系；⑧ 杜雁芸在专著《美国政府对中国国家形象的认知》中对美国政府对中国国家形象认知中的有意认知偏差与无意认知偏差

---

① 李正国：《国家形象构建》，中国传媒大学出版社，2006。

② 段鹏：《国家形象建构中的传播策略》，中国传媒大学出版社，2007。

③ 刘继南等：《中国形象——中国国家形象的国际传播现状与对策》，中国传媒大学出版社，2006。

④ 刘继南等：《国际视野中的中国国家形象：中国国家形象的国际传播现状与对策》，中国传媒大学出版社，2006。

⑤ 参见陈宗权、谢红《社会认同论与国家形象主体性生成理论的可能——兼论国家形象研究范式及未来的研究纲领》，《国际观察》2015年第3期。

⑥ 参见吴友富《中国国家形象的塑造和传播》，复旦大学出版社，2009。

⑦ 参见丁磊《国家形象及其对国家间行为的影响》，知识产权出版社，2010。

⑧ 参见李智《中国国家形象：全球传播时代建构主义的解读》，新华出版社，2011。

进行梳理，为深化对"他塑"问题的理解提供了很好的思路。① 周宁的《天朝遥远——西方的中国形象研究》及其主编的"世界的中国形象丛书"中以"异域形象作为文化他者"为理论假设，梳理了西方文化体系中的中国形象的生产与运作。② 国外学者对中国形象的研究成果较为丰富，哈佛大学费正清中国研究中心出版了大量有关中国形象的著作；T. 克里斯托弗·杰斯普森（T. Christopher Jespersen）的《美国的中国形象（1931 - 1949）》是学者探索美国的中国形象的重要资料。雷默的《中国形象：外国学者眼里的中国》汇集了西方学者对中国内政外交、经济文化等的看法。基辛格（Henry Alfred Kissinger）的《论中国》梳理了中国自鸦片战争以来的外交传统，分析了中国人的战略思维模式，是一部国内学者了解西方政治家的中国认知的重要著作。福柯（Michel Foucault）的"知识—权力"论（Power-Knowledge），萨义德（Edward Wadie Said）的"东方主义"（Orientalism）、"后殖民主义"（Postcolonial Criticism），沃勒斯坦（Immanuel Maurice Wallerstein）的"中心—边缘"论（Core and Periphery），亨廷顿（Samuel P. Huntington）的"文明冲突"（Clash of Civilizations）论，等等，则为我们了解国外学者对中国国家形象问题的研究思路提供了理论视角。

---

① 参见杜雁芸《美国政府对中国国家形象的认知》，时事出版社，2013。
② 参见周宁《天朝遥远——西方的中国形象研究》，北京大学出版社，2006。

第二章　作为理念的"大国"

大就要有大的样子。习近平总书记在中国共产党与世界政党高层对话会上的主旨讲话指出："中国共产党所做的一切，就是为中国人民谋幸福、为中华民族谋复兴、为人类谋和平与发展。"[①] 我们要把自己的事情做好，这本身就是对构建人类命运共同体的贡献。我们也要通过推动中国发展给世界创造更多机遇，通过深化自身实践探索人类社会发展规律并同世界各国分享。大国的出现、成长和消亡存在历史规律，但对"大国"进行定义仍较为困难。一方面，将"大国"作为一个概念进行处理时，其内涵受到历史阶段和社会认知的影响，存在明显的时间性；另一方面，受地理因素影响，又存在较强的相对性。如农业大国相对于工业大国、资本主义大国相对于社会主义大国，此两组对比说明，"大国"与不同的前置修饰词搭配时，其内涵将出现重大变化。因而，在人类既往的历史范围内，"大国"能够被实证的首先是一种身份。这也引出了"大国"辩题的重要矛盾，即"大国"的伦理属性与物质属性的矛盾。

进入百年未有之大变局的历史时期，人类社会朝着马克思指明的方向砥砺前行，随着人类的不断觉醒与解放，西方主导的殖民主义世界秩序将迎来彻底消亡。变局之下，人类社会需要的和平与发展被赋予了更加公平正义的伦理内涵。因此，大国需要在物质属性的基础上更多地具有伦理属性，并且大国的物质属性也应经得起历史考察，物质的积累过程需要符合人类社会和世界历史更高的道德要求，从而符合历史规律，成为适应新历史条件的大国。

---

① 习近平：《携手建设更加美好的世界——在中国共产党与世界政党高层对话会上的主旨讲话》，人民出版社，2017，第 8 页。

作为研究对象，"大国"作为概念的合理性与解释力无法跟上世界历史的发展进程，或许将"大国"的定义方式从"概念"转为"理念"，能够提供一种兼顾时间性与空间性、物质性与伦理性的视角。"理念"是无限接近于完美的"概念"，其运动过程就是随着历史的发展，朝着无限完满的方向进行不断补充和调整。因此，"大国理念"在哲学上具有了时效性和解释力。

第一节　大国身份考察

"一切存在的基本形式是空间和时间，时间以外的存在像空间以外的存在一样，是非常荒诞的事情。"①"大国"身份应放在人类社会历史的时间与空间中，主要采取实证方式，兼顾逻辑推导，抓取主要观点，寻找普遍性，从而透过时间与空间的表象探析本质。

一　理论与历史考察

从理论上对"大国"身份进行的考察，主要是从理论上解决两对关系的问题，即"大国"与"国家"的关系，"大国"与"强国"的关系。

1. "大国"与"国家"的关系

"大国"是以"国家"为基础的，这是不争的事实，但"国家"这一概念在不同文化视域、不同学科背景下是有争论的，尤其应当警惕西方学界这样一种观点：威斯特伐利亚体系（Westphalian System）是民族国家诞生的标志，民族国家出现后才有国家概念。这个论调的主要问题在于，缺少空间限定，这个结论是欧洲历史的总结，并不能将其世界化。如若不然，则会陷入引言所述的基督教天命观和无政府状态陷阱。历史是世界人民共同写就的，不是西方的发明和独创，世界文明多样性表明不同地区的人民对国家的认知和评判标准虽不尽相同，但其对本国的领土、文化等具有完全独立的主权与解释权。

在传统的中华文化视域下，"国家"概念的内涵是比较丰富的，既是

---

① 《马克思恩格斯文集》第9卷，人民出版社，2009，第56页。

一个政治概念，也是一个地理概念，更是一个历史概念，当它与"天下"合用的时候，又拥有了哲学内涵。"国家"最初由"国"和"家"两个概念组成。先秦时期，称天子所治为"天下"，诸侯所治为"国"，公卿所治为"家"。所谓"国谓诸侯之国，家谓卿大夫也。"袁赛男通过梳理指出，这时的"国家"并不是一个完全的政治概念，更加偏重于描述统治的疆域和管理的民众。到春秋时期，"国家"一词就已经合用，《孟子》记载："人有恒言，皆曰：'天下国家'。天下之本在国，国之本在家，家之本在身。"① 至此，"天下国家"成为中国人常用的熟语，"国家"概念固定下来。② 与《孟子》表述相似，《大学》记载："身修而后家齐，家齐而后国治，国治而后天下平。"③ 时至今日，在中文语境中，我们对"天下国家"这一概念进行解读时，首先想到的就是"溥天之下，莫非王土；率土之滨，莫非王臣"这一源于《诗经》的经典表述。由此可发现，中华传统文化视域下，"国家"概念具有三个明显内涵规定：首先，尽管在"国家"概念之上还有"天下"④ 概念，但"国家"已经拥有了一定的领土范围意识和规定；其次，"国家"概念是建立在一系列基础元素上的，其基础是人民（百姓），并且一个得"治"的国家，一定是拥有很大数量的"修身"之民的；最后，"国家"具有很强的阶级性，主要表现在"国家"是"王""诸侯"等统治阶级的统治机关，作为统治机关也具备较为完整的统治工具。以上三点特征使早期中国具备了"国家"属性，福山对古代中国在国家建构上的成就给予了高度评价，"如果要研究国家兴起，中国比希腊和罗马更值得关注，因为只有中国建立了符合马克斯·韦伯定义的现代国家。""我们现在所理解的现代国家元素，在公元前 3 世纪的中国业已到位。其在欧洲的浮现，则晚了整整一千八百年。"⑤ 同时，福山

① 《孟子译注》，杨伯峻译注，中华书局，2008，第 125 页。
② 袁赛男：《哲学视域下的国家形象建设研究》，中共中央党校，博士学位论文，2011，第 32 页。
③ 《大学中庸译注》，王文锦译注，中华书局，2019，第 2 页。
④ 参见赵汀阳《"天下体系"：帝国与世界制度》，《世界哲学》2003 年第 5 期；《天下体系的一个简单表述》，《世界经济与政治》2008 年第 10 期。
⑤ 〔美〕弗朗西斯·福山：《政治秩序的起源——从前人类时代到法国大革命》，毛俊杰译，广西师范大学出版社，2014，第 19～21 页。

认为，中国从封建制度到现代国家的转变发生在东周时期，"东周时期（公元前 770 年～前 256 年），真正的国家开始在中国成型。他们设立常备军，在界定领土内实行统一规则；配备官僚机构，征税执法；颁布统一度量衡；营造道路、运河、灌溉系统等公共基础。"①

当前西方学术界各学派对"国家"概念的界定依旧存在一定的争论，但是，不论是现实主义国家观，还是自由主义国家观都认为"国家"是重要的，"主权"是重要的。福山从传统西方政治学的角度对"国家"的特征进行了描述和定义，包括："第一，它们享有集中的权利，不管是国王、总统还是首相。""第二，该权力的后盾是对合法强制权力的垄断，体现在军队和警察上。""第三，国家权力是领土性的，不以亲戚关系为基础。""第四，与部落社会相比，国家更为等级分明，更为不平等。""第五，更为精心雕琢的宗教信仰，将合法性授予国家。"② 但福山的观点引来了西方学界的众多争论。更为传统的西方观点即前文批评的威斯特伐利亚体系创立国家观。西方理论界认同国家（State）是从 1648 年《威斯特伐利亚和约》签订开始确立的。威斯特伐利亚体系结束了欧洲三十年战争。这一体系实际上确定了欧洲国家享有主权的基本事实，从而宣誓了欧洲神权世界的瓦解。民族国家登上历史舞台，国家之上不再有任何权威，国家主权至上的原则从此得以确立，这一点是值得肯定的。当今西方话语体系中的国际政治的历史，在很大程度上就是西方国家如何从后威斯特伐利亚体系中不断发展的历史，以及国家、主权和民族如何同步发展的历史，同时也是非西方国家被纳入西方势力范围和话语体系的历史。从那时起，民族国家成为国际关系中最重要的行为体。与该体系具有同等重要作用的是 1933 年美国及中南美洲共 19 国签署的《蒙特维多国家权利义务公约》，该公约是将主权国家的定义写进国际条约的先例，也给"国家"列举了四个基本条件：第一，国家必须拥有领土基础，即地理学意义上界定的边界（固定的领土）；第二，边界内必须居住着稳定的人口（永久的人口）；第三，

---

① 〔美〕弗朗西斯·福山：《政治秩序的起源——从前人类时代到法国大革命》，毛俊杰译，广西师范大学出版社，2014，第 104 页。

② 〔美〕弗朗西斯·福山：《政治秩序的起源——从前人类时代到法国大革命》，毛俊杰译，广西师范大学出版社，2014，第 79～80 页。

应该有一个其人民效忠的实体政府（有效的政府）；第四，其他国家必须在外交上承认这个国家（互动的外交）。这一公约也得到了世界上绝大多数国家的承认与支持，在此之后的联合国有关主权国家的多项草案与宣言均以此公约为理论基础。

马克思主义国家观则提供了更加本质的解释，因而具有说服力。马克思主义国家观是由马克思和恩格斯创立，并由列宁、毛泽东等后继者不断加以发展的思想理论。

在《共产党宣言》中，马克思明确地表述了现代国家的阶级统治本质：“现代的国家政权不过是管理整个资产阶级的共同事务的委员会罢了。”① “不外是资产者为了在国内外相互保障各自的财产和利益所必然要采取的一种组织形式。”② 恩格斯在《家庭、私有制和国家的起源》中指明，“国家是社会在一定发展阶段上的产物；国家是承认：这个社会陷入了不可解决的自我矛盾，分裂为不可调和的对立面而又无力摆脱这些对立面”③，“‘现代的代议制的国家’也‘是资本剥削雇佣劳动的工具’”④，“随着阶级的消失，国家也不可避免地要消失。”⑤ 列宁在《国家与革命》中指出：“国家是阶级矛盾不可调和的产物和表现。在阶级矛盾客观上不能调和的地方、时候和条件下，便产生国家。反过来说，国家的存在证明阶级矛盾不可调和。”⑥ 也就是说，“国家是剥削被压迫阶级的工具。”⑦ 毛泽东在《论人民民主专政》中也指出：“消灭阶级，消灭国家权力，消灭党，全人类都要走这一条路的，问题只是时间和条件。”⑧ 尽管马克思主义经典作家认为，在资本主义条件下，“国家”不可能实现真正的“主权”，但马克思主义理论同样认可“国家”与“主权”的重要性。

不论是传统中国视域，还是西方视域，对“国家”的定义首先是对国

---

① 《马克思恩格斯选集》第1卷，人民出版社，2012，第402页。
② 《马克思恩格斯选集》第1卷，人民出版社，2012，第212页。
③ 《列宁选集》第3卷，人民出版社，2012，第113页。
④ 《列宁选集》第3卷，人民出版社，2012，第119页。
⑤ 《列宁选集》第3卷，人民出版社，2012，第121页。
⑥ 《列宁选集》第3卷，人民出版社，2012，第114页。
⑦ 《列宁选集》第3卷，人民出版社，2012，第118页。
⑧ 《毛泽东选集》第4卷，人民出版社，1991，第1468页。

家主权的确定，脱离"主权"概念，就没有国家存在的可能性与必要性，"大国"正是建立在"国家"概念的"主权"核心价值基础上的，而"大国"的界定则是通过讨论"国家"的外延与条件展开的。

在国内学界，管文虎与李振兴两位学者在2004年发表的《论负责任的大国形象》一文中对"大国"概念进行了描述，他们指出："大国，一般是指具有广阔的国土面积，资源丰富，拥有较多人口，具备较高经济、科技、军事发展水平，在国际舞台上具有一定影响力的国家。这些国家的一举一动都将对本地区或世界产生一定的影响。"① 在此文中，两位学者对"大国"的定义进行了基本完整但又十分模糊的处理。笔者认为这一表述基本完整，一方面是因为两位学者对"大国"的界定是在学界基本产生共识的"国家"定义的基础上进行的优化，使之朝"大"的方向准确发展；另一方面，该定义缺少了"国家"构建中的一些重要因素，如政治要素与在今天看来十分重要的文化要素。同时，本书认为这一表述十分模糊是由于该描述一方面大量使用了"较高""较多""一定"等并不准确的限定词，另一方面将简单的要素叠加产出一个"大国"概念，并不严谨。如就"广阔的国土面积"这一限定，世界国土面积排名前十的国家中哈萨克斯坦和苏丹可能是所处地区的大国，但绝不是世界意义的大国；就"资源丰富"这一限定，世界上没有任何一个国家拥有"丰富"的已探明的全部自然资源，在世界历史上，跟随工业革命步伐的资源重要等级排序已经由农耕时代的土地、林木转变为煤炭、铁矿，又转变为石油、天然气，紧接着转变为核等新型资源，即便是美国这样世界公认的大国，其石油也大量依靠国际进口，更进一步来说，随着科技水平的提升，世界战略资源的转型会急剧加速，如近年来石墨烯等新型资源就占据了重要战略地位。因此，世界上没有任何国家可以在资源领域达到永久的"丰富"；就"拥有较多人口"这一限定，世界人口排名前十的国家中，印度尼西亚、巴基斯坦、尼日利亚、孟加拉国就不被认为是世界大国；就"具备较高经济、科技、军事发展水平"这一限定，世界老牌资本主义强国，如英国、法国、德国等自工业革命以来就具备了较高的发展水平并且持续至今，但这

① 管文虎、李振兴：《论负责任的大国形象》，《天府新论》2004年第5期。

一定义排除了在可预见的未来能够快速上升发展的一些国家，并且排除了在某一方面具有极强实力的世界公认大国，如俄罗斯经济发展陷入困难，但其军事实力世界一流，这显然与当今世界发展的趋势及预判相悖；就"在国际舞台上具有一定影响力"这一限定，其表述并无不妥，但存在一定的逻辑问题，具有国际影响力的一定是大国，但要满足何种条件才能产生国际影响力？同时要采取什么样的政策举动才能产生国际影响力？因此，就两位学者在"影响力"条件之前给出的相关限定并不能得出该国一定能够产生"国际影响力"的结论。同时，如果我们将两位学者给出的全部条件组合在一起，会发现能够完全满足该定义的国家只有美国，这也不符合学界研究的目标，更不是世界发展的期盼。尽管两位学者给出的"大国"定义并不完善，但应当看到，两位学者早在 2004 年就开始关注"大国"概念，此时距 2011 年中国国家形象宣传片在美国时代广场播出还有 7年，距习近平总书记 2014 年提出"四种形象"的大国形象内涵还有 10年，这是极具学术前瞻性和学术敏锐度的。时至今日，很多学者在关注"大国外交"等课题时，也没有注意到或者刻意回避对"大国"概念的分析。郭树勇在论述大国形象时指出："世界大国兴衰史表明，一个国力上有相当积累的强国要成长为大国，就不能不从一个更加全面的角度考虑它的大国形象设计。"① 在此，郭树勇提供了一种研究视角，即在强国的基础上对大国进行研究。韦民在《小国与国际关系》中通过国家规模（National Size）视角进行分析。他指出："从国家规模的角度考察，大国因素通常是国际安全研究的主线，大国行为与大国关系构成了国际安全问题的主轴。"他没有对"大国"进行定义，但是从他对"小国"的描述也可以进行推导。他指出，在当今国际体系下，将小国界定为"人口规模低于1000 万的主权国家"可能较为合适。这个概念"大体上反映了人们对小国的普遍国际认知以及对体系中大小国家数量分布的直觉判断"。②

　　在西方学界，不论是政治学领域还是国际关系领域的学者在使用"大国"概念时都没有进行系统详细的界定，相关描述零星分布在少量著作

① 郭树勇：《论和平发展进程中的中国大国形象》，《毛泽东邓小平理论研究》2005 年第11 期。

② 韦民：《小国与国际关系》，北京大学出版社，2014，第 56 页。

中。通过梳理相关专著，我们可以发现，西方学者在使用"大国"时具有很强的指向性。比较有代表性的是保罗·肯尼迪（Paul Kennedy）的《大国的兴衰》。当代西方学者不论从何种视角探讨国际关系，其默认的"大国"标杆是美国，而能够称得上"大国"的其他国家均是从整体上或者某一方面已经能够（或者极具潜力）与美国形成竞争关系的国家，竞争关系越紧张、竞争局面越激烈，该国作为"大国"的呼声就越强烈。这种能够与美国形成竞争关系的实力可以被称作"国家实力"。因此在各个不同的历史阶段，英国（前美国时期，独立战争，政治竞争）、苏联（第二次世界大战后，冷战时期，军事竞争）、日本（20世纪80年代，经济竞争）、中国（当代，全面竞争）都被西方学者称为"大国"。

另一个有趣的"大国"观点是美国学者卡伦·A.明斯特（Karen A. Mingst）与伊万·M.阿雷奎恩-托夫特（Ivan M. Arreguin-Toft）在其合作编写的国际关系简明教科书《国际关系精要》中提出的，作者引用印度的例子（"印度：一个崛起国的看法"）作为课后习题时提到"印度想要成为联合国安理会常任理事国——这常常被看作成为大国的象征。"① 两位学者在课后习题中以这种戏剧化的方式描绘了"大国"的画像，实际上进一步指明了"大国"所代表的强大的"国家实力"。据此观点，当今世界能够被确定为"大国"的国家为：美国、俄罗斯、中国、英国及法国，能够称为"准大国"的国家是那些与以上联合国安理会常任理事国（Big Five）实力相当或接近的国家。这一描述的根据或许源于第二次世界大战后美国总统罗斯福（Franklin Delano Roosevelt）对战后世界的规划——第二次世界大战后，秉承"自由国际主义思想"（Liberal Internationalism）的美国总统罗斯福认为，世界上的"大国"（而不是所有国家）应当承担维护国际和平的特殊责任，他最初的设想是由"大国"合作来管理世界。1942年5月29日，时任苏联外长维亚切斯拉夫·米哈伊洛维奇·莫洛托夫（Vyacheslav Mikhaylovich Molotov）访问美国并与罗斯福会谈时，罗斯福对莫洛托夫说，英国首相丘吉尔（Winston Leonard Spencer Churchill）

---

① 〔美〕卡伦·明斯特、伊万·阿雷奎恩-托夫特：《国际关系精要（第七版）》，潘忠岐译，上海人民出版社，2018，第152页。

曾建议战后重新建立一个像国际联盟（League of Nations，1920 年 1 月 10 日～1946 年 4 月 18 日）那样的国际组织，但他自己认为"这样的组织是无用的"，"因为参与的国家太多"，他建议战后由美国、苏联、英国和中国，充当"世界的警察"，"四国在战后保持足够的武装力量来强制实施和平"。除了四大国外，所有其他国家都应该解除武装。他希望通过这种方式能够保持 25 年的和平。这一安全思想的核心是保持战时联盟作为维护战后和平的基础，让四大国来垄断武力的使用，以避免德国和日本的重新崛起和发动战争。同年 11 月 13 日，罗斯福在与国际组织特别小组委员会成员、国联协会（League of Nations Association）主席克拉克·艾克尔伯格（Clark Eichelberger）谈话时说："美国、苏联、英国和中国应该承担起维护战后和平的责任，而其他国家无论是盟国还是轴心国将被解除武装。"① 1943 年 3 月，时任英国外交大臣罗伯特·安东尼·艾登（Robert Anthony Eden）访问美国时，罗斯福对艾登说："将来不管成立什么样的国际组织，关于和平与安全的真正决定都应由美英俄中四国做出，四国将在今后很多年'负责世界的安全'。"② 在 1943 年德黑兰会议上，罗斯福与斯大林（Joseph Vissarionovich Stalin）继续讨论这一问题。罗斯福提出战后应该建立一个可以称为"四警察"的国际组织，由苏联、美国、英国、中国四国组成，"有权力及时处理任何对和平的威胁和需要采取行动的突发紧急事态"③，"如果（对和平的威胁）来自小国的革命和动荡，可以采取防疫隔离的办法，封锁问题国家的边界或实施禁运……如果威胁较为严重，四大国可以充当警察的角色，向问题国家发出最后通牒，如果遭到拒绝，则可以对该国立即进行轰炸，甚至可能发动进攻。"④ 1944 年 2 月 3 日，时任美国总统罗斯福签署了含有《建立维护国际和平与安全的国际组织的计划》的备忘录，成为美国官方的政策。该计划的基础是两大核

---

① 王立新：《罗斯福的战后世界规划：联合国制度是如何产生的》，澎湃新闻，https://www.thepaper.cn/newsDetail_forward_1377292。

② 王立新：《罗斯福的战后世界规划：联合国制度是如何产生的》，澎湃新闻，https://www.thepaper.cn/newsDetail_forward_1377292。

③ 王立新：《罗斯福的战后世界规划：联合国制度是如何产生的》，澎湃新闻，https://www.thepaper.cn/newsDetail_forward_1377292。

④ 史诚：《确定五大常任理事国的台前幕后》，《湖北档案》2005 年第 5 期。

心设想:"第一,四大国将承诺并承担道德义务保证相互之间不发动战争或针对其他国家发动战争,并相互合作以及与其他爱好和平的国家合作以维护和平;第二,四大国将保持足够的武装力量并在形势需要时愿意使用该力量去防止或制止出现的任何侵略行为。"① 该计划让四大国在未来国际组织执行理事会中"承担维护国际安全的特别责任,并因此拥有无限期的永久性席位"②,实际上也就是让四大国扮演国际警察的角色。这份计划将罗斯福的"四警察"构想转化为"联合国安全理事会"(United Nations Security Council)体制。

约翰·J. 米尔斯海默是西方学界最为重视"大国"范畴的学者之一,他强调,国际政治即大国政治。"因为大国对国际政治所发生的变故影响最大。所有国家——不管是大国还是次大国——其命运都从根本上取决于那些最具实力国家的决策和行为。"③ 他认为:"大国主要由其相对军事实力来衡量。一国要具备大国资格,它必须拥有充足的军事资源,具备与世界上最强大的国家打一场全面常规战的能力。"④ 大国主要由其相对军事实力来衡量。候选国家不一定具备打败领先国家的实力,但它必须具有把冲突转向消耗战并严重削弱优势国家的潜能,即便优势国最终赢得战争的胜利。在核时代,大国不但要拥有令人生畏的常规力量,而且还必须具有能承受他国核打击的核威慑力。但也不排除这一可能:一国拥有超过其他所有对手的核优势,它非常强大,在该体系中独霸天下。如果体系中出现了核霸权,那么常规武力均势在很大程度上就显得无关紧要。为了证明这一观点,他考察并划定了具备大国资格的国家。他认为:"俄罗斯(1917~1991年为苏联)是唯一一个在整个时段都称得上是大国的国家。英国和德国(1870年前为普鲁士)在1792~1945年期间是大国,法国从1792年

---

① 王立新:《罗斯福的战后世界规划:联合国制度是如何产生的》,澎湃新闻,https://www.thepaper.cn/newsDetail_forward_1377292。
② 王立新:《罗斯福的战后世界规划:联合国制度是如何产生的》,澎湃新闻,https://www.thepaper.cn/newsDetail_forward_1377292。
③ 〔美〕约翰·米尔斯海默:《大国政治的悲剧(修订版)》,王义桅、唐小松译,上海人民出版社,2014,第4页。
④ 〔美〕约翰·米尔斯海默:《大国政治的悲剧(修订版)》,王义桅、唐小松译,上海人民出版社,2014,第4页。

到 1940 年被纳粹德国击败并占领为止，属大国。有学者把 1945 年后的英国、法国和德国也划为大国，而把强大得多的苏联和美国划为超级大国，我没有发现这种划分有什么价值。虽然我有时把美国和苏联称为超级大国，但是它们在冷战期间是体系中的大国，而当时英国、法国和德国（还有中国和日本）缺乏成为大国的军事实力。有人把 1861 年到 1943 年在二战中溃败的意大利看成大国。奥匈帝国（1867 年前为奥地利）从 1792 年到 1918 年解体时止，算得上大国。日本从 1895 年到 1945 年被视作大国，而 1898 年至 1990 年间的美国常被看成大国。至于 1991 年至 2000 年这一时段，中国（从 1991 年开始被看成大国）、俄罗斯和美国被视为大国。"①然而这样一种单纯从军事角度进行的界定，不仅有悖当今和平与发展的时代主流，而且充满煽动战争和军备竞赛的嫌疑。同样从军事角度出发，中国人民解放军理工大学（现中国人民解放军陆军工程大学）张亚非总策划、刘建永等总主编的"国防语言译介系列丛书"则从陆海战略、军政情况等方面进行了考察，主要著作包括：《世界大国战略概览》②《世界大国海洋战略概览》③。作为军事院校教科书，其确定的大国为：美国、俄罗斯、英国、法国、德国、日本。其中，《世界大国战略概览》确定的大国为美国、英国、澳大利亚。

综上所述，国家是大国的基础，体现在主权；大国是国家的一种发展程度，首先体现在规模、竞争力、影响力等物质属性方面，即综合国力。而大国的伦理属性，则建立在物质属性的基础之上，这是由于"弱国无外交"的资本主义世界秩序仍将长期存在。

这就推导出一种"大国"的发生逻辑："国家—大国—强国—大国"。

2. "大国"与"强国"的关系

长期以来，国际社会用以描述国家的词语主要有：大国、小国、强国、弱国等。可以发现，如果以"综合国力"作为大国评判标准之一，从外部评价来看，现实中的部分"强国"并不是"大国"，部分"大国"也

① 〔美〕约翰·米尔斯海默：《大国政治的悲剧（修订版）》，王义桅、唐小松译，上海人民出版社，2014，第 23 页。
② 张锦涛、刘学政：《世界大国战略概览》，南京大学出版社，2015。
③ 张锦涛、王华丹：《世界大国海洋战略概览》，南京大学出版社，2015。

并非"强国",那么如何处理"大国"与"强国"的关系,尤其是理清两者的发生逻辑,就显得尤为重要。大国需要天然基础,从而形成体量,但大国身份不是天然获得的,需要经过一个将天然基础转化为综合国力的过程,即强国之路。强国是进行对比后的相对性概念,具体体现在政治、经济等各方面的现代化程度。而真正的问题在于,进入世界百年未有之大变局的历史阶段,以往的带有霸权主义性质的强国标准是否还适用于当前的人类社会,成为强国后的大国应如何更进一步。我们应当充分发掘中华民族悠久璀璨历史中的优秀文化,赋予"强国"和"大国"新的内涵。

中国是世界百年未有之大变局的核心变量,从中国视角观察"大国"与"强国"的关系具有重要的理论和现实意义。中国共产党第十九次全国代表大会指出:"从十九大到二十大,是'两个一百年'奋斗目标的历史交汇期。我们既要全面建成小康社会、实现第一个百年奋斗目标,又要乘势而上开启全面建设社会主义现代化国家新征程,向第二个百年奋斗目标进军。"①"综合分析国际国内形势和我国发展条件,从二〇二〇年到本世纪中叶可以分两个阶段来安排。"②"第一个阶段,从二〇二〇年到二〇三五年,在全面建成小康社会的基础上,再奋斗十五年,基本实现社会主义现代化。"③"第二个阶段,从二〇三五年到本世纪中叶,在基本实现现代化的基础上,再奋斗十五年,把我国建成富强民主文明和谐美丽的社会主义现代化强国。"④ 同时,中国共产党第十九次全国代表大会上进行修订的党章中也明确指出:"到建党一百年时,全面建成小康社会;到新中国成立一百年时,全面建成社会主义现代化强国。"⑤ 由以上论述可以明确,目前党中央对我国实现"强国"目标的时间计划为2050年左右,而根据管文虎等在其学术研究中进行的资料整理,早在1997年亚洲金融危机爆发时,我国政府就已经宣布"做国际社会负责任的大国",2003年,时任总理温家宝在美国哈佛大学发表演讲时也表明:"今天的中国,是一个改

---

① 《习近平著作选读》第2卷,人民出版社,2023,第23页。
② 《习近平著作选读》第2卷,人民出版社,2023,第23页。
③ 《习近平著作选读》第2卷,人民出版社,2023,第23页。
④ 《习近平著作选读》第2卷,人民出版社,2023,第24页。
⑤ 《中国共产党党章》,人民出版社,2017,第9页。

革开放与和平崛起的大国。"① 党的十八大以来，国家领导人在各项重大外事活动中多次使用了"大国"一词。新冠疫情发生以来，党和国家领导人更加频繁地使用"负责任大国"的表述。

根据以上时间线索及文献记载，可以进行合理推导。中国的国家发展逻辑是：首先，"中国自古就是大国"，这表明中国具有大国的天然属性；其次，中国要建成"中国特色社会主义现代化强国"，这表明中国已经走上了以"和平崛起"为主要方式的强国之路；最后，中国以前、现在和未来都将始终是"负责任大国"。这不仅说明，上述发生逻辑是合理的，也说明"大国"和"强国"在一定历史条件下具有统一协调的特征。

一方面，从国内视角来看，在早期（即 20 世纪末期与 21 世纪初期），我们在使用"大国"这一概念时，所表达的内涵与管文虎等界定的"具有广阔的国土面积，资源丰富，拥有较多人口"相符，也就是当我们评价中国时常用到的两个词语——"地大物博"与"人口众多"。当我们描述中国是"大国"时，多指代的是领土、资源、人口因素的"大"。这两个特征使中国具有了强大的"大国"天然属性，通过地域和人口因素获得让其他国家不容小视的天然的"国家实力"，但同时，我们清醒地认识到，"地大物博"与"人口众多"在规模压力下的结果是"人均"数值的低下，时任总理温家宝同志在 2010 年访美时指出："多么大的经济总量如果除以 13 亿都会变得很小很小，反之，多么小的问题如果乘以 13 亿都会变得很大很大。"② 尤其是在 20 世纪末期与 21 世纪初期，我国经济获得了快速发展但尚未达到今天的水平，习近平在 2012 年接受《爱尔兰时报》书面采访时就表示："中国既为自己通过艰苦奋斗取得的成就感到自豪，更为发展中存在的矛盾和苦难而自我警醒。"③ 这反映了中国在看待自身发展时有着清晰的定位和冷静的判断。但同时我们可以发现，从早期将国家发展目标定位为达到"中等发达国家水平"到党的十九大报告要求"建

---

① 管文虎、李振兴：《论负责任的大国形象》，《天府新论》2004 年第 5 期。

② 温家宝：《携手开创新时期中美关系的光明未来——在美国友好团体欢迎晚宴上的演讲》，《人民日报》2010 年 9 月 24 日。

③ 转引自王浩雷《国家大势》，人民出版社，2012，第 9 页。

成富强民主文明和谐美丽的社会主义现代化强国"①，我们的"强国"目标是随着国家发展而逐步提高的，从早先相对突出经济指标评价发展到当今各指标全面综合评价，"强国"的内涵已逐步扩大了。另一方面，从国际视角来看，自1978年我国改革开放以来，经济总量持续快速增长，在2007年超越德国成为世界第三大经济体，在3年后的2010年超越日本成为世界第二大经济体，并通过不断地强势增长维持至今。

因此，"强国"与"大国"的发生逻辑与辩证关系可以总结为以下几点。

（1）"强国"与"大国"概念具有相对性。这种相对是与美国或世界其他国家进行比较产生的。以当今世界局势为背景，从中国的视角来看，如果以美国为标准，则中国不是强国，从除美国以外的其他国家的视角来看，如果与世界其他国家进行对比，则中国是具有实力的强国。

（2）"强国"与"大国"概念具有动态性。这种动态性是随着世界各个国家的国家实力对比变化而动态变化的，这一具有变化的国家实力包含了经济实力、军事实力等有形的国家实力，也包括因战争因素、政治因素而产生变化的领土因素、人口因素等天然的国家实力，如苏联与南斯拉夫。

（3）"强国"与"大国"概念具有关联性。这种关联体现在发生逻辑上，即一个国家只有成为"强国"，才具有成为除自然条件以外的"大国"的可能性。一个"大国"只有成为"强国"，这个"大国"才有意义。

（4）"强国"与"大国"概念具有发展性。这种发展是与中国自身发展的各阶段成果比较产生的。在我国改革开放40多年的伟大实践中，这两个概念在不断地向着更加全面完善的方向进行发展，其内涵要求也在逐步提高。

（5）"强国"与"大国"概念具有同步性。这种同步性是建立在发展性的基础上的，这一点在我国的话语体系下十分明显，我国通过逐步实现并提高"强国"目标的内涵与要求，形成良性循环——从改革开放早期的

---

① 《习近平著作选读》第2卷，人民出版社，2023，第24页。

以经济建设为主线，大力发展社会主义市场经济，成为全球第二大经济体，到党的十九大提出建成社会主义现代化强国的目标，我们逐步完成并不断拓展了"强国"概念的内涵。同时，我国的"大国"内涵与要求也同步拓展与提高——从地大物博、人口众多的"大国"到提出构建"文明大国形象""东方大国形象""负责任大国形象""社会主义大国形象"，这种同步是显而易见的。

二 伦理属性与物质属性

从社会主义500年的历史来看，"大国"作为历史辩题的内容，其物质属性与伦理属性成为理论与现实中的巨大矛盾，这清晰地反映在西方殖民主义大国各历史阶段的理论与现实脱节，甚至自相矛盾上。而西方理论家的工作就是不断调和矛盾，美化西方，将西方的野蛮包装成文明、侵略美化为开拓，甚至发明了"无序"的理论假设，妄图通过篡改历史，抹杀非西方民族的痛苦记忆，从而为他们今天的血腥成果正名。但考察理论发展的历史，我们很容易发现，西方在帝国主义和霸权主义鼎盛时期实际上是不屑于进行包装的，西方对其殖民主义历史并不避讳，对殖民主义造成的伤害也毫不在意。究其原因，是彼时世界上没有任何力量能够撼动西方殖民体系。甚至在西方学界，"理想主义"这样展现出对公平正义的理论构建也受到广泛批评。至第二次世界大战结束，进入美苏争霸和冷战阶段，世界划分为东西阵营，资本主义才开始进行宣传战，扭扭捏捏地进行道德包装。冷战结束后，这一战略被继承下来。进入21世纪，美国在不断实施霸权主义的同时，将自己塑造成世界民主自由的灯塔。究其原因，正如毛泽东指出的："美帝国主义者很傲慢，凡是可以不讲理的地方就一定不讲理，要是讲一点理的话，那是被逼得不得已了。"[1] 第二次世界大战结束后，世界被压迫被殖民的民族不断觉醒，世界社会主义力量不断增强，逼迫着资本主义世界进行内部调整，但是这种调整并不是良心发现，而是为了维护并进一步巩固其逐渐走向历史坟墓的殖民统治。

经济基础决定上层建筑，同时物质与意识具有能动作用。物质属性是

---

① 《毛泽东军事文集》第6卷，军事科学出版社、中央文献出版社，1993，第354页。

大国的基础，伦理属性可以被视为一种上层建筑，同时作为一种政治文化价值观念是大国的意识表达，对大国的基础产生重要的影响与作用。

考察世界历史中取得大国身份的国家，其物质属性不尽相同，但存在一定的共性：

1. 获得完全的独立与解放，不受宗教神权或他国压迫；
2. 拥有或占据成规模的领土、人口或势力范围；
3. 以各种途径实现国内经济社会发展；
4. 具备世界范围的影响力。

为研究需要，必须对上述共性进行一定说明。即对大国身份进行历史考察时，需要以其身份存在的历史阶段作为考察范围。以今天已经失去或即将失去大国身份的部分国家为例进行分析，可以获得更加清晰的答案。首先，西班牙、葡萄牙作为航海时代的首批殖民主义国家，其取得独立地位后，开始了殖民扩张，尽管旧殖民主义的欧洲国家大多固有领土狭小、人口较少，并不具备大国身份的天然体量。但在殖民主义时代，通过侵略战争和掠夺，殖民国以非正义的方式获取了大量殖民地，殖民地的领土、人口和市场成为殖民国的势力范围，实际上极大地扩充了规模。最为典型的就是殖民主义鼎盛时期的英国。其次，英国获得大国身份，并长期成为世界霸主的主要原因之一是领导了两次工业革命，而欧洲国家如法国、德国等也是在工业革命的推动下拥有了获得大国身份的物质属性。最后，世界范围的影响力随着实践的发展产生了变化，殖民时代早期是枪炮和战舰，后期是英语和美元，而前后期有极强的承接关系。

进入世界百年未有之大变局，大国身份的共性会出现部分变化：主权独立和彻底的民族解放仍然是国家和大国的先决条件；随着殖民主义的彻底瓦解，部分凭借殖民体系和势力范围而存在的"大国"将失去大国身份。而经济社会发展则成为任何时期都应当重视的重要条件，从农业社会到工业社会，再到信息化社会，经济发展的侧重点和路径各不相同，但具备先决条件和天然基础的国家如力图获得并维持大国身份，则必须始终保持现代化，甚至引领人类现代化进程。应当注意的是，现代化是一个动态概念，其主要内容随着历史的发展不断更新。西方开了现代化的先河，但现代化不只有西方一条路可走，现代化也绝不意味着西方化、美国化，真正有雄心壮志和聪明才智的民族与国家完全有能力、有可能走出一条有别于西方的现代化道路。最后，对于世界影响力，以往的火枪炮舰已不合时宜，近几十年来的英语美元已逐渐式微，世界人民期待的是和平与公正的影响力，是发展、繁荣、共赢的影响力，这种影响力首先将进攻性的军事实力排除在外，而比拼的是大国的政治、经济、文化影响力。

三　世界百年未有之大变局下的大国意志与野心

世界百年未有之大变局的主要变化是世界社会主义与资本主义之间力量对比。一方面，世界社会主义力量有所上升，加速了世界由资本主义向社会主义过渡的进程；另一方面，资本主义世界整体力量下降，主要是指以美国为首的西方主要资本主义发达国家的政治、经济、军事等方面的力量占世界比重有所下降，出现明显的衰退趋势。在这样的情况下，由以美国为首的西方主要资本主义发达国家把持的战后殖民主义和霸权主义的世界秩序出现松动，世界进步力量得以发展，为创造真正公平正义的国际秩序创造了机会。与此同时，所谓的"民主和平论"（Democratic Peace Theory）或康德（Immanuel Kant）的"永久和平论"（Zum ewigen Frieden）遭受重大挑战，美国霸权渐失，无法继续维持其对西方世界内部的强力压制与威慑，西方世界内部的帝国主义矛盾再次显现出来，主要体现为美国与欧盟矛盾、欧盟内部矛盾。西方近年来的闹剧足以证明，即便是西方社会，也不是铁板一块。

在世界百年未有之大变局下，民族解放与殖民压迫、社会主义与资本主义，以及帝国主义内部等各种矛盾汇集在同一历史阶段，并有集中爆发的可能。这一方面给世界进步力量提供了反压迫反殖民的空间，另一方面也使得当前和今后一个时期内，世界范围内摩擦加剧，出现一定的紧张局面。作为进步的、正义的、先进的力量，应当积极适应这种国际秩序的"新常态"，不信邪、不怕鬼、敢斗争、能胜利，为复兴本民族本国家的伟大梦想而奋斗。身处变局，一切正义的力量不仅应当坚定意志，也要警惕野心家的两种危险观点和倾向。

其一，警惕西方把非西方合理正常的发展诉求诬陷为对世界和平的威胁。随着中国快速发展，西方国家在世界范围内抹黑中国、俄罗斯的正常合作以及两国合理的复兴事业。此类论调不仅是彻底的诬陷，而且罔顾中国长期坚持的"结伴不结盟"的外交政策。苏长和指出："结盟是'找敌人'的旧国际关系思维，结伴是'交朋友'的新型国际关系思维。"① 他曾撰文指出，21世纪的大国关系竞赛重点是比"交朋友"的结伴速度而不是"找敌人"的结盟速度。结盟政治破坏了国际政治文化，是一种向下竞争的互害思维。结伴政治是营造国际政治的信任文化，大家和平发展、合作共赢，是一种向上竞争的互利思维。王义桅认为，中国再次证实了现实主义理论乃基督教世界理论的看法。西方担心来自非基督教文明的挑战，并将世界的现实主义性回归怪罪于它们，言下之意就是"我们超越了现实主义逻辑，你们将世界带回到现实主义"②。但事实上是世界的现实主义性在回归，并非什么现实主义理论回归。全球金融海啸爆发后，后西方世界崛起的提法一度甚嚣尘上，现在西方舆论又在炒作世界回归现实主义其实都是表明世界不再是西方世界内的循环，西方理论作为地方性理论的本质日益明显。对于西方社会的无端指责，我们应保持耐心和定力，要向世界上一切珍视和平的国家与人民说明中国发展的目标与方式。正如习近平主席在庆祝中华人民共和国成立70周年大会上向世界庄严宣告的那样："前进征程上，我们要坚持和平发展道路，奉行互利共赢的开放战略，继续同世界各国人民一道推动共建人类命运共同体。"③

其二，警惕部分野心家趁机毁坏人类文明成果，给军国主义、法西斯主义等邪恶势力"招魂"。在变局的过程中，国际力量对比发生变化，原有的世界秩序出现松动，世界关注点出现一定转移，使一些野心家错误地认为有机可乘，图谋毁坏人类社会得来不易的文明成果。

---

① 参见《结伴不结盟，中国"伙伴"遍全球》，中国新闻网，https://www.gov.cn/xinwen/2014-12/23/content_2795587.htm。
② 〔美〕约翰·米尔斯海默：《大国政治的悲剧（修订版）》，王义桅、唐小松译，上海人民出版社，2014，代译序，第Ⅱ页。
③ 《习近平著作选读》第2卷，人民出版社，2023，第274页。

第二节　从 "身份" 到 "理念"

前节考察了从殖民主义兴起到殖民主义出现衰落这一历史阶段的 "大国" 及其身份问题。正如一代人有一代人的使命，每一个历史阶段也有其不同特征，因而推动作为历史辩题的 "大国" 进行改变。

进入世界百年未有之大变局时期，殖民主义大国显然已经不合时宜，霸权主义大国也将走向衰落，与此同时，具有悠久历史的文明大国逐渐苏醒，而新型大国也逐渐揭开面纱。在这样的现实需求下，将 "大国" 的定义范畴限定在 "身份" 层面，已不能满足历史前进的需要。同时，除前文已说明的原因外，客观条件的快速变化，也不适合将 "大国" 作为一种 "概念" 进行处理。"概念" 具有相对的稳定性，需要简洁明确地对事物的内涵和外延进行准确描述，且描述一经确定便不会轻易修改。这与当前及今后一个阶段 "大国" 的定义因动态性和复杂性而造成的不确定性相悖，不仅会造成论述困难，不易自洽，而且会阻碍研究者拓展 "大国" 的研究深度与广度。因此，将 "大国" 作为 "理念" 进行研究，是可取的。需要说明的是，此处采取的 "理念" 不是柏拉图、康德、黑格尔等哲学家作为 "观念" 使用的 "理念"，也不表明他们相关著作中的内涵。此处的 "理念" 表达的是 "始终追求完善"，目的是 "无限接近美好"，具有客观性、概括性、逻辑性和灵活性的特征。

"大国理念" 以 "大国身份" 为研究资料，并在此基础上进行补充与完善，以期实现对 "大国" 伦理属性的描述与引导。因此，"大国理念" 仍然关注大国的物质属性与伦理属性。以此为基础，大国内涵要素关系见图 2-1。

一　独立性

大国理念的首要内容是主权独立的国家，主权独立意味着完全的独立性、自决权与彻底的民族解放（去殖民化），从这个意义上来说，虽然当今世界受到普遍承认的国家有 190 多个，其中 193 个是联合国认可的会员国，2 个是观察员国（梵蒂冈和巴勒斯坦）。原则上只有主权国家可以成

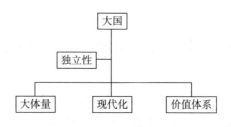

图2-1 大国三要素

注：独立性是大国的先决条件，以此为基础，大国三要素为：大体量、现代化、价值体系。

为联合国会员国，但这些会员国家中仍有许多并不是真正意义上的独立国家。这一情况产生的历史原因有二。

一是殖民体系的遗毒，尽管旧的殖民体系已经瓦解，但殖民国家仍将独立后的前殖民地作为势力范围，通过经济手段施加影响力，继续进行殖民剥削。如非洲法郎（Franc CFA，缩写为FCFA）。这种货币是法国于1945年为其前殖民地国家设计的。起初的含义是"非洲法属殖民地法郎"（Franc des Colonies Françaises d'Afrique），代表法国对其非洲殖民地的统治地位。长期以来，非洲法郎被普遍视为"法国殖民体系的历史遗毒"。甚至在撒哈拉以南非洲各国独立多年后，法国依旧通过该货币体系的残留部分向非洲前殖民地国家施加影响力。法国规定，使用该货币的国家必须将50%的外汇储备存放在法国财政部。并且非洲法郎的币值和汇率政策均由法国向发行该货币的西非国家中央银行派驻的代表决定。这是法国对非洲赤裸裸的主权侵犯、货币奴役与殖民剥削，是非洲经济不独立的典型体现。这种非洲法郎甚至还存在出两种币值相同却互不流通的版本，即西非八国使用的"西非法郎"和中非六国使用的"中非法郎"。至2019年12月21日，科特迪瓦总统阿拉萨内·德拉马内·瓦塔拉（Alassane Ouattara）和来访的法国总统马克龙（Emmanuel Jean-Michel Frédéric Macron）在联合记者会上宣布，流通西非法郎的部分非洲国家决定将非洲法郎更名为"Eco"，但和其前身非洲法郎一样，"Eco"将继续同欧元挂钩。相关国家声称货币改名计划事关非洲国家尊严，是历史性的进步。但正如同法国总统马克龙在非洲承认法国对非洲的殖民是"严重错误"一样，只是一种具有象征意义的表面文章，并没有任何实质性内容，新货币虽然更改了名称，看起来很有非洲特色，但仍与法国主导的欧元挂钩，实际上仍是向前宗主国效忠，受前宗主国盘剥，货币主权仍受到严重侵害。这次反殖民压迫、争取主权独立的行动并不彻底。

二是以美国为首的西方国家的军事经济胁迫使部分国家主权缺失。以美国为例，自美国崛起为西方世界第一军事经济强国，便持续加紧了在世界各地的军事部署，第二次世界大战结束后，美国的军事存在几乎遍及全球。"随着美苏争霸、两极对抗的升温，美国海外军事基地再次迅速扩张。在'杜鲁门主义'的影响下，美国为全面遏制以苏联为首的社会主义国家，与东亚、西太平洋、中东等地的 43 个国家和地区签署（军事）同盟条约，在海外设立军事基地或部署军事力量。到 20 世纪 60 年代中期，美国在全球范围内设有 375 个大型海外军事基地和 3000 多个小型军事设施。"① 冷战结束后，由于国际形势的变化、美国军事战略的调整以及驻在国人民的反对，美国军事基地的数量大幅减少。"21 世纪前 20 年，美国海外军事基地的数量呈下降趋势。根据美国国防部发布的《基地结构报告》，美国海外军事基地在 2004 年共有 826 个，到 2013 年减至 598 个，2018 年进一步缩减至 514 个。"② 目前美国军队约 1/4 人数广泛分布在亚洲、欧洲、非洲、中东等地约 140 多个国家和地区的 374 个海外军事基地，控制全球海洋交通要道咽喉。半岛电视台发布专栏文章指出："据《冲突管理与和平科学》杂志发布的美国全球军事部署数据，截至 2020 年，美国在 159 个国家共部署了近 17.3 万名士兵。和美军基地一样，驻有美军数量最多的国家分别是日本（53700 人）、德国（33900 人）和韩国（26400 人）。"③ 与美国相同，英国等老牌殖民主义国家在海外也广泛

---

① 孙丽燕：《美国海外军事基地的变迁》，国际合作中心，https://www.icc.org.cn/trends/mediareports/658.html。

② 孙丽燕：《美国海外军事基地的变迁》，国际合作中心，https://www.icc.org.cn/trends/mediareports/658.html。

③ 《图表分析：美国在世界各地的军事存在》，半岛电视台，https://chinese.aljazeera.net/news/2021/9/11/%e5%9b%be%e8%a1%a8%e5%88%86%e6%9e%90%e7%be%8e%e5%9b%bd%e5%9c%a8%e4%b8%96%e7%95%8c%e5%90%84%e5%9c%b0%e7%9a%84%e5%86%9b%e4%ba%8b%e5%ad%98%e5%9c%a8。

建立了军事基地，并长期驻军。美国的海外驻军由所驻国提供经费和后勤补给。美国的海外驻军不受驻在国管辖，实际上是美国海外飞地，美军人员也不受驻在国法律约束，美军人员严重威胁当地治安，造成严重的社会影响，频繁引发驻在国人民抗议。如果说美国的海外驻军侵犯了驻在国的领土和法律主权完整，那么美国以保护名义直接干涉一国军政事务则是对该国主权的彻底侵犯，如韩国作为美军第三大海外驻在国，其军事自主权就受到美国严重影响。而西方学者发明并推销出"依附理论"（Dependency Theory）和"跟着强者走"（Bandwagoning）的理论，企图粉饰美国的霸权主义行径，将美军对他国的霸凌描绘成对驻在国的施舍。

除此之外，另一种影响更为深远的殖民主义行径是文化殖民，主要通过解构他国历史、消解他国文化、培养从政治界到文化界的代理人等方式进行。历史和现实中许多国家都经历过这种文化入侵，如日本韩国的政治制度均是由美国的政治买办按照美国价值观和美国意愿建立起来的，从而极大地损害了本国的自决权，即便沦落至此，也并不妨碍美国对其进行强制打压，更无须再列举伊拉克、阿富汗等政府的治理能力和国家现状了。

二 大体量

大体量是区分主权独立国家大小的显性特征，其内涵类似于前文相关学者采用的"国家规模"概念，但又有所区别。体量显示先天性，更多地强调一国在领土、人口等天然因素方面的自然状态，源于本国本民族的文明传承，符合各民族的文明道路，因而反映国家天然状态的合法性。排斥通过非正义的殖民掠夺和兼并战争攫取领土和人口。"规模"反映后天性，强调当前状态，而缺少一定的国家伦理诉求。在大国话语体系中，大体量首先从领土、人口等天然条件出发，延伸到经济等方面。相关内容在前文已有讨论，不再赘述。值得关注的是，随着世界历史的发展，各大国均出现了以人口老龄化和生育意愿、生育率降低为主要表现形式的社会问题，应当引起足够重视。于大国而言，领土与人口体量呈正相关是极其重要的，如今日俄罗斯就亟须解决人口增速过缓和人口分布失衡等严重问题。

三　现代化

人类社会的历史表明，所有获得大国身份的国家都跟上了社会进步的趋势，如英国领导两次工业革命一度成为世界霸主。不论是蒸汽机、电力，还是大工业生产、信息化，总的来说就是实现现代化。工业革命以来，现代化主要包含两部分内容，即工业化与城镇化。

同"大国"的定义有一定的相似性，"现代化"也不是一个固定的概念，人类历史各阶段的现代化内容和特征始终在变化发展，但总体要求就是发展、领导和保持先进生产力。马克思认为，大工业"首次开创了世界历史，因为它使每个文明国家以及这些国家中的每一个人的需要的满足都依赖于整个世界，因为它消灭了各国以往自然形成的闭关自守的状态"①。这是说，现代化源于西方，首先出现在欧洲，并逐渐转向美国，这也符合美国取代英国成为世界霸主的历史事实。但是，现代化并不只有一种方式，西方和美国路径也不是现代化唯一真理，现代化不是西方化，更不是美国化，各国家、各民族都有能力走出属于自己的现代化道路。

马克思关于现代化问题的观点经历了不断深入完善的过程，早年他认为西方现代化进程虽然给非西方带来了严重苦难，但从历史必然性的角度来看，资本主义现代性具有某种必然的合理性与历史正义性。但是随着世界历史的快速发展和研究深入，马克思补充完善了其早期观点。他认为，由于与发达国家的同时存在，在充分利用发达国家生产力发展成果的情况下，不发达国家的现代化道路可能存在另一种可能性，可以避免遭受资本主义的苦难。在马克思晚年，为了回答俄国著名女革命家维拉·伊万诺夫娜·查苏利奇对俄国农村公社发展前途的询问，马克思对俄国农村公社进行了细致的考察，提出了著名的跨越"卡夫丁峡谷"（Caudine Valley）的思想，阐述了现代化发展道路具有多样性的宝贵思想，从而为落后国家提出了一种不同于西欧现代发展道路的可能性设想。马克思明确指出，"他②一定要把我关于西欧资本主义起源的历史概述彻底变成一般发展道

---

① 《马克思恩格斯选集》第1卷，人民出版社，2012，第194页。
② 这里指米海洛夫斯基。

路的历史哲学理论，一切民族，不管它们所处的历史环境如何，都注定要走这条道路，——以便最后都达到在保证社会劳动生产力极高度发展的同时又保证每个生产者个人最全面的发展的这样一种经济形态。但是我要请他原谅。（他这样做，会给我过多的荣誉，同时也会给我过多的侮辱。）"①由此可见，他并没有把《资本论》中所描述的西欧资本主义的发展模式当作普适模式，试图提供一把解决历史发展问题的万能钥匙。正是由于交往的影响和"历史正在向世界历史转化"，单个国家在发展道路上面临着比以前更多的选择，在遵循政治经济学内在规律的基础上，可以呈现出一定的特殊性、多样性。②就近代以来的历史来看，现代化使西方社会进入了工业文明，因而对尚未工业化的非西方造成降维打击，主要表现在工业化军事实力是西方现代化的力量延伸，农业文明的冷兵器在工业文明的现代兵器面前不堪一击。但中国的工业化军事实力并没有演变为对外输出的军事行为，这是由中国开启的现代化新模式，具有以人民为中心、和平发展、共同富裕、全面协调等明显区别于西方现代化的新特征，是人类文明新形态。中国特色社会主义道路的迅速发展和伟大成就力证了现代化的规律性和多样性，也表达了中国式现代化的超越性和特殊性。

与此同时，社会主义现代化不仅避免了资本主义现代化模式带给世界人民，尤其是殖民地国家和人民的灾难性后果，具有明显的正义性，而且社会主义现代化通过以人为中心的生产关系设计和调整，相较于资本主义现代化，更具有先进性。先进的生产关系又进一步促进了生产力的快速发展。

四 价值体系

一国的价值体系包括其意识形态、价值观念等国家政治因素，也包含该国的公序良俗等历史文化因素。应当注意的是，价值体系存在明显的强弱与优劣之分，但对于大国的形成，其更多的作用反映在不同历史阶段的

---

① 《马克思恩格斯选集》第3卷，人民出版社，2012，第730页。
② 参见陈志刚《中国式现代化及其规律性和多样性》，《马克思主义理论学科研究》2021年第5期。

配适性上，价值体系强则能够促使一国形成大国并巩固其地位，价值体系弱则适得其反。

随着时代的发展，尤其是在世界百年未有之大变局的历史条件下，大国价值体系的优劣显现出更大的影响。世界期待大国成为善性、善治、善行的典范。体现在国家的荣誉、尊严、声望和影响等伦理属性（国格）上。大国在国际社会具有举足轻重的地位与作用，成为世界国家的标杆与榜样，因而其国格应满足更高层次的要求。主要体现在大国的政治、文化与价值观上。大国所具有的美好品质能够产生强大的精神力量，巩固大国地位，促进大国持续向好发展，反之，则会将大国引入歧途，导致其走向衰落。

中国共产党领导中国政府和中国人民在国际国内事务中展现出了"言必信，行必果"的风格与精神。中国的实践不仅为中国人民谋得幸福与安宁，也为世界人民谋求了和平与发展。

综上所述，本书对人类社会期待的"大国"的描述是：具有美好品质的大体量现代化国家。

第三章　大国的存在方式与核心变量

"江山就是人民、人民就是江山，打江山、守江山，守的是人民的心。"[①] 大国的基础是国家，首先存在于具体的历史当中，是同时代国家中的先行者，不同的时代特征造就不同的国家类型，也产生不同的大国。在具体的历史阶段，大国具有一定的进步意义，但随着世界历史的发展，又被新的社会矛盾运动推动发生变化，部分大国因此消亡。因此，大国的存在方式反映的是具体时代的文明形态和社会矛盾。透过不同具体历史条件观察大国的核心变量，其最根本的历史动力依然是人民。人民是历史的真正创造者，是真正的英雄。因此，大国的存在、发展、变化与消亡的核心变量是人民，体现在人民性和阶级性。

第一节　大国的存在方式

马克思主义认为，国家是一个历史范畴，是阶级统治的工具，是为了维护和实现统治阶级的地位和利益。因此，对国家存在方式的分析，应着重从历史范畴和阶级斗争两方面出发。

一　以工业革命为转折点

马克思主义国家学说以阶级产生为标志，按照历史进程，将人类社会划分为四种社会生产方式，即奴隶制生产方式、封建制生产方式、资本主义生产方式和社会主义生产方式。在这些生产方式中占有主导地位的阶级

---

① 《习近平著作选读》第2卷，人民出版社，2023，第482页。

分别是奴隶主阶级、地主阶级、资产阶级和无产阶级。因此，国家的历史类型也相应地分别为奴隶制国家、封建制国家、资本主义国家和社会主义国家。恩格斯在《致国际工人协会西班牙联合委员会》一文中指出："有产阶级，即土地贵族和资者者，使劳动人民处于被奴役的地位，这不仅靠他们的财富的力量，不仅靠资本对劳动的剥削，而且还靠国家的力量，靠军队、官僚和法庭。"① 恩格斯在《反杜林论》中进一步指出："到目前为止在阶级对立中运动着的社会，都需要有国家，即需要一个剥削阶级的组织，以便维护这个社会的外部生产条件，特别是用暴力把被剥削阶级控制在当时的生产方式所决定的那些压迫条件下（奴隶制、农奴制或依附农制、雇佣劳动制）。国家是整个社会的正式代表，是社会在一个有形的组织中的集中表现，但是，说国家是这样的，这仅仅是说，它是当时独自代表整个社会的那个阶级的国家：在古代是占有奴隶的公民的国家，在中世纪是封建贵族的国家，在我们的时代是资产阶级的国家。"②

不论是奴隶制国家、封建制国家，还是资本主义国家和社会主义国家，人类社会的各种国家类型都存在大国，这些国家先于其他国家通过不同的政治制度设计安排和技术手段创新等方式提高了生产力水平，因而拥有了大国身份。

不同历史阶段的大国存在方式划分以国家类型为基础，可以按照文明形态和伦理属性两种方式进行划分。根据所处历史时期的文明形态，可以划分为农业文明大国、工业文明大国和新型文明大国。根据国家的伦理属性，又可以划分为非殖民主义大国、旧殖民主义大国、新殖民主义大国和新型大国。

两种划分方式统一在经济基础层面，并存在明显的历史交叉点——工业革命。一方面，工业革命拉开了人类由农业文明向工业文明转变的帷幕；另一方面，虽然工业革命晚于西班牙、葡萄牙的海盗抢劫式的殖民活动，但工业革命大幅提高了生产力，不仅加速了资本主义以殖民掠夺方式开拓世界市场，而且工业革命后资本主义工业化的军事能力快速增强，推

---

① 《马克思恩格斯选集》第3卷，人民出版社，2012，第40页。
② 《马克思恩格斯选集》第3卷，人民出版社，2012，第812页。

动资本主义发展到帝国主义阶段，帝国主义在瓜分世界经济的同时，也加紧瓜分世界领土。这也使殖民主义大国之间产生激烈竞争，一部分殖民主义国家在竞争中落败，失去殖民地和势力范围，也失去了大国身份。近代以来，帝国主义列强为瓜分世界和划分势力范围而频繁发动战争，如1898年美国为了夺取西班牙在美洲与亚洲的殖民地而发动的帝国主义战争，达到了美国重新瓜分世界的目的，这场战争扩充了美国领土和人口体量，提高了其殖民主义和帝国主义大国的地位。但与此同时，西班牙也由此急转直下，逐渐失去往日殖民主义大国的身份。在竞争中获胜的殖民主义国家演变为帝国主义国家，维持了殖民主义大国身份，并在第二次世界大战结束、旧殖民体系走向消亡后，转变为新殖民主义大国，继续通过更隐蔽、间接的方式对世界上其他国家（主要是非西方国家）进行政治、经济、文化殖民。

二　大国更替与消亡

作为一种历史现象，国家不是从来就有的，也不是永恒存在的。国家的起源是社会基本矛盾运动的结果，同样，社会基本矛盾的运动也推动着国家朝着一定的方向发展和更替，使国家最终通向消亡。国家发展的最终趋势是走向消亡。随着人类社会向共产主义社会过渡，国家存在的社会条件和阶级基础逐渐消失，社会主义国家随之逐步自行消亡，这就是国家发展的历史趋势。马克思在描述共产主义社会的情景时指出："在迫使个人奴隶般地服从分工的情形已经消失，从而脑力劳动和体力劳动的对立也随之消失之后；在劳动已经不仅仅是谋生的手段，而且本身成了生活的第一需要之后；在随着个人的全面发展，他们的生产力也增长起来，而集体财富的一切源泉都充分涌流之后，——只有在那个时候，才能完全超出资产阶级权利的狭隘眼界，社会才能在自己的旗帜上写上：各尽所能，按需分配！"①

恩格斯在《家庭、私有制和国家的起源》中指出："国家必将随着阶

---

① 《马克思恩格斯文集》第3卷，人民出版社，2009，第435～436页。

级的消灭和共产主义的胜利而消亡。"① 不仅要消灭剥削阶级，而且要消灭一切阶级差别，彻底铲除阶级存在的一切根源，使阶级及其差别既不能存在，也不能再产生。只有具备了这样的条件，国家才会消亡。而具备这样条件的社会，就是共产主义社会。

正如列宁指出的："'国家消亡'这个说法选得非常恰当，因为它既表明了过程的渐进性，又表明了过程的自发性。"② 渐进性指国家消亡是一个相当长的渐进发展过程。只有在国家消亡的经济条件和精神条件逐渐具备时，国家才逐渐消亡。自发性指国家消亡不以人的主观意志为转移，而是社会发展、变革、进步的必然结果，是国家在充分发挥了职能之后的必然归宿。同时，列宁也对国家的消亡时间进行过分析，"我们只能谈国家消亡的必然性，同时着重指出这个过程是长期的，指出它的长短将取决于共产主义高级阶段的发展速度，而把消亡的日期或消亡的具体形式问题作为悬案，因为现在还没有可供解决这些问题的材料。"③

当前，我们仍处在马克思指明的时代，即资本主义向社会主义过渡的时代，作为社会主义运动从低谷走向复兴的中坚力量，中国仍处在并将长期处在社会主义初级阶段，距离国家消亡的共产主义时代尚有很长的路要走。因此，处在这样的历史阶段，大国的更替与消亡仍是我们需要关注的历史辩题内容。通过分析不同历史阶段、文明形态和伦理属性的大国的更替与消亡，总结其经验教训，才能更好地指导我们在百年变局中朝着符合历史和人民要求的正确方向前进，跳出历史周期律。

工业革命以前，世界各国大多处于农业文明（包括农耕文明和游牧文明），各国家依照文明特征存在并发展于本国历史之中，人类历史尚未进入世界历史阶段，大国的更替和消亡是同一种文明形态的内部运动；工业革命后，工业文明作为一种先进的文明形态登上历史舞台，相对于农业文明具有了压倒性优势，工业大生产开启后，殖民主义活动日渐频繁和激烈。大国更替和消亡不仅存在于农业文明和工业文明之间，表现为殖民战争和反殖民压迫的民族解放运动，而且同样存在于工业文明内部，表现为

---

① 《马克思恩格斯全集》第 28 卷，人民出版社，2018，第 2 页。
② 《列宁专题文集 论社会主义》，人民出版社，2009，第 30 页。
③ 《列宁专题文集 论社会主义》，人民出版社，2009，第 36 页。

殖民主义和帝国主义间的战争，如两次世界大战。第二次世界大战后，和平与发展成为世界主流，先进的文明形态仍然是工业文明，获得民族独立解放的前殖民地和半殖民地艰难走上工业化道路，开始了从农业文明向工业文明转变的发展探索。与此同时，资本主义和帝国主义依靠殖民时代获得的政治经济优势，将殖民主义转变为更加隐蔽和间接的方式，进行新殖民活动，大国更替和消亡存在于工业文明内部，是新工业国与殖民主义工业国之间的矛盾。20世纪以来，由于两次世界大战给人类社会留下了惨痛记忆，而大国军事能力由常规武器演变为核武器，导致大国之间爆发全面战争的后果极其严重，任何大国都不会轻易采取战争选项。大国更替和消亡表现为民族复兴运动高涨与新殖民主义大国逐步退出世界舞台。

通过考察可以发现，500年来，不论是农业文明还是工业文明，无论是非殖民主义还是殖民主义，大国的更替与消亡的主要手段或原因是战争、宗教、分裂、重大自然灾害和流行病等。这些原因中，又以战争为主因，其他原因为次因或诱因。战争是政治的延续，是大国内部的重要事务，历史提示着当今大国——慎战。因为"天下虽兴，好战必亡；天下虽安，忘战必危。"首先，好战必亡，包括宗教战争在内的征服战争和殖民战争都是不义之战；其次，忘战必危，失去大国意志，消极懈怠，对侵略战争让步妥协必将导致亡国灭种；再次，德不配位，即便大国内部上下一心达成殖民共识，但其仍然缺少道义上的合法性；最后，离心离德，对内实行阶级压迫，对外实行霸权主义，领导力量与人民矛盾不可调和，资产阶级与无产阶级的矛盾深入，失去人民支持，大国将从内部瓦解。

在百年变局中，具有坚强民族复兴意志的大国必须回答的问题是：能否以和平的方式进行大国更替？从现实来看，就是中国能否和平崛起。

马克思主义认为，国家历史类型的更替是社会政治发展的质变。代表着旧的生产力的阶级及其国家与代表着新的生产力的阶级及其国家本质上是对立的。旧的社会制度和国家不会自行崩溃，旧的统治阶级也不会自动退出历史舞台，代表着新的先进生产力的阶级只有通过政治革命，推翻旧的政治统治，才能推动一种国家类型向另一种国家类型的历史性转变。马克思和恩格斯强调暴力革命在国家历史类型更替中的重要作用，但并没有完全否定在特殊条件下用和平方式实现和平过渡的可能性。

关键在于能否进行有效的政治改革，包括政治制度和政治理论方面的创新。一方面，要让"革命"成为一种自觉行为，要主动调整上层建筑与经济基础，使二者相适应，打破制约生产力发展的桎梏，推进生产力发展，从而实现自我革命与社会革命的有机结合，开创具有本国特色、符合本国具体情况的现代化道路；另一方面，要抓住百年变局条件下，新殖民主义大国在内外部的压力下，被迫作出的某些局部性的调整和让步的机会。

三　文明新形态与新型大国

如上文所述，人类文明经过漫长的历史时期产生了不同形态，并在历史的进程中不断更迭。第二次世界大战后，西方主导的带有殖民主义和霸权主义性质的文明形态占据统治地位。进入百年变局时期，西方文明形态愈发不能满足人类社会前进发展的需要，愈发不符合世界历史发展规律。"人类的命运从没有像今天这样紧密相联，各国的利益从没有像今天这样深度融合，和平、发展、合作、共赢的时代潮流不可阻挡。"① 人类社会需要走出一条和平、合作、共赢的新路，为人类社会提供一种文明新形态。与此同时，大国关系是世界政治的关键，也是人类社会和平发展的重要条件，大国需要摆脱零和思维与对抗思维，开创新型大国关系，这也对大国提出了新的要求，即新型大国。正如习近平总书记所指出的："大国要尊重彼此核心利益和重大关切，管控矛盾分歧，努力构建不冲突不对抗、相互尊重、合作共赢的新型关系。只要坚持沟通、真诚相处，'修昔底德陷阱'就可以避免。"② "各国应该有以天下为己任的担当精神，积极做行动派、不做观望者，共同努力把人类前途命运掌握在自己手中。"③

---

① 《习近平外交演讲集》第2卷，中央文献出版社，2022，第208页。
② 《习近平谈治国理政》第2卷，外文出版社，2017，第541页。
③ 《习近平著作选读》第2卷，人民出版社，2023，第251页。

第二节 大国的核心变量

在不同的历史阶段，多种因素相互作用对大国的存在、更替与消亡产生重大影响，但是在不同历史时期的不同案例中，可以找到一些共性，从而探讨大国的核心变量。人民是历史的创造者，也是大国的存在、更替与消亡的历史动力。因此，对大国的核心变量进行考察，应该坚持以人民为中心，抓住人民性与阶级性两个关键变量。

一 一种可行性解释

中外理论工作者都致力于寻找一种简洁、优美而又行之有效的分析方法，近年来，将数理逻辑运用于人文社会科学领域的跨学科研究流行起来。产生了一些非常有建设性意义的研究成果，如量化综合国力的克莱因方程和阎学通等的综合国力评估方案。

克莱因方程（也称为克莱因综合国力方程）是美国学者克莱因（Ray S. Cline）在其 1975 年出版的《世界权力的评价》一书中提出的国力评估公式，即

$$Pp = (C + E + M) \times (S + W)$$

其中，C 代表人口和领土，E 代表经济实力，M 代表军事实力，S 代表战略意图，W 代表国家意志。克莱因方程的创新之处在于将国家意志（W）作为重要考量因素，不仅把握了国家的静态实力，也关注战略运筹、执行中的国家权力效率。除克莱因方程外，以量化方式讨论国家实力的方案还包括以美国兰德公司为代表的智库评估方案和黄硕风、阎学通等的综合国力评估方案。

在这些解释中，阎学通的研究成果对于分析大国核心变量问题具有可行性与有效性，将原本复杂的变量问题简洁化。他在《世界权力的转移：政治领导与战略竞争》一书中对其提出的道义现实主义理论进行了推导，并用数学方程式对实力要素之间的关系进行了规范：

综合国力 =（军事实力 + 经济实力 + 文化实力）× 政治实力

其中，军事实力和经济实力为硬实力，文化实力和政治实力为软实力；军事实力、经济实力、文化实力为资源性实力，政治实力为可操作性实力。阎学通以 CP 表示综合国力，M 表示军事实力，E 表示经济实力，C 表示文化实力，P 表示政治实力，得到一个更加简化的公式：

$$CP =（M + E + C）× P$$

他指出，政治实力决定论的综合国力方程，所体现的是管子所说的"夫国大而政小者，国从其政。国小而政大者，国益大"[①]。这与前文关于遵循道义可增强国家的实力和提高行为合法性的观点是一致的。无论是中国历史还是世界历史，都表现为一个强国的兴起或一个帝国的衰败皆与其国家领导力的强弱呈正相关。道义现实主义认为大国的领导性质差别具有改变国际格局的作用。[②]

阎学通的观点与本书对大国核心变量的认识较为一致，其公式中的"政治实力"（P）在形式上很好地反映了大国问题中普通变量与核心变量的关系，突出了核心变量的重要作用；在内容上也符合本书对大国政治因素的考察，即政治因素中的阶级性和人民性。

二　阶级性

大国核心变量的阶级性体现在两方面，一是统治阶级与被统治阶级的力量对比，即对大国进行统治的阶级属性；二是占据统治地位的领导核心，主要是政党与政府的领导能力和治理能力。总的来说，就是大国领导核心的属性与能力，集中表现在大国的一致统一与行动一致。

在中国共产党的领导下，以习近平新时代中国特色社会主义思想为指导，全体中国人民团结一致，不断推进国家治理能力与治理体系现代化，成功实践中国特色社会主义道路，取得了举世瞩目的辉煌成就，开创了中国现代化新道路和人类文明新形态，不断建设符合人类命运共同体理念的

---

① 《管子译注》，刘柯、李克和译注，2003，第 179 页。
② 阎学通：《世界权力的转移：政治领导与战略竞争》，北京大学出版社，2015，第 21 ~ 22 页。

新型大国。

三 人民性

不论是社会主义国家，还是资本主义国家，人民始终是历史发展真正的动力。以人民为中心，正是文明新形态和新型大国的内在属性与要求。水能载舟，亦能覆舟。领导核心的领导地位是历史和人民赋予的，抛弃人民，压榨人民，与人民离心离德，终将被人民抛弃，失去了人民支持的领导力量独木难支、曲高和寡，也成为大国走向衰落、自我解构的关键因素。

以苏联为例，作为世界上第一个社会主义国家，开了无产阶级专政的历史先河，具有明显的历史进步性。然而，随着时间的推移，苏联共产党的蜕化变质，正如李慎明在《居安思危：苏共亡党亡国二十年的思考》指出的："苏联剧变的根本原因不在于'斯大林模式'即苏联社会主义模式，而在于从赫鲁晓夫集团到戈尔巴乔夫集团逐渐脱离、背离乃至最终背叛马克思主义、社会主义和最广大人民群众根本利益。"[1] 苏共作为苏联人民的领导核心，不仅党风日益败坏，而且竟然产生了群体巨大的特权阶层。

综上所述，大国的存在、更替和消亡有其客观历史规律。进入百年变局，历史条件正经历着重大调整变化，处在这一历史时期的国家，想要获得、重拾或维持大国身份和地位，就必须跟上历史发展，积极调整适应，从而符合历史规律与要求，否则就只能被历史无情抛弃。

---

[1] 李慎明：《居安思危：苏共亡党亡国二十年的思考》，社会科学文献出版社，2011，第18页。

第四章 大国的形象问题的理论及本质

国家形象之争实际上是国际范围内的阶级斗争与民族斗争，世界百年未有之大变局历史条件下的形象斗争是综合国力与发展潜力的比拼，是将对和平与发展的威胁降到最低程度的斗争手段，符合全体人类和各国利益，但须意志坚定、目标明确、积极进取，历史和时间站在正义与进步的一方，只需持之以恒、久久为功。党的十八大以来，我们大力推动国际传播守正创新，理顺内宣外宣体制，打造具有国际影响力的媒体集群，积极推动中华文化走出去，有效开展国际舆论引导和舆论斗争，初步构建起多主体、立体式的大外宣格局，我国国际话语权和影响力显著提升，同时也面临着新的形势和任务。必须加强顶层设计和研究布局，构建具有鲜明中国特色的战略传播体系，着力提高国际传播影响力、中华文化感召力、中国形象亲和力、中国话语说服力、国际舆论引导力。

第一节 形象是大国的"国之大者"

正如"大国"概念是由"国家"概念出发并提升的一样，"大国形象"也是基于"国家形象"构建的更高层次的理念。

一 国家形象的重要性愈发显现

国内外学界关于"国家形象"的研究著作较为丰富，国内研究多从国家形象的具体概念、内涵外延、构成要素、主要特点等出发，探讨提升中国国家形象的具体实践和传播策略。国外研究中国国家形象时多以中国历史、社会、政治等相关角度为切入点，描述中国国家形象的核心及外延，根据描述推测中国未来发展趋势，并以此为依据形成中国国家形象。

根据美国政治学家布丁（Boulding）的观点，国家形象是一国的自我认知以及国际体系中其他行为体对它的认知的结合。作为一系列信息输入和输出产生的结果，它是"形"与"象"相互作用的产物。一方面，"象"不离"形"，对一国形象的认知依赖于一个国家的政治、经济、军事、文化、外交等客观存在。另一方面，"形"不离"象"，对客观存在的把握亦受到已有的认知框架的束缚。并且，即便是从同样的"形"出发，对"形"的最终认知，亦非从客观到主观的简单复刻，换言之，一国的自我认知或是试图向外界传递的形象，与其他行为体对它的解读之间横亘着政治积习、历史经验、文化价值、认知心理等的差异，亦脱不开现有的以传媒为介质的"知识—权力"格局。因而，对国家形象的认知必然是总体性的，又是多维度的。①

二 形象是大国综合实力的具体展现

与"大国"概念的研究近况类似，学界对于"大国形象"并没有明确的界定，对"大国形象"概念的研究也存在不充分与不直接的情况。因此，对"大国形象"的界定须在"国家形象"概念的基础上展开。② 在众多的学术论文中，郭树勇对这一概念的分析与研究走在前列，他首先对"大国形象"不理想的研究现状进行了分析，他认为："形象这词本身就是一个较为模糊的词，把它引用到政治学和国际政治学也是近来的事情。部分是因为大国形象的形容从根本上讲属于国际政治社会学范畴，后者也是一个新生事物。"③ 他通过充分研究指出："'大国形象'是指现时代的国际社会中一个大国应该具有的良好精神面貌与政治声誉，它是一种理想目标，是国际社会从时代精神角度赋予大国的种种义务和责任。'大国形象'既不是一个具体言尽的概念，也不是一个已经实现的事实，而是国际

---

① 李岚：《习近平对外国家形象战略思想的基本内涵、精神实质、理论品格和实践指向》，《中共杭州市委党校学报》2018 年第 5 期。

② 本书在"理论资源与研究基础"部分已就"国家形象"概念就行了讨论，故在此部分直接以前文为基础展开对"大国形象"定义的探讨。

③ 郭树勇：《论大国成长中的国际形象》，《国际论坛》2005 年第 6 期。

社会对大国的道义要求与精神认同，是一种社会建构。"① 同时，郭树勇也对"大国形象"的构成进行了界定，他认为："当今时代一个良好的'大国形象'的构成，至少包括五个方面的要素，即现代身份、世界贡献、战略意志、特殊责任、有效治理。"②

根据以郭树勇为代表的相关学者的描述，对于"大国形象"的界定中多出现如"道义""精神""责任""信誉"等较为"人格化"的描述。国家的形象如同人的形象一样，人的形象有好有坏，有高尚有低劣，国家的形象也是如此，有的国家公平正义，有的国家蛮横霸道。正如中国人常说的"大写的人"一样，国家，尤其是"大国"的形象，主要体现在"大"的内涵上，而这种"大"的定义也体现出较为"人格化"的特征，这种"人格化"的特征符合哲学的分析范畴。因此，本书将相关哲学（伦理学）概念，引入到"大国形象"的研究中。

在此，有必要对"人格化"进行解释，尤其是与广泛获得学术界认同的美国学者弗朗西斯·福山反复强调的国家的"非人格化"特征进行区分。福山关于国家"非人格化"的理论源于政治学家马克斯·韦伯（Max Weber）对于现代国家的相关理论，他明确表示，"我不仅使用韦伯的定义，还使用他对现代国家的标准。"③ 韦伯认为一个现代国家理应拥有"非人格化政府"，这种"非人格化政府"应当达到几个标准，包括：层级分明，实行上级领导下级的等级制；非人格化的管理，官僚之间的合作以工作为核心，而非依靠彼此的私密关系；合理公开的人事选拔制度与固定的标准，以能力为基准而非血缘或关系；程序化的决策，拥有标准化的文书格式和行政程序。尽管福山将"非人格化"特征作为现代国家的指标性特征，但是应当加以区别的是，福山要求的"非人格化"指向的是国家的政府机构，是源于韦伯关于"家长制"和"家产制"的概念，他所反对的"人格化"是"家长制"或"家产制"的政府或官僚机构。本书在

---

① 郭树勇：《论和平发展进程中的中国大国形象》，《毛泽东邓小平理论研究》2005 年第11 期。

② 郭树勇：《论和平发展进程中的中国大国形象》，《毛泽东邓小平理论研究》2005 年第11 期。

③ 〔美〕弗朗西斯·福山：《政治秩序的起源——从前人类时代到法国大革命》，毛俊杰译，广西师范大学出版社，2014，第441 页。

定义"大国形象"时引入的"人格化"概念，主要是将国家这一国际行为体进行拟人化，将国家看作和"人"一样的拥有性格优势和性格缺陷的个体，通过对国家历史行为的分析来剖析国家性格，进而为"国家形象"画像。这种拟人化的方式具有一定的合理性与可操作性，便于本书更好地探讨"大国形象"这一概念。因此，本书使用的国家形象的"人格化"与国际关系领域通常认同的国家政府的"非人格化"并不是同一个层面上的概念，并不存在理论上的矛盾。

三　大国形象根植于具体国情与历史文化

在国家"人格化"的基础上，世界上的主权国家都如同一个个鲜活的人，人作为独立存在的个体其形象有好有坏，简单来说就是有好人也有坏人，对应到国家中即在世界历史上，既有正常国家，也有所谓的"流氓国家"。当我们按照"国家—强国"的逻辑将这种比喻进行提升时，对应的则是"强国"与"强人"。在这个层面上，不论中外，历史上占有一席地位的强者都并非完人，如在古代中国，三国时期的一代枭雄曹操，他被称为奸雄，历史上对曹操"奸"的评价显然不是正面的；在西方，一代名相俾斯麦被称作"铁血首相"，历史上对他"铁血"的评价也未必是正面的。但应当注意的是，不论是奸诈还是铁血，都是对其能力和功业之"强"的补充评价，正如西方历史上的强国，在进行国家原始积累时，都有一段不堪回首的"肮脏"往事，大多和不正义战争、殖民统治有所关联，但在这个层面上，中国（不论是古代中国还是现代中国）是少有的不依靠不道德方式发展壮大的国家。因此，当我们将这一比喻进一步升华时就出现了难以避免的困难，按照本书"国家—大国—强国—大国"的发生逻辑，"强国"可以提升到"大国"，但这一比喻的困难在于，在东方语境下，我们也可以把"强人"升华为"完人"或者"圣人"，但在西方语境下，我们很难找到合适的比喻对象。因此，为行文方便，在解释这一困难出现的原因前，我们统一用"神"来代替"强人"的更高层级，即"人—强人—神"。马克思主义指明："宗教本身是没有内容的，它的根源不是在天上，而是在人间，随着以宗教为理论的被歪曲了的现实的消失，宗教也将自行消灭。最后，我向他们建议，如果真要谈论哲学，那么最好少炫耀'无神论'的招牌。"[1] 人类对神的早期信仰是基于人类在某个阶段的实践认知水平，对无法解释的自然现象或自然物产生的崇拜，随着人类社会的发展，各民族、各地区、各国家构想出了各自不同的崇拜对象，即当今的神。不论东方还是西方，神不是单独存在的个体，都有一个支撑其主导地位的神明体系，这一体系见之于东西方的神话故事和传说中，在中国较为典型的是佛国故事，在西方则是希腊传说。可以明显看出，在中国人的神话中，不论是如来，还是观世音菩萨，神的形象大多都是高尚美好善良的，而在希腊神话中，不论是天神宙斯（Zeus）、天后赫拉（Hera），还是海神波塞冬（Poseidon），甚至智慧女神雅典娜（Athena），其神仙体系中的诸神都有一些在东方人看来无法理解的缺陷与劣迹，这些神都拥有强大的能力和辉煌的成就，管理着广阔的领域，更像本书描述的"强人"，拥有更加全面立体的人物形象。当东西方的信仰者对"神灵"产生"需要"时，区别则更加明显，东方人拜神时寻求寄托，西方人拜神时寻找力量，可以说，东方的神描绘了一幅"理想"画面，而西方的神描绘出一幅"现实"画面。

至此，在我们完成这一系列比喻时，就可以发现，为什么当我们把西方的"强国"升华到"大国"层面进行比喻时，找不到合适的比喻对象，因为在西方的语境下，"强国"和"大国"本就没有明显的差别。因而，发端于西方学界的"国家形象"研究，是以"软实力"理论作为支持和源头的，西方的"国家形象"中"实力"要素占据极大比例，这也可以解释西方学者的著作中，只有基于国别的"国家形象"研究，如"美国国家形象""中国国家形象"，或者"大国"的国家形象，但从未出现"大国形象"的表述。在西方语境下，高等级的"国家形象"或许可以称为"强国形象"，西方的"大国形象"就是"'大国'的形象"，这种"强国形象"或者"'大国'的形象"如同西方世界的神灵体系，是没有明显的道德内涵的，"实力"与"利益"是西方"强国形象"或"'大国'的形象"追求的价值目标。这与本书描述的"大国形象"是不相同的，中国语境下的"大国形象"是带有明显的道德评判标准的，是明显向

----

[1] 《马克思恩格斯全集》第47卷，人民出版社，2004，第43页。

好与向善的，正如前文的比喻中，中国追求的"大国形象"是无限接近"圣人"标准的国家形象，这正应和了郭树勇提出的"时代精神"的"理想目标"。

因此，本书讨论的"大国形象"是在西方学界提出的建立在"软实力"理论基础上的"强国形象"，或"'大国'的形象"的基础上带有道德价值判断的国家形象。但应当注意的是，本书所讨论的"大国形象"并不是要恢复"天朝上国"的形象，也不是要求中国建构"厚往薄来"的"朝贡体系"或"藩属制度"。在威斯特伐利亚体系之后，主权国家建立的国际体系中，国家实力和国家利益是国家追求的现实目标和首要目标，因此，我们在构建"大国形象"时，不能够"打肿脸充胖子"，最基本的底线就是国家利益和民族利益，正如习近平总书记所说的："中国人民不信邪也不怕邪，不惹事也不怕事，任何外国不要指望我们会拿自己的核心利益做交易，不要指望我们会吞下损害我国主权、安全、发展利益的苦果。"①

第二节　国家形象理论的述评与探索

马克思主义、现实主义、自由主义、建构主义等都对国家及其形象问题进行了讨论，做出了理论解释。马克思主义作为先进理论符合人类社会对国家或大国发展历史趋势的期待。在坚持马克思主义指导地位基础上，扬弃地对其他理论进行分析和探索，能够对完善国家形象理论做出有益补充，能够对我国在当前历史时代条件下的大国形象构建实践提供参考。

一　基于马克思主义国家学说的分析

马克思主义理论以其独有的视角，科学地、整体地对资本主义进行了考证和批判。国际体系的结构是等级制的，并且主要是帝国主义的副产品，或是以某种经济形势向世界其他地区扩张的结果，即帝国主义产生了

---

① 《习近平谈治国理政》第 2 卷，外文出版社，2017，第 42 页。

等级制的国际体系，这种体系为一些国家、组织和个人提供了机遇，但对其他行为体却形成了严重的制约——发达国家能够扩张，使其得以出售国内无法消化的剩余产品，掠夺巨额财富，与此同时，发展中国家却越来越受到制约，越来越依赖发达国家建立的世界秩序，成为依附者。马克思在批判蒲鲁东时就指出，"他谈分工时，竟没有感到必须谈世界市场。真行！难道 14 世纪和 15 世纪的分工，即在还没有殖民地、美洲对欧洲说来还不存在以及同东亚来往只有通过君士坦丁堡的那个时代的分工，不是一定与已经存在充分发展的殖民地的 17 世纪时的分工有根本的不同吗？但是还不止于此。难道各族人民的整个内部组织、他们的一切国际关系不都是某种分工的表现吗？难道这一切不是一定要随着分工的改变而改变吗？"① 通过对马克思、恩格斯、列宁等马克思主义经典作家相关著作的研读，可以窥探马克思主义理论对国家形象构建的理念。

在此，首先应当申明的是，马克思主义理论已经预言了带有阶级性质的"国家"的消亡，马克思指出："阶级统治一旦消失，目前政治意义上的国家也就不存在了。"② 恩格斯也为无产阶级消灭阶级国家指明了道路："无产阶级必须采取政治行动，必须把实行无产阶级专政作为达到废除阶级并和阶级一起废除国家的过渡。"③ 但应当注意的是，马克思与恩格斯关于国家消亡的论述是对未来社会共产主义必将战胜资本主义的科学预见，也是对共产主义社会的发展的状况描述。在当今世界局势下，共产主义运动尽管从低潮走向复苏，但远没有达到马克思所指明的共产主义阶段，正如恩格斯指出："当无产阶级还需要国家的时候，它需要国家不是为了自由，而是为了镇压自己的敌人，一到有可能谈自由的时候，国家本身就不再存在了。"④ 当今世界的主要社会主义国家仍然并将长期处于社会主义初级阶段，在这一阶段的发展中，我们讨论国家形象的构建并不是为了快速消亡"国家"，而是为共产主义的高级阶段发展做好准备。因此，我们仍然可以以马克思主义理论关于未来社会的发展的相关经典论述作为

---

① 《马克思恩格斯文集》第 10 卷，人民出版社，2009，第 45 页。
② 《马克思恩格斯文集》第 3 卷，人民出版社，2009，第 406 页。
③ 《马克思恩格斯文集》第 3 卷，人民出版社，2009，第 310 页。
④ 《马克思恩格斯选集》第 3 卷，人民出版社，2012，第 349 页。

构建国家形象的重要参考。

在政治层面上，民主的国家制度。"无产阶级革命将建立民主的国家制度，从而直接或间接地建立无产阶级的政治统治。"① 因为"在所有的文明国家，民主主义的必然结果都是无产阶级的政治统治"②。因此，一个符合马克思主义理论预想的国家形象应当是民主的。在经济层面上，发达的国家经济。未来的国家应当"建立在因发展工业、农业、贸易和殖民而产生的大量的生产力和生活资料的基础之上，建立在因使用机器、化学方法和其他辅助手段而使生产力和生活资料无限增长的可能性的基础之上"③，从而给所有人提供健康而有益的工作，提供充裕的物质生活和闲暇时间。因此，一个符合马克思主义理论预想的国家形象应当是发达的。在文化层面上，文明的国家精神。马克思指明的未来社会形象应当拥有比资本主义社会更高的精神文明，不仅要按照社会主义的生产方式改变资本主义的思想观念，而且要进行道德、教育和科学文化建设。"第一个措施是由国家出资对一切儿童毫无例外地实行普遍教育"④，马克思同时指明了教育的方法，就是将"生产劳动同智育和体育相结合，它不仅是提高社会生产的一种方法，而且是造就全面发展的人的唯一方法"⑤。因此，一个符合马克思主义理论预想的国家形象应当是文明的。在军事层面上，强大的国家武装。未来社会随着国家消亡军事力量的存在就失去了其意义，但正如前文引用恩格斯对国家依旧存在的解释一样，无产阶级取得专政后，应当拥有足够的能力"镇压自己的敌人"，保卫无产阶级的胜利果实，那么，无产阶级就应当拥有可以防范并战胜一切内外部敌人的军事力量，因此，一个符合马克思主义理论预想的国家形象应当是强大的。

二 西方学派相关理论梳理

西方学派对国家形象的认知和建构逻辑各不相同，主要理论学派包

---

① 《马克思恩格斯选集》第 1 卷，人民出版社，2012，第 304 页。
② 《马克思恩格斯选集》第 1 卷，人民出版社，2012，第 285 页。
③ 《马克思恩格斯全集》第 42 卷，人民出版社，1979，第 373 页。
④ 《马克思恩格斯全集》第 2 卷，人民出版社，1957，第 614 页。
⑤ 《马克思恩格斯文集》第 5 卷，人民出版社，2009，第 557 页。

括：现实主义学派、自由主义学派和建构主义学派。当前理论界采用频率较高的理论为：软实力、自我与他者、知识—权力等。

1. 现实主义学派

现实主义（Realism）学派以国家为主要的单一行为体，聚焦国家权力和国家利益，认为权力既是国家的主要手段又是国家追求的目的，其代表人物为汉斯·J. 摩根索（Hans J. Morgenthau）、乔治·F. 凯南（George F. Kennan）等，现实主义在后期发展出以美国学者肯尼思·N. 华尔兹（Kenneth N. Waltz）等为代表的新现实主义学派，但其核心原则基本保持一致。现实主义学派认为个人主要是恐惧的和追求利益的，国家和个人一样行事，每个国家在追求各自以权力界定国家利益的过程中都应当以自己的方式行事。反过来说，"权力"主要从一国可以对他国以发动战争和赢得战争的形式构成物理伤害或胁迫所需的物质资源这个角度来加以理解。现实主义学派的理论家均认同的现实主义核心原则是"国家处于无政府状态的国际体系中"，该体系用"无政府状态"来凸显的典型特征是缺少权威等级，即国际社会中没有一个强大到足以征服所有其他国家的单一国家。① 在无政府条件下，联盟等实现均势的方式可能失效，因此在自由主义学派看来，国家只能自助，即在国际体系中的国家只能依靠它们自己。现实主义学派认为，在"自助"的国际体系中的国家唯一理性的政策就是追逐权力，也就是增加它们自身的相对权力。他们指出，国家实现相对权力的途径只有两种：一是通过战争进行征服，二是通过政治联盟或经济制裁削弱对手的权力，或通过增加军事力量扩大自身权力，最终实现均势目标。② 但由于国家处于"自助"状态中，获得相对权力的第二种方式就不被国家的"理性"采纳，因而仅剩下不断增强军事实力一种选择。

因此，现实主义学派的理论家在构建国家形象时的首要目标就是使国家展现出强大的军事实力从而增强国家权力。这种思想在进攻性现实主义

---

① 这一核心原则来自英国学者托马斯·霍布斯的《利维坦》（Leviathan）。霍布斯指出，一国之内消除永久性战争的唯一药方就是出现一位能够震慑所有人的单一强有力君主，霍布斯称其为"利维坦"。

② 〔美〕卡伦·明斯特、伊万·阿雷奎恩-托夫特：《国际关系精要（第七版）》，潘忠岐译，上海人民出版社，2018，第74页。

学者的观点中尤其明显。他们认为："一国定期展示一下进行战争的意愿，尽管短期内弊大于利，但有助于此后增强信誉，因此有巨大的好处。"① 自由主义学派的代表美国学者汉斯·摩根索明确提出实施"威望"政策以树立强大的国家形象，他回应了国家形象构建的原因、意义、方式等问题。他认为，"威望"政策是国际体系中权力斗争的三个基本表现之一，却一直没有得到足够的重视。他认为人们大多关注的是以实际武力或武力威胁形式出现的有形的国家权力，而国家威望却是无形的国家权力，国家威望作为无形的国家权力是实现国家目的的一种有效工具。② 他指出，"威望"政策的目的就是给国际社会树立一种形象，"威望政策的目的，是使别国对自己国家实际拥有的权力，或它自认为拥有的权力，或想使别国相信它拥有的权力产生深刻的印象。"③ 同时，摩根索提出了实施威望政策的两种有效途径——"外交礼仪"与"军事力量"，并通过这两种途径建立强大的国家形象：第一，一国可以通过外交政策，借助外交规则显示出该国的权力和地位，能够间接树立强大的国家形象；第二，一国通过直接战争或武力威胁展示该国强大的军事实力，能够直接树立强大的国家形象。"由于军事实力明显地反映着一国权力的强弱，所以，显示军事力量便可以使别国对自己国家的权力获得印象。"④ 他补充指出，在建立强大国家形象的实践中，国家有可能会走入误区——或者夸大自己的实力以获得与之不相称的威望，或者满足于比实际拥有的权力还要低的威望。他认为，一国在国际体系中展示国家实力与国家权力时应当"既不虚张声势又不谨小慎微"⑤。

2. 自由主义学派

自由主义（Liberalism）学派是以国家、非政府团体、国际组织为主

① 〔美〕卡伦·明斯特、伊万·阿雷奎恩-托夫特：《国际关系精要（第七版）》，潘忠岐译，上海人民出版社，2018，第78页。

② 参见县详《当代中国国家形象构建研究》，西南财经大学，博士学位论文，2011。

③ 〔美〕汉斯·摩根索：《国家间的政治——寻求权力与和平的斗争》，徐昕等译，中国人民公安大学出版社，1990，第106页。

④ 〔美〕汉斯·摩根索：《国家间的政治——寻求权力与和平的斗争》，徐昕等译，中国人民公安大学出版社，1990，第113页。

⑤ 〔美〕汉斯·摩根索：《国家间的政治——寻求权力与和平的斗争》，徐昕等译，中国人民公安大学出版社，1990，第113页。

要行为体，聚焦"国际制度"与"集体行动"① 等理念，以自由资本主义价值观观察和处理国际关系，以道德标准和法理规范作为国际关系原则，其代表人物有美国前总统伍德罗·威尔逊（Woodrow Wilson）及罗伯特·O. 基欧汉（Robert O. Keohane）等学者。自由主义经历了两个明显的阶段，即"自由主义"与"新自由（制度）主义"。自由主义学派认为，人性基本上是善良的，人们能够提升和改善其自身的道德水准与物质条件，从而有可能使社会产生进步，也使持久和平成为可能。自由主义学派的理论家认为，有效管理的资本主义市场是使国际体系持续进步与持久和平的有效途径，即"自由贸易和商业促成国家间的相互依赖，因而提高了战争成本，减少了战争爆发。"② 随着第二次世界大战的爆发，自由主义学派的观念受到了严重打击，并被上文所述的现实主义替代，直到 20 世纪 70 年代发展成为"新自由（制度）主义"后得以复兴，新自由（制度）主义关注的是国际体系中的"合作"，他们致力于回答"为什么国家在大多数时候，甚至在国际体系无政府状态条件下选择合作"这一问题。

基欧汉以"囚徒困境"③ 为例，指出在国际体系中，国家间的博弈是"重复多次"发生的，选择"背叛"对任何国家都没有好处，选择"互惠"成为各个国家的理性归宿。在国际体系的博弈中，"囚徒困境"的博弈时常发生，国与国之间的相互不信任也是客观存在的，据此，"国际制

---

① "集体行动"的提出源于第 28 任美国总统威尔逊，他倡导"集体安全"，提出了"战争可以通过国家的集体行动得到预防"的观点，并倡导建立"国际联盟"。威尔逊是著名的理想主义者，其倡导的理想主义相关理念也成为自由主义重要的理论来源。

② 〔美〕卡伦·明斯特、伊万·阿雷奎恩－托夫特：《国际关系精要（第七版）》，潘忠岐译，上海人民出版社，2018，第 83 页。

③ "囚徒困境"是美国兰德公司研究员在 1950 年提出的著名博弈论例证。大致内容为："两个犯罪嫌疑人作案后被警察抓住，分别关在不同的屋子里接受审讯。警察知道两人有罪，但缺乏足够的证据。警察告诉每个人：如果两人都抵赖，各判刑一年；如果两人都坦白，各判八年；如果两人中一个坦白而另一个抵赖，坦白的放出去，抵赖的判十年。于是，每个囚徒都面临两种选择：坦白或抵赖。然而，不管同伙选择什么，每个囚徒的最优选择是坦白——如果同伙抵赖、自己坦白的话放出去，抵赖的话判一年，坦白比不坦白好；如果同伙坦白、自己坦白的话判八年，比起抵赖的判十年，坦白还是比抵赖的好。结果，两个犯罪嫌疑人都选择坦白，各判刑八年。但如果两人都抵赖，则两人均只判一年。"囚徒困境所反映出人类的个人理性有时能导致集体的非理性。新自由（制度）主义对"囚徒困境"提出了"单次"和"重复"的诘问，认为在"重复"的博弈中，尽管合作是困难的，但博弈双方最终会理性地选择合作。

度"的出现解决了这一困境,为国家之间摆脱"囚徒困境"并进行"合作"提供了可能。在"国际制度"下进行合作则需要一国具备良好的"国家信誉"或"国家声誉",从而取得国际关系中的其他行为体的信任,保证没有任何一方会"背叛"合作,同时"国际制度"保证了所有参与其中的国家都会同等地遵守该制度,否则有可能在"集体行动"中遭受不可挽回的严重报复。基欧汉就此指出:"一旦政府考虑到先例或者认为它们的声誉处于危险之中,即使在没有具体报复的情况下,各国政府可能仍然有动机去遵守机制中的规则和原则。""与树立坏的先例引起的成本不同,因为违反规则而得到的坏的声誉的成本,会使违规者付出具体的代价。"① 在新自由(制度)主义学派看来,衡量一个国家是否拥有"国家信誉"或"国家声誉"的重要标准就是该国是否遵守并维护"国际制度"。据此,自由主义学派对构建国家形象的基本追求应当是建立包括良好声誉在内的国家形象。其意义在于,拥有良好的国家声誉、树立良好的国家形象是有价值的,即便对那些国际社会的利己主义者或不重视个人荣誉和自尊的政府而言情况也是如此。"良好的声誉使得政府易于加入可以从中受益的国际机制;而那些声誉不佳者则要付出难以达成协议的代价。""利己的政府出于对声誉的考虑,并且因为害怕报复以及形成坏的先例,它们仍然会遵守国际机制中的规则和原则"。②

3. 建构主义学派

建构主义(Constructivism)学派将"人民""精英"作为主要参与者,聚焦"文化"等理念,他们认为"任何客体或概念都不具有必然的、固定的或客观的含义,它们的含义是通过社会互动建构的"。他们指出,国家行为是由精英的信念、身份和社会规范决定的,集体和个体通过观念和习惯来塑造、形成和改变文化。国家和国家利益是这些参与者社会身份的结果。该学派的代表人物为米歇尔·福柯(Michel Foucault)、亚历山大·温特(Alexander Wendt)等学者。其中,美国学者温特是建构主义最

---

① 〔美〕罗伯特·基欧汉:《霸权之后:世界政治经济中的合作与纷争》,苏长和等译,上海人民出版社,2001,第127~128页。

② 〔美〕罗伯特·基欧汉:《霸权之后:世界政治经济中的合作与纷争》,苏长和等译,上海人民出版社,2001,第128~129页。

为重要的理论家，他提出的"国家身份""集体自尊"等观点成为该学派的共识与基础，也成为本书探讨建构主义学派的国家形象相关理念的理论依据。

温特对其提出的"国家身份"进行了如下解释。首先"身份指的是行为体是谁或者是什么这样的内容。身份表示类别或存在状态"。其次"身份是由内在和外在结构建构而成的"，包括两种观念，即"一种是自我持有的观念，一种是他者持有的观念"。最后，他认为，国家可以具有四种身份，即"团体、类属、角色和集体"等。温特把"集体自尊"视为生存、独立、经济财富之外的第四种国家利益。他认为如果国家要再造自我，就必须重视这种需求。集体自尊是一个集团对自我有着良好感觉的需要，对尊重和地位的需求。它的表达方式很多，其中最为关键的一点就是国家形象是正面的还是负面的。温特说："负面的自我形象往往是通过自己认知到的、他国的蔑视和侮辱而产生的。""负面自我形象很可能出现在高度竞争的国际环境之中。"① 如果国家要满足成员的自尊需求，就不能长期忍受这种负面形象，因此就会通过抬高自我或贬低和侵略他者的行为来弥补自我的负面形象。而正面的国家形象来自相互尊重与合作，主权得到其他国家的承认在这里尤其重要。不难发现，在建构主义者眼中，国家形象属于国家利益的范畴，树立良好的国家形象就是为了更好地维护和发展国家利益——集体自尊。②

综合考察各学派理论后，我们可以得出以下结论：马克思主义理论具有明显的优越性。时至今日，马克思主义理论仍不被多数西方理论学家所接受，他们甚至称马克思主义理论为激进主义，并且把马克思主义理论排挤出国际关系的研究领域。然而，西方各学派的否定正是因为马克思主义理论超越了以往各时代、各学派的理论成就，西方各学派针对国际体系中的问题提出观点进行解释，当解释无效时就销声匿迹待时机成熟再改头换面卷土重来，而马克思主义理论则直击问题的实质——当今国际关系中一

---

① 〔美〕亚历山大·温特：《国际社会的政治理论》，秦亚青译，上海人民出版社，2001，第 289～296 页。
② 洪登海：《建构主义视角下的东北亚区域安全合作研究》，苏州大学，博士学位论文，2008。

切问题的根源正是资本主义制度主导着国际秩序。与此同时，马克思主义理论也对未来社会描绘了美好的形象，提出了解决方案。

各学派理论都体现出了对军事、经济等有形实力的强烈关注。不论是西方各学派，还是马克思主义理论，都将军事、经济作为构建国家形象的重要因素，最终都是为了实现国家权力和国家利益的最优保障。但西方学派和马克思主义理论具有明显的立场差别，西方各学派既将军事与经济作为手段，又将两者作为目的，如西方学派将战争作为一种实现目的的手段，并不充分考虑战争的道德性问题，更多的是关注战争所带来的后果或收益；又如在对待跨国公司的态度上，西方学派认为跨国公司是国际关系中的良性行为主体，但马克思主义则认为跨国公司是资本主义国家控制其他国家，并实现"依附"目的的手段。

西方学派的理论带有明显的局限性。西方各学派在行为体的确定上有一定差别，但都将国家权力和国家利益作为构建国家形象的最终目标，尽管新自由（制度）主义学派在制度层面上强调了"国家信誉"与"国家声誉"的观点，建构主义学派提出了文化层面的"集体自尊"的观点，但西方学派在各个阶段的观点都带有偏向性，是为西方发达资本主义国家进行的策略建议，目的是使发达国家之间达到均势或者和平，并没有考虑到在国际体系中存在不同形态、不同发展阶段的国家，因而其观点总是不能完整地回应世界问题。

西方学派的理论存在陷入历史循环的可能。正如自由主义的前身理想主义因战争的爆发而破产一样，西方各学派的理论都因无法解释历史或现实的问题而宣告失败或进行改良。通过梳理西方学派的发展历程可以发现西方学派的理论存在一定的历史循环性。正如在第一次世界大战前出现"无政府状态"，是因为世界上并不存在一个国家权力匹敌世界任何一个行为体的国家，因而时任美国总统威尔逊才会提出"集体行动"与"国家联盟"的构想。小布什或者奥巴马一定不会做出同样的表态，他们或许会更支持现实主义学派的观点，"定期展示一下进行战争的意愿"并因此获得"巨大的好处"——实际上，他们也正是这么做的。

建构主义体现出一定的时效性。建构主义学派的时效性体现在两个方面：一方面，当今社会仍然处在资本主义占优势的阶段，国际体系仍由资本主义主导，一国在当今国际体系下成长仍需参照资本主义主导的国际秩序。建构主义流派的相关理论是在西方现实主义和自由主义两大学术流派的基础上发展起来的，因而具有理论的先进性和实用性，有助于我们更好地理解当今的国际体系，并更好地参与、利用当今的世界秩序，使其为我们自身的发展服务。另一方面，建构主义学派的相关理论不仅吸纳了传统西方学派关于国家权力与国家利益的内容，也提出了当今社会对文化、价值的追求，尽管这是资本主义适应国际体系发展做出的自我调整，但也体现了当今时代的具体要求。

三 基于"知识—权力"进行的"权力—秩序"理论探索

从广泛意义上来说，形象问题属于文化范畴。从对象角度来看，国家形象并不完全是自在自为的，随着人类历史推进，国家形象的建构因素逐渐加强。以"知识—权力"论来看，建构国家形象，或者说建构的具体内容，是能够划归到"知识"部分的。"知识"是一种权力，在一定意义上也是一种霸权。本书基于当前世情国情，结合国家形象问题，对福柯的"知识—权力"理论开展研究，探讨其实践的可能性，并探索构建"知识—权力—秩序"的合理性。

1. "知识—权力"理论在构建国家形象中的作用

米歇尔·福柯是法国哲学家、社会学家、思想家，在思想学术界地位颇高，在哲学、文学、历史学、心理学、社会学等领域均有建树，且影响广泛，主要著作包括《疯癫与文明》《词与物》《规训与惩罚》《性史》等，尽管福柯在自我评价时并不同意将其划入结构主义或者后现代主义等学派，但学界一般认为，福柯是建构主义与后现代主义的代表人物，这或许与他早期所受大学教育的经历及后期投身政治活动的经验有关。福柯毕业于法国著名学府巴黎高等师范学院，在巴黎高等师范学院的学子生涯中，福柯对黑格尔、胡塞尔、海德格尔与尼采等哲学家的哲学理论产生了极大的兴趣，并接触到了存在主义、现象学与心理学等，构成了福柯学术观点的基本来源。同时，福柯还受到了马克思主义的极大影响，并于1950年在巴黎高等师范学院加入法国共产党，成为一名共产党员，因此，福柯的学术观点中也包含着马克思主义的相关理论。福柯的主要学术活动和社会活动集中于 20 世纪 60 年代至 80 年代中期。1961 年，福柯通过博士学位论文答辩并获得文学博士学位，他近 1000 页的博士学位论文《疯癫史》被评为当年哲学学科最优秀论文，获得了当时一些著名学者的高度赞誉，并因此获得了大学教授的教职。整个 60 年代，福柯的声誉和影响力随着他的学术著作的出版与评论文章的大量发表而急剧上升，其在随后的 1966 年发表《词与物》，引起了学界巨大的轰动。

20 世纪 70 年代是福柯生平中最重要的一段。他不仅于 1970 年 12 月就任法国最高学术殿堂——法兰西学院的思想体系史教授，达到了他学术地位的巅峰，而且于 70 年代起积极投身各种社会运动，包括发起"监狱信息情报小组"以改善犯人人权状况的运动，参与名为"黄金下降"[①] 的反种族主义活动，为移民和难民权益请愿，与法国著名哲学家萨特一同参与声援监狱暴动犯人的抗议游行，支持雷诺汽车工厂工人造反，等等。他将社会活动的实践与理论探索结合，深入思考权力的深层机构及其运作过程。这些思考催生了福柯在 20 世纪 70 年代最重要的学术著作《规训与惩罚》，也形成了他在政治学、社会学领域最重要的观点，即"知识—权力"理论。

福柯的"知识—权力"理论首先由"知识论"出发，但福柯的"知识论"并不关注我们通常所认为的数学、物理学等自然科学知识，而更多的关注语言学、心理学等领域，福柯认为思想和知识不存在明确的进步性。同理，他认为思想史是不同的知识型格式塔转化的历史。因此，福柯的"知识论"和思想史的研究动机是理解人的历史性生存境遇，也就是他以人为研究对象的"人类科学"，他指出："认识体系把作为经验存在的人当作自己的客体。"[②] 福柯的"知识论"对人的关注将其研究内容引向知识背后的人与人之间的关系问题，而在福柯看来，这一问题的实质是"权力"问题——由此，形成了"知识—权力"理论。福柯对这一理论进行了明确的解释："或许我们也应该完全抛弃那种传统的思想，即只有在

[①] 参见《1972 年，福柯与德勒兹关于"知识分子与权力"的对话》，胡新宇译，凤凰网，https://inews.ifeng.com/55024671/news.shtml。

[②] 〔法〕米歇尔·福柯：《词与物——人文科学考古学》，莫伟民译，上海三联书店，2001，第 449 页。

权力关系暂不发生作用的地方，知识才能存在，只有在命令、要求和利益之外，知识才能发展。或许我们应该抛弃那种信念，即权力使人疯狂，因此抛弃权力乃是获得知识的条件之一。相反，我们应该承认，权力制造知识（而且，不仅仅是因为知识为权力服务，权力才鼓励知识，也不仅仅是因为知识有用，权力才使用知识）；权力和知识是直接相互连带的；不相应的建立一种知识领域就不可能有权力关系，不同时预设和建构权力关系就不会有任何知识。因此，对这些'权力—知识'关系的分析，不应建立在'认识主体相对于权力体系是否自由'这一问题的基础上，相反，认识主体、认识对象和认识模态应该被视为'权力—知识'的这些连带关系及其历史变化的众多效应。总之，不是认识主体的活动产生某种有助于权力或反抗权力的知识体系，相反，'权力—知识'，贯穿'权力—知识'和构成'权力—知识'的发展变化和矛盾斗争，决定了知识的形成及其可能领域。"①

"知识—权力"理论关注人与人之间的关系，并以"知识"作为中介或表现形式来解释人与人之间的关系，福柯指明，人与人之间关于"知识"的斗争，实际上是"权力"的斗争。福柯指明："权力从未确定位置，它从不在某些人手中，从不像财产或者财富那样被据为己有。"他也揭示了权力的运行方式："权力以网络的形式运作，在这个网上，个人不仅在流动，而且他们总是既处于服从的地位又同时运用权力。"②

福柯指出："凡是知识所及的地方，也是权力所及的地方。知识总是以真理的方式为权力做辩护。知识为权力划定范围，权力位置是确定形式，两者相互支撑。知识是无处不在的，权力也是无处不在的。"③ 福柯认为，以"权力"为中心的"知识"是高度政治化的，这符合我们在国家关系领域探讨构建"大国形象"的相关问题的特征。据此，我们将福柯关于人与人之间"知识"的斗争是"权力"的斗争引申至国家层面，国家间关于"知识"的斗争其实质也是"权力"的斗争，这种斗争在当今

---

① 〔法〕米歇尔·福柯：《规训与惩罚》，刘北成等译，生活·读书·新知三联书店，1999，第 30 页。
② 〔法〕米歇尔·福柯：《必须保卫社会》，钱翰译，上海人民出版社，1999，第 27 ~ 28 页。
③ 张国清：《他者的权力问题——知识 – 权力论的哲学批判》，《南京社会科学》2001 年第 10 期。

以"国家形象"为重要媒介与载体，大国间关于构建"大国形象"的实践是斗争白热化的表现。

　　将福柯"知识—权力"理论应用到国际关系领域的另一个依据是福柯提出的"话语"概念。福柯通过对西方文明的剖析，提出了与"知识"相关的另一个重要概念——"话语"，并强调了这一概念的重要性："某种话语实践按其规则构成的并为某门科学的建立所不可缺少的成分整体。"① 福柯认为，"话语"与"知识"紧密相连，是一个为"知识"确定可能性的系统，或用来理解世界的框架，或一个"知识"领域的东西。福柯指出，一套"话语"是作为一系列规则存在的，而这些规则决定了可以做出何种类型的陈述，也就是这些规则决定了真理的标准是什么，哪些事情可以被谈论，以及对这些事情可以谈些什么。对此，福柯描述道："我们屈服于权力来进行真理的生产，而且只能通过真理的生产来行使权力。在所有社会中都是如此，但我们相信在我们的社会中，权力、法律和真理之间关系的组织方法非常特别。"② 福柯同时认为，话语实践实际上暗含了人渴望成为知识主体的意愿，"在我们这样的社会和其他社会中，有多样的权力关系渗透到社会的机体中去，构成社会机体的特征，如果没有话语的产生、积累、流通和发挥功能的话，这些权力关系自身就不能建立起来和得到巩固。我们受到权力生产真理的支配，同时如果不是通过生产真理，我们就不能实施权力。对每一个社会都是如此，但在我们的社会中，权力、权利和真理的关系具有高度的特殊性。如果我着眼于这种紧张和持久的角度，而不是从它的机制本身出发进行概括的话，我要说，我们被迫生产我们社会所需要的权力的真理，我们必须说出真理；我们被命令和强制去承认或发现真理。权力从不停止它对真理的讯问、审理和登记，它把它的追求制度化、职业化，并加以奖励。"③ 通过福柯的论述，我们可以理解国际体系中国家之间关于"话语"的争夺，西方国家基于近代以

---

① 〔法〕米歇尔·福柯：《知识考古学》，谢强等译，生活·读书·新知三联书店，1998，第205页。
② 〔法〕米歇尔·福柯：《必须保卫社会》，钱翰译，上海人民出版社，1999，第28页。
③ 〔法〕米歇尔·福柯：《权力的眼睛：福柯访谈录》，严锋译，上海人民出版社，1997，第228页。

来取得的国家实力优势，创造了由一系列国际规则组成的国际体系，在西方国家尤其是西方大国主导的国际体系中，西方的"话语"占据着主导地位，西方大国以其价值观和文化基因决定了什么样的国家是好的国家、什么样的政体是好的政体、什么样的政治领导人是好的政治领导人——只有同西方大国模式相似或顺从西方大国标准的国家才是好的国家。通过长时间的"话语"实践，西方国家在国际体系的"知识"中取得了胜利，符合西方大国价值观的"知识"成为"真理"，并且由西方所掌握的"话语"不断加深巩固世界对这种"知识"的认同或追求，最终实现西方的目的，即获得"权力"。一个明显的例子是，在国际关系的基本理论中，西方主导的"话语"界定了"国家"的定义，并且通过一种不断强化的"话语"形成"知识"，以至于在 1648 年以后才出现了明显的带有"主权"性质的国家，西方国家通过这种"知识"，将世界文明古国排除在了国际体系的早期建立阶段，形成了一种假象的"真理"，国际体系是由西方国家，尤其是西方大国建立起来的，东方国家，甚至是有数千年延绵不断的文明历史的国家也从未对这一体系的建立做出贡献。通过确定这样的"真理"，进一步提高西方国家的"话语"能力，即在当今世界，国际体系也理所应当的是由西方国家或者西方大国主导的政治舞台，其他所有国家应该无条件地接受西方大国制定的国际秩序，并服从西方大国的领导，甚至在其他国家的内部事务上，也应当听从西方大国的政治安排，否则就是有悖于"真理"的，它们就有合法性来征服"不听话"的国家，并号召全世界都站出来反对与制裁这些国家——这就形成了福柯所描述的事实上的"监狱"。整个国际体系就是西方大国构建的监狱，西方大国力图用"知识"把世界其他国家囚禁在监狱中，西方大国的"知识"就是其制定的监狱管理规则，它们利用监狱获得"权力"，并通过"话语"使囚禁在监狱中的其他国家放弃抵抗。

福柯的"知识—权力"理论在其过世后仍受到了持续关注和广泛应用，福柯的理论揭示了"知识"与"权力"在现代社会中的共生关系，提出了"知识—权力"的微观分析方法，并用它分析了现代"知识"的"权力"斗争，以及"知识—权力"对现代人的束缚乃至奴役。作为建构主义与后现代主义的代表人物，其观点广泛应用到了政治学、社会学、心理学、教育学等诸多领域，取得了丰硕的理论成果。后殖民主义批评理论代表人物爱德华·沃第尔·萨义德（Edward Wadie Said）① 将福柯的"知识—权力"理论运用于"东方学"中，将西方知识向东方的传播描述为知识的权力斗争史。

福柯的"知识—权力"理论应用在国际体系领域的研究中揭示了国家对"知识"的斗争实际上就是对"权力"的斗争，福柯这一理论的重要作用还在于其"话语"概念在国际政治中的应用，戳破了西方大国（资本主义社会）国际关系实践的谎言。但福柯的理论在当今国际体系中也有其不合理之处，如"知识"作为一种"权力"的建构基础是什么？"话语"要在什么样的"权力"保障下才是"真理"——对物质性基础的忽视或是其理论在指导当今国际体系实践中遇到的主要问题。

据此，鉴于福柯的学术背景与生活经历，其对马克思主义的了解与资本主义的剖析使其理论不带有明显的偏向性，从而能够为非西方国家构建"大国形象"提供参考。在此仍需对福柯"知识—权力"理论在国际体系中的应用进行一定的分析，从而在当前历史背景下寻找合理之处。基于福柯的理论，本书大胆地假设国际体系中的国家（尤其是大国）将军事路径（战争征服）排除在国家获得权力的选择之外，国家都能对冲突保持极大的克制，并寻求以"知识—权力"理论的原则，通过"话语"解决争端，那么"话语"或是有效的，并且国际体系中的国家应当将注意力放在"话语"的建构上，不仅要仔细研究应当采用什么样的"话语"，并且应当考虑"话语"的效果——这就为当今构建"大国形象"指出了一条路径：在不考虑物质实力的情况下，"知识—权力"理论下的国家又回到了人与人一样的关系中，大家似乎可以通过"话语"的方式"争论"出高下和输赢。但这个假设不仅是大胆的，而且是荒诞的。历史已经证明，国家间的理性与克制是不确定的，国家实力也是无法忽视的，没有"权力"

---

① 爱德华·沃第尔·萨义德，美国哥伦比亚大学英文系教授。萨义德是介入式知识分子，他努力挣脱出大学理论机器的控制，从而将理论同活生生的现实实践结合起来。萨义德最初是作为一个老式的批评家出身的，后来，在福柯和葛兰西的理论中，发现了权力，组织、控制、霸权以及对此所作的种种抵制；萨义德的巨大成就是对欧洲式的东方主义的描述、考察以及持之以恒的批判，继而引发了一场声势浩大的后殖民主义理论浪潮。

保证的"知识"是无效的。但应当看到，在和平成为世界潮流的今天，能够在国家间的"争论"中保持和平而不是选择战争是难能可贵的，尤其是对于崛起中的大国，通过"知识—权力"的路径构建"大国形象"并参与国际体系建设是符合国家利益的。因此，在当今的历史条件下，本书将"国家权力"作为一个重要因素放入"知识—权力"理论中以对该理论进行补充，使之适合我国的实际需求，这种进行补充的理论或许可以称之为"权力—秩序"理论。

2. 探索"权力—秩序"的前提

"这是一个需要理论而且一定能够产生理论的时代，这是一个需要思想而且一定能够产生思想的时代。我们不能辜负了这个时代。"① 一个大国的成长需要自己的路径，一个民族的强盛需要自己的理论，中国不能指望依靠西方的施舍同情成长，中国也不能指望在西方理论的指导下成为大国。对新理论的不断探索往往取决于两个方面：一是已经长期实践的理论存在明显的缺陷；二是长期存在的理论不符合具体实践的需求。本书理论的提出基于这两方面的因素，并认为有四个主要原因：第一，西方各学派的现有理论存在明显的缺陷；第二，西方各学派的理论有明显的政治色彩；第三，西方各学派的理论在不断补充中有陷入历史循环论的可能；第四，中国构建大国形象的实践应当由符合中国实际情况的理论进行指导。

西方学派理论存在一定缺陷。在当今的国际关系领域西方主流学派理论分别是现实主义学派、自由主义学派和建构主义学派，其中现实主义发展出了新现实主义、进攻现实主义与古典现实主义等不同流派，自由主义发展出了新自由（制度）主义等流派，建构主义则延伸出了各种不同的学派分支。对现实主义（新现实主义）的批判主要源于三个方面，首先是对其国家中心说的批判，西方马克思主义学者认为现实主义对国家进行的抽象化使国家失去了阶级属性，也有学者指出，现实主义学派的国家观念割裂了国内政治与国际政治的关系，其次，对于国家军事实力的过分倚重遭到了各学派的广泛批评，最后，现实主义认为国家是理性的，但这种理性

————————
① 习近平：《在哲学社会科学工作座谈会上的讲话》，人民出版社，2016，第8页。

的客观对象和追求目标是纯粹的国家利益，并且认为实现国家利益的方式是可以不接受价值批判的；对自由主义的批判同样有三个显著特征：首先，自由主义及其后续发展的重要分支新自由（制度）主义的核心概念——国际制度——存在理论缺陷，它是为了维护"现有的"某种国际体系而存在的，基于自由主义的发展历史进程，其"国际制度"是由霸权国家提供的，其功能实际上是为了维护西方列强国家确定的国家势力范围，通过合法的"制度"概念加以确定并强迫其他国家接受这种实质上的不平等，其次，自由主义学派的理论淡化了国家实力这一重要因素，最后，自由主义，尤其是新自由主义提出的有效路径"自由市场"实际上是带有殖民主义色彩的，他们声称"自由市场"可以使国际体系中的双方都获得利益，这显然是有失公允的；对建构主义的批评主要来自其核心观点，即"观念"，建构主义的兴起和发展是 20 世纪 90 年代前后的现象，也就是说建构主义的出现以及发展很大程度上是因为出现了现实主义与自由主义无法解释的历史现实以及无法调和的理论矛盾，现实主义独辟蹊径，以现实主义和自由主义都不重视的文化因素出发，以一种类似认识论的角度解决了前两者对物质因素完全依赖而导致的难题。但这也是建构主义被批判的主要原因，有学者指出，建构主义只能够解释过去发生的事情，却不能预测未来的走向。

西方学派理论的政治色彩。通过对历史的简单梳理我们就能发现，尽管西方各学派都从早期欧洲的相关哲学家、政治家那里寻找理论根基，但在理论的主要发展中，各学派的主要争论阵地与参与对象都从欧洲转移到了北美洲，或者说是从英国转移到了美国，不论是现实主义学派的汉斯·摩根索、乔治·凯南，还是自由主义学派的伍德罗·威尔逊、罗伯特·基欧汉，以及建构主义学派的亚历山大·温特，他们所代表的学派拥有一个共同特征，其学派早期发展中的代表人物多是英国、法国等欧洲国家学者，在理论的改进过程中，代表人物却变成了美国学者，这种转变实际上体现了国家权力和国际秩序在英国与美国之间的更迭传递，这与国际体系的发展进程是一致的。

西方各学派理论的历史循环。现实主义学派兴起于 20 世纪 30 年代，由于威尔逊理想主义的国际联盟未能完成其维护列强在世界殖民地的利益，并阻止战争爆发的期望，早期的自由主义宣告失败。30 年代时列强国家内部并没有出现一个绝对的霸权国家，因此实现了西方理论家指出的无政府状态，各国选择增强以军事实力为代表的国家实力，采取直接战争征服对手或者展示武力间接威慑对手，建立军事强国形象，从而保护国家利益。随着第二次世界大战爆发，现实主义也宣告破产，第二次世界大战结束后，自由主义经过改良卷土重来，提出以"制度"的方式维持国际和平，并用经济手段加强国家之间的联系，从而降低战争的可能性，新自由主义的理念获得了期待和平的各国的拥护，建立一个强大的经济强国形象成为国家追逐的目标。但是，第二次世界大战结束后，美国和苏联成为霸权主义国家，美苏争霸开始，世界又一次进入了战争阴霾，现实主义和自由主义都面临理论困境，建构主义适时出现了。但在这期间建构主义并没有形成势力，自由主义和现实主义依旧是主导，追求国家权力的竞赛让超级大国也没有考虑非物质因素的可能性，因此，在 20 世纪 80 年代，现实主义与自由主义同时实现了复兴，获得了理论市场。但在冷战结束后，建构主义走向理论舞台，世界试图通过非物质因素来获得和平，此时美国成为世界上唯一的超级大国，世界其他国家基本没有在军事上挑战美国的可能性，因此，从其他方面思考国家权力及构建国家形象就变得时髦起来。但是，就像第一次世界大战和第二次世界大战使现实主义与自由主义多次互换角色一样，进入 21 世纪后的美国出现衰落迹象，如何让美国继续保持霸权地位成为美国理论界的焦点，现实主义和自由主义又开始兴盛，这就形成了西方理论三足鼎立的局面。有学者认为，自由主义和现实主义合并成一套理论的可能性，这种理论整合也会将建构主义相关观点进行融合，其目的是确保有一套理论使美国在各个方面继续保持现有地位，保证霸权体系的稳固。因此，我们不能够在美国主导的霸权体系中寻找理论，否则就会陷入霸权主义国家的历史构想，美国主导的世界秩序必将在未来一段时间继续影响世界，但我们不能主动放弃建设国际体系的可能性，更不能听从霸权主义国家的历史指挥棒。

中国构建大国形象的实践应当由符合中国实际情况的理论进行指导。马克思在《〈黑格尔法哲学批判〉导言》中就已经指出"批判的武器当然不能代替武器的批判"①，那么敌人的武器可否用来批判敌人？在此举一个讹传较广的历史故事加以说明：据说在越南战争中，美国政府配发给美国士兵的武器使用效果不好，因此在战场上美国士兵纷纷丢弃配发的美国枪，使用缴获或者捡来的越南军队装备的苏联武器，并声称美国士兵对苏联武器大加赞赏。故事背后的政治考量且按下不表，但故事本身就存在一个低级的错误——现代战场上的敌对双方为了防止对方获得自己的武器而保持战斗力，使用了不同标准的武器制式，不仅武器的工作原理不同，武器最基本的口径标准也不同，因此武器并不能凭借"拿来主义"的喜好就获得战斗力。实际情况是，多数美国士兵是把苏联武器当作战利品进行保存的，也不排除极少数应急情况下的使用，毕竟在美国政府对士兵的通识教育中，就明确要求士兵不能在战场上捡拾敌军武器。因此，这不是对"武器的批判"的友好利用，而是通过炫耀进一步对"武器的批判"进行批判。因此，构建中国的"大国形象"，一定要有适合我们自己的理论武器。

3. 对"权力—秩序"的探索

"权力—秩序"理论建立的基础是对人的考察，这里的人是作为种的研究对象，通过对人性的总体评价，建立起由人组成的国家、国际组织等主要行为体的基本描述，并指明主要行为体对持久和平的影响、对国际秩序的贡献，从而描述由以上行为体构成的国际体系的可能性特征，并总结中国的"大国形象"如何基于这一理论发生、发展以及可能性问题。

人性是总体向善的，大国形象具有"人格化"特点。人性总体是向善的，这一判断并不是理想主义关于人性的自然假定，而是一种应然判断——人应当是总体善良的。相信不会有任何理论家认为人应当是丑恶的。基于中国视角对人的价值判断，正如"人之初，性本善"的朴素论断一样，人作为种的客体存在拥有摆脱动物野性与森林法则的人性追求，即便是不同种族和地域的人，对真善美也抱有同样的肯定态度和一样的价值目标。同时，人总体是理性的，人性中的理性部分基于两种情况存在，一是生存，二是安全，生存需求在于人对自身存在的客观要求，最基本的表

① 《马克思恩格斯选集》第 1 卷，人民出版社，2012，第 9 页。

现在于消灭饥饿；安全需求在于人对危险的天然躲避，最基本的表现是自卫行为，如对抗野兽袭击。早期的权力是朴素的，表现在人对生存和安全的需求上，人分享有限的资源并获得基本满足，权力是体现在能够参与分享。权力超出分享的界限出现在人发展的后期，是阶级出现后的事情。阶级的出现，使单个的人不再以人类作为种的共同体而存在，一部分人通过奴役他人来满足生存与安全需求，这是权力单向掠夺其他人对资源进行分享的可能性。人性中恶的部分就出现于此处，当单个的人试图以权力的方式依靠奴役他人满足自身需求时，而不是寻求整体的人对资源的开发时，人性的恶就出现了，当人人都希望通过掠夺而不是劳动满足需求时，冲突不可避免地爆发，人人都为了获得恶的权力而展现出恶，并通过自在条件的不均衡，如强壮的身体、掌握了武器等获得恶的实力，因而进一步得到恶的权力，无休止的争端出现了，人性的善良被压制。因此，善良的人更应当拥有实力，使其有能力实践善良，从而保证人的总体向善。由人组成的国家具有"人格化"特征，早期西方国家实施了恶的实践，通过奴役其他国家获得权力，这是恶的权力的实施。这种情况的出现是丑恶国家权力的无节制扩大，也是善良国家权力缺位的结果。倡导国家人格的善良，即构建本书所界定的带有正向价值导向的"大国形象"是对人性基本价值的回归。人、国家、国际组织是主要行为体。人组成了国家、国家组建了国际组织，三者均为国际体系的主要行为体，其中国家为最主要行为体，国家是一国人的代表，同时国家对国际组织施加影响力，尤其是某一组织中的大国的观念会对国际组织产生极大的影响，国际行为体的行为能力同样由大国的国家权力主导决定，国际组织是崛起大国实践国家权力，构建世界秩序的有效载体和中介。国际体系的无政府状态不仅源自权力缺位，同样源自权力滥用。无政府状态出现的原因不仅是世界上缺少具有绝对国家实力的超级大国，也因超级大国滥用绝对权力而出现，无政府状态是超级大国自己对自己的反对，超级大国的绝对权力并不如世界体系期待的那样用以维护持久和平，而是用以实现超级大国的国家利益，这是对国际体系的整体挑战。战争与和平取决于大国权力的价值属性。大国间对战争具有理性克制，发生直接战争的风险降低，小规模摩擦和紧张状态增多。大国将战争风险转移至国境以外，发动局部战争、代理人战争以及不对称战争的风险加剧。缺少对国家权力的价值属性的批判是国家权力滥用的主要原因。国际体系中具有良好大国形象的行为体有助于持久和平，通过具有良好大国形象的行为体主导政治路径解决国际争端有助于阻止战争。国际秩序由大国的世界秩序主导。大国建立以一国为中心的世界秩序通常以国家实力为后盾，以国家权力为基础。大国建立世界秩序的途径和中介随着人类历史实践的发展出现了变化，粗暴的权力输出已无法胜任建立大国国际秩序的重任。已经由大国主导并建立起来的世界秩序有待改善但也存在有效性，新兴大国可以通过利用现有世界秩序完成快速崛起，并在具备实力的前提下建构自己的世界秩序，从而充分参与国际秩序的变革。具备良好大国形象的国际行为体是未来国际秩序变革的主力。国际体系的未来形态。国际体系由大国的实力（源于大国权力）与观念（源于大国形象）主导，不断改善的国际秩序有助于国际体系的良性发展，国际体系中的参与各方对其良性发展抱有期待。和平是国际体系的基本诉求，基础是预防战争，尤其是大规模战争爆发。互助将是国际体系的倡导原则，实现人类命运的共同发展是国际体系的价值追求。

"权力—秩序"理论的主体是大国。大国包括守成大国与新兴大国、崛起大国等在内的有潜力的大国。适用于本理论的大国是带有历史实践性或发展阶段性的概念，凭借国家的自然权力与有形权力等物质性权力获得大国身份；"权力—秩序"理论的客体是大国形象。理论的客体即理论的目标是大国形象，这一概念具有价值属性，且价值属性为正向，可被描述为文明的大国形象、负责任的大国形象、公正的大国形象等。"权力—秩序"理论的背景是国际体系。理论的适用背景是国际体系，理论出发于现有国际体系，推动国际体系的变革与改良，完结于建立新的国际体系，从而对理论背景进行改造。"权力—秩序"理论的路径是大国权力。大国权力以大国实力为基础，是大国通过实施包括构建大国形象在内的大国权力改善国际秩序，从而参与创建新的国际体系的权力。本理论的大国权力中的权力本身不带有价值判断，但对权力的实施方式和实施过程进行价值批判，价值底线维持和平与排斥战争，尤其是完全排斥不义战争。理论通过争夺话语权力构建大国形象，并通过大国形象巩固话语权力，实现大国权力的和平飞跃。"权力—秩序"理论的特点是价值批判。将价值批判引入权力话语是本理论的特点，对此的解释是，权力以实力为基础，实力具有不稳定性。国家权力的基础是国家实力，其有三个来源，分别是天然来源、有形来源与无形来源，这三个来源均存在不稳定性，如领土和人口、军事和经济，都存在被突发性因素摧毁的可能性，如严重的自然灾害、大烈度的传染性疾病、大规模战争及金融危机等。国家实力培育出的国家权力在实施过程中的价值导向决定了国家权力抵御风险的能力，粗暴的权力或恶劣的权力会因突发因素的出现而快速瓦解，正向的权力则有可能延续，如"墙倒众人推"和"一个好汉三个帮"。"权力—秩序"理论的追求是命运共识。理论存在的逻辑是，使有实力的国家具备善良意志，并在善良意志下增加国家权力成长为大国，同时构建大国形象，通过获得话语权巩固大国形象并践行善良意志，从而变革国际秩序，改良国际体系，最终由大国主导的国际体系输出善良意志，达成人类命运共识，使国际体系成为人类命运共同体的化身。

第三节　大国形象的本质区别

国家形象是重要的国家资源，对于大国而言更是如此。一方面，大国形象是以大国为基础的表达，通过大国行为进行反映；另一方面，大国形象又是基于大国实际情况的建构，更多体现大国意志和能力。如农业文明形态下的中国，其真实情况没有发生颠覆性改变，但随着欧洲文艺复兴和资产阶级兴起，西方对中国形象的描述和评价却发生了颠覆性改变，究其原因，不是他者发生了改变，而是自我的认知和需求发生了变化。纵观世界近代以来的历史，大国对形象的重视程度达到了战略级别，大国间的形象之争，更是贯穿大国实践始终。这不仅是意识形态之争，也是阶级斗争的表现形式，更是国家利益之争。如美国独立战争期间对其母国英国的形象攻势；两次世界大战期间，西方国家内部的相互攻击；冷战期间，美苏的形象大战；等等。

一 中美形象之争是当代重要话题

进入世界百年未有之大变局，以中美关系为代表的大国关系变得极为重要，尤其是人类社会突遭严重公共卫生事件影响，亟须携手与共、攻坚克难之时，美国也没有放松对中国形象的抹黑，而中国也不再作沉默的羔羊，对美国的抹黑构陷行为予以坚决反击。表面来看，中美同为大国，形象之争是西方理论家所谓的新兴大国与守成大国关于利益的争夺，更深层次来看，中美形象之争，不仅是明显地带有阶级斗争性质的制度之争，而且具有本质区别。

一方面，当前世界格局呈现东升西落的历史大势。作为已显现疲态的霸权主义大国，美国不允许包括其西方盟友在内的任何国家在任何领域挑战其霸主地位，当然更要加紧对包括社会主义中国在内的新兴国家的围追堵截，全力遏制中国发展。与此同时，更让美国不能接受的是，500 年来，一个持不同意识形态、采用不同政治制度的、非西方、非基督教文明国家的崛起。

另一方面，正如前文第三章指出的，大国的核心变量是政治因素，主要体现在**阶级性**与**人民性**。阶级性体现在两方面，一是统治阶级与被统治阶级的力量对比，即对大国进行统治的阶级属性；二是占据统治地位的领导核心，主要是政党与政府的领导能力和治理能力。总的来说，就是大国领导核心的属性与能力，集中表现在大国能否团结统一与行动一致。人民性则体现为大国能否做到以人民为中心，尊重人民始终是真正的历史动力的客观规律。以人民为中心，正是文明新形态和新型大国的内在属性与要求。

二 当代大国形象更加关注伦理属性

考察历史，我们发现，近代以来的西方大国在阶级性和人民性的自我表述上出现了明显变化。

首先，第二次世界大战结束导致殖民体系瓦解后，西方大国对殖民主义和殖民历史的表述有所改变，从赤裸裸地宣称维护殖民地和殖民利益是其合法权益，到改变殖民方式、否认殖民历史，再到近年来以法国为代表的被迫对殖民历史宣称"抱歉"。我们可以看出，世界人民，尤其是被压迫被殖民的第三世界人民已经觉醒，殖民主义在历史与文化层面遭到抵制与清算，这也使得西方大国获得大国身份与地位的历史遭受伦理质疑。

其次，尽管以美英为代表的西方大国不断宣扬其政府和国家是代表全体人民的，但西方的"人民"概念和中国表述的"人民"概念具有本质不同。西方的"人民"在很长一段历史时期内代表的是白人、奴隶主、资本家，甚至在白人内部也有等级之分，体现在国家对其公民身份的认同上。时至今日，尽管美国自诩为民主自由人权的灯塔，美国政府号称代表全体美国人，但系统性种族歧视造成美国社会的日益撕裂。

由此，我们可以看出，中西方的大国形象具有本质上的区别。大国的核心变量为百年变局中的大国构建其形象指明了方向，大国形象不仅要关注其物质属性，更要关注其**伦理属性**。这正是新型大国与殖民主义、帝国主义和霸权主义大国的本质区别。

三　历史文化是造成大国形象本质区别的重要因素

从历史文化上看，中西方对"大国"秉持着不同的文化认知与政治哲学。《说文解字》讲："天大、地大、人亦大。故大象人形。"《庄子》道："天地者，形之大者也；阴阳者，气之大者也。"《孟子·尽心下》讲："可欲之谓善，有诸己之谓信，充实之谓美，充实而有光辉之谓大，大而化之之谓圣，圣而不可知之之谓神。"大就是要符合"善""信""美""大""圣""神"等标准，并且始终秉持"士希贤，贤希圣，圣希天"的奋斗精神。那么，"大国"就是要"内圣外王"，"形于中，而发于外"，内以精神为之"大"，外以体量为之"大"。西方则以"Big Power"指代大国，"Great Power"指代超级大国，其关注点在力量、实力和权力上，因此创造出"无政府状态""无序状态""自助体系"等现实主义理论，粉饰殖民掠夺、压迫剥削。因此，中国的大国形象是一种对大国"充实而有光辉"的**本质描述**，有别于西方以权力和利益为现实导向的**形象重构**。

第四节　大国形象的建构框架

以"大国"的存在方式与核心变量为研究基础，通过分析"大国形象"在认识过程中主客体的关系，可以进行一种大国形象的建构框架的尝试。

一　大国形象的主客体

大国形象的构建主体是大国本身，客体是他国，但应对客体进行甄别，以秉持进步、平等、公正立场和态度的国家为主要客体。这是由于大国形象建构体现出的竞争态势，其本质就是国际话语权的竞争。以新时代中国国家形象建构为例，讲好中国故事，怎么讲、讲什么十分重要，更关键的是讲给谁听，因此，传播对象是必须明确的竞争焦点。很明显，我们不仅要讲给**广大西方国家的人民**听，让他们了解一个真实的中国，更要讲给**广大亚非拉和第三世界的国家和人民**，争取世界民心，从而实现对内凝聚共识、对外取得支持的大国形象建构实践目标。

历史上大国的消亡和大国形象的幻灭给所有大国以启示，伪善的大国和虚构的大国形象终将被历史与人民抛弃。因此，当我们迈步朝着第二个百年目标奋进的时候，应当保持清醒与警惕，始终坚持以我为主，同时兼顾客体，做到主客体有机统一，体现在走向强国的过程就是完整构建并全面展示中国大国形象的过程。

二　大国形象的架构

"大国形象"以"大国"为依托，反映大国的物质属性与伦理属性，随着时代条件的发展，大国的伦理属性作用不断上升，其结构如图 4－1 所示。

应当注意的是，大国的领导核心对大国形象具有决定作用。当今世界大国，不论是社会主义国家，还是资本主义国家，作为其领导核心的执政

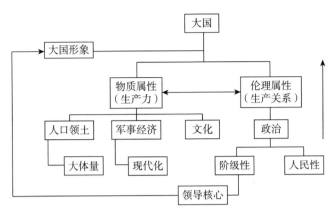

图 4 - 1　大国形象的架构

党通常都是大党，形成大国大党的局面。而在美国等两党制国家，其两党本质上都是资产阶级政党，维护的都是资产阶级的利益，因此，两党的根本利益是一致的。

三　大国形象的层次

形象具有一定的层次性，大国形象也不例外，由外而内、由浅至深，可以分为三个层次。

第一层：表象。这一层次以主体的构建实践为主，源于两个方面，一是该国的历史文化传统，二是该国的形象建构政策，因此能够在短时间内通过话语渠道进行主观建构或重构，具有传播速度快、范围广的特征，多表现为具体形象或符号化形象，如国旗、国徽、国宝等。由于客体对表象的接受程度和接受过程具有极强的主观性，同时，表象易造成固化，成为刻板印象。因此，各国家在进行主体建构的过程中，高度重视其具体形象的代表性、接受性与能否产生共情和合理联想，并积极推动这一形象的传播。从历史文化层面来看，如中国的大熊猫与万里长城、美国的白头鹰与西部牛仔、俄罗斯的北极熊与伏特加、印度的咖喱与宗教、沙特的酋长与财富等；从建构层面上来看，如中国的高铁与基建、美国的科技与航母等。近年来，随着互联网文化蓬勃发展与 Z 世代走上时代舞台，表象层面的大国形象存在一定的解构与重建，如传播度较高的动漫作品《那年那兔那些事儿》，就通过将国家具象化、动漫化，起到了传播历史、凝聚共识的积极作用。

第二层：行动。这一层次以客体的认识过程为主。所谓"听其言、观其行"，正是客体从行动层面对一国进行再认识的过程。第二次世界大战以来，西方国家主导创建了以联合国为代表的国际组织，主导制定了国际社会行为规则，并通过长期把持国际话语权操纵国际舆论，轻易实现粉饰自身、抹黑他国的目的。但是，进入 21 世纪以来，这一局面有所松动。一方面，以中国为代表的发展中国家取得长足进步，日益走近世界舞台中央，打破了西方独大的世界格局，推动世界进入百年未有之大变局，人类社会朝着更加客观、公正、公平的方向前进；另一方面，科技的迅猛进步与人类社会生活方式的变革拓宽了舆论渠道，增加了西方国家操纵舆论的难度。因此，当今的客体国家能够更加容易地通过一国在国际组织中的立场、在重大国际事件中的表态和决策来观察判断该国本质属性，并对该国产生新的认识，从而客观上改变该国的国家形象。但是，通过行动对一国进行再认识，需要较长的时间，这就要求国家在行动上要保持一致性和稳定性，做到"言必信，行必果"。行动层面是大国与一般国家在国家形象建构实践上的主要差别，行动层面对大国尤其重要。这主要取决于大国是国际社会和国际组织中的关键参与者，其立场、表态和决策能够对一般国家与世界格局产生重大影响，甚至能够决定一国的兴衰存亡。

第三层：本质。国家形象最终反映国家本质，主要是一国的意识形态、阶级属性、制度设计等。如前文所述，大国的核心变量是该国的政治因素，具有极强的稳定性，不因该国主动进行建构、重建或粉饰而改变。但是，透过现象看本质，不仅需要一定的实践过程，也需要一定的甄别能力。因此，认识国家形象的本质具有必然性，也存在曲折的过程。

大国形象的层次与认识过程可以表述为图 4-2。

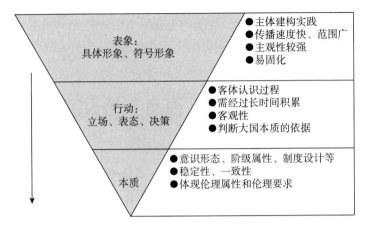

图 4 - 2　大国形象的层次与认识过程

第五章　国际体系视角下的大国形象

进入世界百年未有之大变局加速演进的历史时期，"国际体系"中关于"守成大国"和"崛起大国"关系的讨论日益升温，其中就包含"大国"创建国际体系（世界秩序）的主要方式。这样的时代背景为以构建"大国形象"的方式参与构建国际体系（重建世界秩序）打开了理论和现实空间，也使得理论探讨和实践探索存在可能性与有效性。

第一节　国际体系的实质是大国主导的世界秩序

从"国际体系"视角出发，探讨"大国"在国际体系中的角色与作用，可以很清晰地看出当下"国际体系"的本质就是世界大国主导的世界秩序。历史也表明，在大国兴衰的过程中，国际体系的主导权几经变化，国际秩序也经历了数次调整和重建。

一　国际体系的形成、现状及评价

在国际关系领域，学界普遍认同近代以来的国际体系的确立是由《威斯特伐利亚和约》所构建的威斯特伐利亚体系开启的，并先后经历了维也纳体系（Vienna System）、俾斯麦体系（Bismarck's System of Continental Alliances）、两极体系（Bipolar System）、凡尔赛—华盛顿体系（Versailles - Washington System）、雅尔塔体系（Yalta System）等几个重要阶段。1648年确立的威斯特伐利亚体系结束了欧洲三十年战争（The Thirty Years' War，欧洲历史上第一次大规模国际战争），奠定了以主权国家为基本行为主体的西方国际政治基础，标志着近代国际关系的形成。威斯特伐利亚体系影响深远，一直延续到1815年维也纳会议所确立的维也纳体系的出现；维也纳体系是在欧洲反法联盟围剿法国大革命并推翻拿破仑帝国之后确立的，这一体系确立了欧洲的封建统治秩序和国际体系，该体系也因此具有明显的倒退性，并且为之后的欧洲冲突埋下了隐患。但维也纳体系使英国重新控制了欧洲，使欧洲出现了势力均衡，体现出了日后极其重要的均势外交思想。正因为维也纳体系导致了欧洲国家的深重矛盾，第一次世界大战爆发，维也纳体系瓦解；第一次世界大战后，由于欧洲各强国实力对比出现明显变化，战胜国要求重新调整其势力范围和权力分配，凡尔赛—华盛顿体系由此出现，该体系与之前各体系的最大不同在于，凡尔赛—华盛顿体系具有全球效应，使欧洲以外的世界诸国受到了不同程度的影响，因而形成了真正意义上的国际体系。凡尔赛—华盛顿体系虽然暂时调整了帝国主义国家之间的矛盾，但这一体系实际上是第一次世界大战的战胜国之间达成的分赃协议，这也必将导致新的重大矛盾的出现；随着第二次世界大战的爆发，凡尔赛—华盛顿体系终结，第二次世界大战全面爆发为全球规模的战争，结束了以欧洲为中心的国际关系体系，并形成了新的全球化的雅尔塔体系。这一体系实际上表明了第二次世界大战后形成了两种社会制度、两种意识形态、两大军事集团对立的世界关系格局，这一体系实际上划分了美国与苏联的势力范围，冷战开始了。

通过对近代国际关系发展历史的梳理，我们发现不论在国际关系的哪一个阶段，都呈现以西方（欧洲）为中心的国际关系特征。尽管学界普遍认同将1648年威斯特伐利亚体系的出现作为国际关系的起点，但是在1648年之前就真的不存在国际关系吗？卡伦·A.明斯特和伊万·M.阿雷奎恩－托夫特两位学者就提出了这种疑问："除了一些激进主义和循环论理论家，鲜有体系理论家探讨1648年之前的体系。事实上，大多数体系理论家对体系的研究是从19世纪开始的。"[1] 他们对"一个

---

① 〔美〕卡伦·明斯特、伊万·阿雷奎恩－托夫特：《国际关系精要（第七版）》，潘忠岐译，上海人民出版社，2018，第127页。

国际体系的观念难道不正是欧洲中心的观念吗?"① 的观点提出批评,并指出"国际关系学者通常很少关注非欧洲的国际社会。"除了欧洲以外,世界就没有值得关注的国际关系史实了吗?他们列举了中华文明、伊斯兰文明等例子进行反驳,"在公元前 200 年中国统一之前,各个王国已经在中国的土地上繁荣发展了几个世纪。中华帝国持续了 2000 年时间,围绕一种共同文化实现统一,即华人思想是宇宙的核心。"② 在长达几个世纪里,强大的中华帝国以统一思想确立了辐射大部分亚洲地区的朝贡体系,这种朝贡体系是否可以算作一种"国际关系"?早在公元前 13 世纪,马可·波罗就向欧洲介绍了一个强大而富裕的东方国家,比马可·波罗更早的汉代,中国就开辟了"丝绸之路",这些是否属于"国际"活动?如果按照国际关系相关理论的规定,在中华帝国漫长的统治时期里,尚未形成有明确主权(领土范围)的现代国家,因此不能算作一种国际体系,但是以 1648 年为起点,大面积的非欧洲国家也缺席了国际关系的建立吗?这显然不是事实,然而造成这一非事实现象被主观忽略并形成错误共识是有原因的,这主要体现在国家实力的区别上,由于近代以来欧洲国家通过工业革命实现了国家实力的快速增长,世界逐渐成为西方强国的游乐场,尽管在 1648 ~ 1840 年中国始终是一个影响世界的东方大国,其实力也在很长一段时间内使西方国家有所敬畏并抱有向往。但随着 1840 年中国被西方列强叩开国门,沦为任人宰割的半殖民地半封建社会国家,在西方视角下,中国已经不再是与它们地位相同的正常国家,甚至把中国强大的历史事实也一并抹去了。在西方视角下,不论是威斯特伐利亚体系还是维也纳体系,更或者是凡尔赛—华盛顿体系,非西方国家都被忽略了。乃至第二次世界大战过后的雅尔塔体系,羸弱的中国在付出惨重的代价和伤亡后,依旧没有获得西方国家应给予的尊重和待遇。当西方学者在回顾历史评价 1648 年以来各种国际体系的优劣时,都指出上述各种体系矛盾重重,为国际社会埋下了战争的隐患,但西方学者只关注到了列强之间的矛盾,却

---

① 〔美〕卡伦·明斯特、伊万·阿雷奎恩 - 托夫特:《国际关系精要(第七版)》,潘忠岐译,上海人民出版社,2018,第 127 页。

② 〔美〕卡伦·明斯特、伊万·阿雷奎恩 - 托夫特:《国际关系精要(第七版)》,潘忠岐译,上海人民出版社,2018,第 127 ~ 128 页。

完全忽略了非西方国家和弱小国家的利益与感受。

或许在 1840 年以前，中国因其稳定与和平而在人类近代殖民战争史上缺席，并因未发动影响世界关系格局的大规模对外战争而未被西方学者关注，而在 1840 年之后的百年里，却是因中国由盛而衰，实力骤降而被忽视。因此，国际关系是以国家实力为主导的，一国在国际关系中的地位作用是以其国家实力为背书的，近代以来的国际关系实际上就是由大国主导的世界秩序。冷战后，国际关系呈现错综复杂的局面，美国成为唯一的超级大国和世界霸主，因而建立了由美国主导的世界秩序。近年来，随着以中国为代表的亚非拉发展中国家迅速崛起，世界国家力量对比出现变化，由一超多强逐渐走向多极化，世界秩序也因此出现了新的变化，这些变化总体上是由世界大国的力量对比变化导致的。尽管当今国际关系出现了新的变化，但这并没有改变由大国主导国际秩序的基本局面。

二 国际体系与世界秩序的区分

在论证"国际体系是由大国主导的世界秩序"这一观点前，需要对"国际体系"与"世界秩序"这两个概念进行区分（见图 5 - 1）。

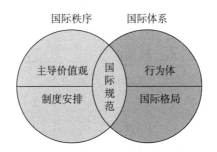

图 5 - 1 国际秩序、国际体系、国际规范的关系

阎学通对"国际秩序"与"国际体系"、"国际秩序"与"世界秩序"[①] 这两组概念进行了区分。他首先指出"国际秩序"与"国际体系"的概念时常被混用。他举例指出：2014 年，中国现代国际关系研究院组

---

① 笔者并不认同阎学通对"国际秩序"与"世界秩序"的区分，笔者认为这是两个并不完全一致的概念，这两个概念的区别并不是"选择"，而是是否带有价值取向的"主导"。

织了 30 多位国内学者讨论国际秩序问题，由于众人混用了国际秩序和国际体系这两个概念，会议主办方在写讨论总结时，不得不将题目定为《如何认识国际秩序（体系）及其转型?》，并坦言在通常情况下，国际政治学界有一种混用，至少是不严格区分"秩序"与"体系"概念的倾向。中国学界未能厘清国际秩序和国际体系的区别，官方也只好采取这两个概念同时使用的方法。在清华大学主办的第四届世界和平论坛上，时任中国外交部部长王毅说："我们将继续维护当代国际秩序和国际体系。70 年前，中国直接参与设计建立了以联合国为核心的国际秩序和国际体系。"①阎学通指出：英语国家学界对于"国际体系"（International System）和"国际秩序"（International Order）的区分较为明确。前者是指由国家组成的无政府社会，后者是指该社会内的一些有序的行为状态。② 他通过分析认为"国际秩序"与"国际体系"在构成要素上有所区分也有所重合，并提供了如图 5-1 所示的参考。

　　阎学通对"世界秩序"与"国际秩序"区别的判断有待商榷。阎学通在文章中用了很小的篇幅对这两个概念进行了区分，但他在标题中表明了他对这两个概念的态度，即"学界对国际秩序与世界秩序的选择"。阎学通同时引用了布尔的观点："前者比后者含义广泛，因为前者不仅包括了国际秩序，还包括了国内秩序，并且前者比后者更具实质性和原始性，因为人类社会的终极单位不是国家而是个人。"也引用了国内学者的观点，如蔡拓认为现在"国际秩序"已经名不副实了，应该用"世界秩序"或"全球秩序"来代替。但阎学通并没有表明他对这些观点是否支持，他进一步考察了联合国大会中持不同立场的国家代表在发言中使用"国际秩序"与"世界秩序"的情况，并以此表明，这两个概念仅仅是语言习惯上的选择的不同（见图 5-2）。

　　加拿大学者阿米塔·阿查亚（Amitav Acharya）关于"世界秩序"的观点提供了另一种思路，在其著作《美国世界秩序的终结》第一章中，阿

---

① 王毅：《中国是国际和地区秩序的维护者、建设者和贡献者——在第四届世界和平论坛午餐会上的演讲》，中华人民共和国外交部网站，https://www.mfa.gov.cn/web/wjbz_673089/zyjh_673099/201506/t20150627_7478416.shtml。

② 阎学通：《无序体系中的国际秩序》，《国际政治科学》2016 年第 1 期。

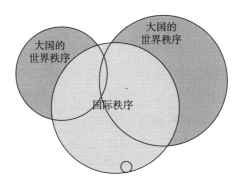

图 5 - 2　由大国世界秩序主导的国际秩序

米塔就开章明义地指出"本书讨论的不是美国的衰落，而是'美国的世界秩序'的衰落。"他在对"美国的世界秩序"这一专业术语进行解释时指出，"美国的世界秩序"与"美国领导的自由主义霸权秩序"为互换使用的关系，同时"'美国的世界秩序'更忠实于呈现'美国的'而非'霸权的'特点。"① 同时，他也指出，"美国的世界秩序"并不是真正意义上的国际秩序，而是美国意志的体现。他的这一观点或许源于美国学者费正清提出的"中国的世界秩序"。笔者认为，"世界秩序"是明显带有国家导向的，如冷战过后以美国为中心建立的"世界秩序"可以称之为"美国的世界秩序"，中国封建王朝时期以中国为中心的"宗藩体制"则可以称之为"中国的世界秩序"，但不论是几个世纪前"中国的世界秩序"，还是近代以来"美国的世界秩序"，都是由世界上屈指可数的大国建立的一种国家中心的世界秩序。但以大国为中心，或由大国主导的"世界秩序"并不能称之为"国际秩序"。当世界体系呈现"一超多强"时，那么这个超级大国主导的"世界秩序"几乎等同于"国际秩序"，其他国家几乎无法脱离这一秩序而存在，如冷战后的"美国的世界秩序"；当世界体系出现两极分化时，那么两个势均力敌的大国各自主导的"世界秩序"就构成了"国际秩序"，如冷战时期美苏争霸，以两国为中心的"世界秩序"组成了"国际秩序"；当世界体系步入多极化后，守成大国和新兴大国的实

---

① 〔加〕阿米塔·阿查亚：《美国世界秩序的终结》，袁正清、肖莹莹译，上海人民出版社，2017，第 3～4 页。

力对比出现变化，各大国对世界秩序提出了要求和看法，并着力构建本国的"世界秩序"，在主要大国的相互竞争与妥协中，形成了如图 5 - 2① 所示的动态平衡的"国际秩序"。因此，国际关系是由大国主导的世界秩序，而主要大国主导的世界秩序构成了国际秩序。

三　大国主导的世界秩序

大国主导建立以本国为中心的世界秩序的实质是增强本国的国际权力，从而参与国际秩序的构建并因此影响国际体系的发展。阎学通指出："由于国际秩序主要是由大国建立的，因此它们的国际秩序观影响着国际规范的类型。"② 门洪华也指出："国际秩序是国际社会中主要行为体，尤其是大国的权力分配、利益分配、观念分配的结果，而其主要表现形式就是全球性的国际制度的创立与运行。"③ 因此，大国主导世界秩序的目的就是保证大国权力在国际体系中的地位，并保证该地位不被轻易动摇或受到重大影响，从而保障大国的利益。

威斯特伐利亚体系建立后，法国、荷兰与瑞典崛起成为欧洲新霸主，法国主导了在欧洲的世界秩序，并为其后来称霸欧洲打下了基础；维也纳体系建立后，法国的世界秩序宣告结束，英国重新控制了欧洲，并且实际上建立了英国的世界体系，直至第一次世界大战爆发；凡尔赛—华盛顿体系的建立，使帝国主义国家重新瓜分了世界，美国、英国、日本、法国等列强国家建立了各自在世界殖民地半殖民地体系中的势力范围，并在势力范围内建立自己的世界秩序；第二次世界大战结束后，欧洲受到直接冲击，大国实力削弱，在凡尔赛—华盛顿体系下崛起的英国、法国连同第二次世界大战中战败的德国、日本、意大利等国退出国际体系舞台中心，雅尔塔体系建立起来，美国、苏联崛起成世界两极，冷战开始，美国与苏联

---

① 由大国主导的世界秩序构成了国际秩序，图中所示的小圆代表的是在国际体系中没有足够话语权的国家，它们只能够被动地适应由大国的世界秩序组成的国际秩序，同时，图中所示的未与大国的世界秩序重合的部分代表世界上的各种国际组织或国家同盟组织，如非盟、东盟等建立相关秩序，但实际上，国际秩序中的空白区域也或多或少地受到大国的世界秩序影响。

② 阎学通：《无序体系中的国际秩序》，《国际政治科学》2016 年第 1 期。

③ 门洪华：《地区秩序建构的逻辑》，《世界经济与政治》2014 年第 7 期。

建立了各自的世界秩序范围，并相互对立，直至苏联解体，冷战结束，世界体系进入美国的世界秩序时代。

在近代以来的国际体系建立过程中，中国作为签约国参与了凡尔赛—华盛顿体系与雅尔塔体系的建立，但凡尔赛—华盛顿体系并没有解救深陷水深火热的中国，反而让列强合理合法地重新划分了在中国的殖民范围，雅尔塔体系也没有给作为东方主战场并为第二次世界大战胜利做出巨大牺牲与贡献的中国应有的尊重和礼遇。因为在当时的世界大国看来，中国的实力并不足以影响其世界秩序的构建，更不足以建立中国的世界秩序，因此在国际秩序的建设中并不需要为中国留出相应的位置与权力。从中国的视角看近代的国际体系：1840 年以前，中国拥有自己的世界秩序，如美国学者费正清提出了"中国的世界秩序"①，并认为"中国的世界秩序"是以中国为中心的、由中国主宰直至被西方强权毁灭的温和霸权；经过艰苦卓绝的抗日战争与解放战争，于 1949 年建立了中华人民共和国，中华民族获得了真正的民族独立，中华人民推翻"三座大山"，成为国家的主人，中国以全新的姿态参与到了国际体系中，这一时期新中国实行"一边倒"的外交政策，并获得社会主义阵营认同；刚成立的新中国在抗美援朝战争中战胜了以美国为首的联合国军，巩固了新生的共和国；1964 年中国第一颗原子弹爆炸成功，成为有核国家，这一时期中苏交恶，中美尚未建交，新中国采取"两个拳头打人"的外交策略，在拥有核武器等重要军事力量后，新中国的国际地位迅速上升，甚至当时的法国报纸热情洋溢地称赞"这是中国的伟大胜利"，"中国将成为拥有八亿人口大国相称的强国"，"一夜之间改变了中国在世界上的地位"②；1971 年，中华人民共和国恢复了在联合国组织中的合法权利，并恢复了联合国安全理事会常任理事国地位，获得了否决权，由此开始，中国开始深入参与国际体系建设，并获得了相应的地位，但由于这一时期中国的经济实力落后，在国际体系建设中的作用并不是很强；1978 年，中国开启改革开放事业，经济获得

---

① 〔美〕费正清：《中国的世界秩序：传统中国的对外关系》，杜继东译，中国社会科学出版社，2010，第 55 页。

② 《中国原子弹爆炸，各国什么反应？》，搜狐网，http://www.sohu.com/a/190439471_821446。

腾飞，经过 40 多年的快速发展，中国经济体量跃居世界第二，国家实力迅速增强，中国的国际地位与国际作用明显提升，中国开始发出自己的声音，提出自己对世界体系的看法。

第二节　构建国际体系的可行性路径

从近代以来的世界历史进行考察，国际体系变革一般是重大历史事件的产物和结果，早期通常表现为战争结果，第二次世界大战结束后，和平与发展成为世界主题，经济的与政治的方式逐渐成为主流，并以国际组织和双边多边谈判协作等作为主要表现形式。

一　军事路径

尽管从第二次世界大战结束后，世界保持整体和平已达半个世纪，但战争的阴影并未远离人类社会，回顾人类社会的发展历程，战争始终是变革国际体系的第一动力。对于采用发动战争的方式改变国际体系的一种可能性解释是"恐惧"。迈克尔·霍华德（Michael Howard）以此解释第一次世界大战发生的部分主要原因，他认为是德国的实力增强以及由此引发的英国的恐惧。他同时表明，修昔底德（Thucydides）同样认为引起伯罗奔尼撒战争（Peloponnesian War）的原因是雅典人力量的增长和斯巴达人由此产生的恐惧。从历史上来看，三十年战争由神圣罗马帝国内战转变成欧洲大战，改变了欧洲格局，部分欧洲国家崛起建立霸权；七年战争（Seven Years War，英国—普鲁士联盟与法国—奥地利联盟之间发生的一场战争）重新划分了欧洲列强的势力范围，并成就了英国在国际体系中"日不落帝国"的地位；美国独立战争（American War of Independence）则打击了英国在国际体系中的地位，使美国走上国际舞台；第一次世界大战削弱了欧洲，并引发了俄国十月革命，社会主义国家苏联崛起，从而为国际体系带来了重大变革；第二次世界大战将国际体系带入两极格局，美苏争霸深刻改变了国际秩序。冷战时期，世界范围内的两个超级大国都保持了冷静与克制，除 1962 年古巴导弹危机外，美苏两国的直接对抗极其罕见，更多的是发动代理人战争，这也为后来的国际体系中的大国建立了示范，大国之间为建立世界秩序、改变世界体系而发动直接战争的可能性被不断降低。冷战结束后，苏联解体，国际体系内仅存在美国一个超级大国，美国掌握了世界范围内最强大的军事力量，至此，由美国主导的世界秩序所建立的国际体系不可能再出现重大变化。

尽管在美国的主导下，战争不再以世界范围内的大战形式发生，但通过直接发动局部战争或通过扶持代理人发动局部战争以改变局部地区的秩序的事件时有发生。冷战结束后，由美国直接发动的战争就多达五次：1991 年，美国带领联合国军发动了海湾战争，展示出其强大的军事实力，并以此战争为模板在随后的 20 多年中多次发动极具争议的局部战争：1999 年发动科索沃战争，致使南斯拉夫解体；2001 年发动阿富汗战争；2003 年发动伊拉克战争；2011 年发动叙利亚战争。尽管以上战争都是局部战争，但依旧对国际体系产生了影响。当前，虽然世界整体和平，大国战争可能性较小，但局部摩擦风险增大，历史事实也提醒着崛起大国，守成大国从未放弃过以战争路径维持其主导的国际体系的决心和选择，这是中国应当警惕的。

二　经济路径

历史已经无数次证明了马克思主义理论关于"经济基础"与"上层建筑"相互关系的基本原理。正如恩格斯指出的："在历史上出现的一切社会关系和国家关系，一切宗教制度和法律制度，一切理论观点，只有理解了每一个与之相应的时代的物质生活条件，并且从这些物质条件中被引申出来的时候，才能理解。"[1]"随着经济基础的变更，全部庞大的上层建筑也或慢或快地发生变革。"[2] 马克思也指出："从远古的时候起一般说来就只有三个政府部门：财政部门，或者说，对内进行掠夺的部门；战争部门，或者说，对外进行掠夺的部门；最后是公共工程部门。"[3] 马克思与

---

[1] 《马克思恩格斯文集》第 2 卷，人民出版社，2009，第 597 页。
[2] 《马克思恩格斯文集》第 2 卷，人民出版社，2009，第 592 页。
[3] 《马克思恩格斯文集》第 2 卷，人民出版社，2009，第 679 页。

恩格斯已经指明，经济（经济掠夺）职能是国家，尤其是资本主义国家的最基本的国家职能，同时，经济职能与战争职能又是高度关联的。一个典型的例子，从德意志民族国家的历史上来看，德国的历次战争行为都具有这一典型特征，不论是第一次世界大战还是第二次世界大战，德国的经济路径在列强压迫下艰难发展，当其具备一定经济能力时，便通过战争途径为经济发展赢得更大的空间。同样的，西方列强在凡尔赛—华盛顿体系下重新瓜分全球殖民地，也是以军事路径保障其殖民经济的发展。

选择经济路径的崛起大国是否一定会产生军事诉求呢？在当前国际体系下，答案是否定的。冷战结束后的世界，全球经济一体化程度不断提升，经济合作力度不断加强，在国际秩序下通过协商解决经济摩擦成为可能，也为大国通过经济路径实现快速崛起提供了可能与空间。但应当注意的是，马克思恩格斯的基本判断仍然有效，一个单纯的经济强国是不足以崛起成为大国的，以1840年的中国为例，《大国的兴衰》考证了1500年以来大国兴衰的历史后指出，在晚清政府治理下，中国当时的经济总量雄踞世界第一并一直保持到1895年才被美国超越。但20世纪末期的中国，世界第一的经济总量在列强看来只是一块可以随意宰割的巨大蛋糕。因此，在当今时代下，选择单纯的经济路径实现崛起的风险巨大，我们"以经济建设为中心"，但也需要军事实力等作为捍卫中心的保障。

三　政治路径

在近代国际体系中，1648年威斯特伐利亚体系及后续相关体系都鼓励大国通过政治途径解决冲突，尤其是第二次世界大战给全世界带来难以磨灭的伤痕后，以联合国为代表的国际组织成为国际体系中解决争端的有效政治途径。应当看到的是，尽管联合国及其所属的安全理事会在国际关系的争端解决中起到了积极作用，但国际体系中的诸多争端仍是依靠军事路径进行解决的，尤其是当美国主导的世界秩序影响国际体系时，联合国时常成为其发动战争的合法途径，这不仅削弱了联合国的信誉，也使很多国家对解决国际体系争端的政治途径充满怀疑。

一个应当看到的事实是，十月革命后的苏联推翻沙皇俄国落后的封建统治，成为世界首屈一指的社会主义大国，苏联通过实现一种更先进的政治制度获得了诸多国家的高度认可，实现了快速崛起，并在冷战时期始终保持着世界第二的经济总量，建立了苏联的世界秩序，成为国际体系中最有分量的建设者之一。但苏联的大国历程是曲折的，学界对于苏联的覆灭已有诸多卓有成效的研究，不协调不全面的发展（勃列日涅夫时期大力发展重工业与国防工业，忽视轻工业与农业，人民基本生活保障出现困难）或许是其走向衰落的重要原因之一，尤其是在冷战时期，与美国长期争霸过程中的错误决策，带来了毁灭性的影响。学界对于苏联这个社会主义大国的轰然倒塌有着不同的见解，有的认为是必然结果，有的认为可以避免，但众多学者均认为如果不是苏联领导人一味对美国进行退让，直至放弃社会主义制度，社会主义苏联这个超级大国不至于在 1991 年轰然倒塌。

在此，本书所描述的可能性的政治路径并非是指在资本主义或社会主义制度之间进行意识形态的选择，也不是指在如英国、日本等国的君主立宪制与如沙特阿拉伯等国的纯粹的君主制之间进行选择。本书所提出的政治路径，是每一个国家在其民族历史的基础上，选择并坚持适合本国国情的政治制度，如我国的中国特色社会主义制度。

第三节　通过构建"大国形象"参与国际体系建设

和平与发展是当今时代的主题，这意味着战争等暴力形式成为末位选项。在这样的情况下，以构建大国形象的方式逐步提高国际话语权和国际地位，是一种有效方式。

一　战争路径不符合时代潮流与大国利益

近代以来，战争路径是建立一国世界秩序并改变国际体系最直接最"有效"的路径，不论是经济路径还是政治路径，军事力量是最基本的保证。但 10 多年来，不断有研究者指出，军事力量的作用在下降，对经济安全的关注正在取代对军事安全的关注。约翰·米勒（John Miller）在阐述这种观点时指出，"现代化国家之间，战争已经变得如此的悲惨和令人厌恶，以至于战争'几乎不可能——人们放弃战争并不是因为发动战争是个不明智的想法，而是因为战争仅保留在人们的潜意识中，而不是一种持续存在的可能。'"① 迈克尔·霍华德认为战争仍然有可能在欠发达的国家出现，但很有可能战争"在高度发达的国家里将不再发生，而且一个能维持国际秩序的稳定框架将牢固地建立起来。"② 约翰·查尔斯·凯利（John Charles Kelley）认为"大规模战争的消失和小规模战争的增加，使世界形成了两个体系——稳定的'中心体系'和动荡的'边缘体系'。"③ 兹比格涅夫·布热津斯基（Zbigniew Brzezinski）则明确地指出："战争已经成为一种只有穷国才能负担得起的奢侈品。"④

随着国际体系的发展，世界大国的实力对比发生了明显变化，尽管这一变化不足以撼动美国的世界秩序，但越来越多的国家开始对美国的战争行为表达不同意见与批评看法。第二次世界大战后，世界对战争循环论的恐惧并没有减弱，战争路径已经不得人心，也不符合世界潮流。同时，战争已经不符合大国（目前的大国通常都是有核国家）的利益追求，当今世界大国建立了多种途径达到经济目的，如通过国际经济组织制定经济规则的方式已经体现出其有效性。

因此，当崛起大国参与国际体系建设时，战争路径已经不是具有性价比的选择。通过对"大国"要素的分析，并结合国家权力相关理论，以构建"大国形象"的方式参与国际体系建设或许能够成为当下中国的最优路径。

二 构建"大国形象"或为最优路径

通过前文论述，我们可以得出的一个基本事实是，大国参与国际体系建设的实质是建立自己的世界秩序，而建立一国的世界秩序的可行性途径

① 参见〔美〕詹姆斯·多尔蒂、小罗伯特·普法尔茨格拉夫《争论中的国际关系理论（第五版）》，阎学通、陈寒溪等译，世界知识出版社，2013，第3页。

② 参见〔美〕詹姆斯·多尔蒂、小罗伯特·普法尔茨格拉夫《争论中的国际关系理论（第五版）》，阎学通、陈寒溪等译，世界知识出版社，2013，第3页。

③ 参见〔美〕詹姆斯·多尔蒂、小罗伯特·普法尔茨格拉夫《争论中的国际关系理论（第五版）》，阎学通、陈寒溪等译，世界知识出版社，2013，第3页。

④ 参见〔美〕詹姆斯·多尔蒂、小罗伯特·普法尔茨格拉夫《争论中的国际关系理论（第五版）》，阎学通、陈寒溪等译，世界知识出版社，2013，第4页。

包括军事、经济与政治等。不论是上述三种途径中的哪一种，抑或是其他研究者提出的可行性路径，总结起来都是通过提升国家实力从而在国际体系中获取更多的国家权力，最终实现建立一国的世界秩序的目的。《国际关系精要》一书将国家权力来源分为三种，即自然来源、有形来源与无形来源。权力的自然来源包括：地理幅员与位置、自然资源和人口；权力的有形来源包括：工业发展、经济多元化、基础设施水平和军队特性等；权力的无形来源包括：国家形象、政府素质、公众支持、领导能力等。① 这三种权力来源是有层次区别的，自然来源是有形来源的基础，同时自然来源和有形来源作为物质性来源是无形来源这一非物质来源的基础。美国学者约瑟夫·奈将这种权力的无形来源，或者说是无形的权力称作"软实力"（Soft Power），即一国因价值观或政策的合法性而吸引他者的能力。结合当前学界对软实力理论的研究，目前最能够代表一国"软实力"的无形权力为"国家形象"。将这一判断置于本书"大国"语境下，就是构建"大国形象"。

但约瑟夫·奈对其"软实力"的观点在国家权力领域的实践似乎缺乏足够的信心。在其著名的棋类游戏比喻中，他将世界政治的现有结构比作"复杂的三维棋类游戏"：棋盘有三层，顶层代表军事权力，它在很大程度上是单极的，并且在一段时间内会保持这种状态；中间层是已经多极化的经济权力；底层"权力处于混乱的分散状态"（见图 5－3）。对此，加拿大学者阿米塔·阿查亚在评论约瑟夫·奈这一关于权力及其机制的比喻时揶揄道："这一比喻并未将他（约瑟夫·奈）引以为豪的'软实力'概念考虑在内。"阿米塔进一步讽刺道："你在棋类比赛中会运用'说服'的方法吗？"②

阿米塔对约瑟夫·奈的"软实力"理论在权力及其机制的棋类游戏比喻中缺位现象进行讽刺的理由不具有足够的说服力。在奈的三维棋类游戏比喻中，尽管他未将"软实力"明确纳入三维中的任何一个层次，但在本书的"大国"语境下，我们假设约瑟夫·奈的三维棋盘是国家间对弈的实

---

① 〔美〕卡伦·明斯特、伊万·阿雷奎恩－托夫特：《国际关系精要（第七版）》，潘忠岐译，上海人民出版社，2018，第145～150页。

② 〔加〕阿米塔·阿查亚：《美国世界秩序的终结》，袁正清、肖莹莹译，上海人民出版社，2017，第9页。

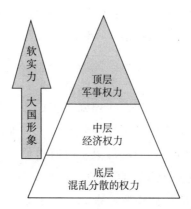

图 5 - 3　对约瑟夫·奈复杂三维棋类游戏的改进

体平台，对弈各国在平台上展示有形权力。在棋类游戏的对弈中，棋盘上的力量对比是必要不充分的。棋类游戏的有趣之处，不仅在于棋子攻守势头，往往还在于棋盘外的空间，即执局者的实力，假设对战双方相互熟悉且了解底细，棋类游戏的角逐集中在棋盘，但如果在比赛前告知参赛者，对手是国际象棋大师卡斯帕罗夫或者围棋大师聂卫平，那么棋局本身就没有太多的意义。而如果是在国际象棋的比赛中参赛者被提前告知对手是"深蓝"或者"阿尔法"[①]，那么多数的参赛者恐怕不会对胜利抱有任何希望，甚至可能会直接放弃比赛——这就是"大国"的无形权力。"大国形象"在国际体系中的巨大作用，一如冷战结束后的美国在国际体系中的地位，通过军事经济实力展现出的强大国家形象恫吓对手，达到"不战而屈人之兵"的目的。据此，在当今时代，以"大国"实力为基础构建"大国形象"或许是"大国"参与建设国际体系的最优途径。

三　选择构建"大国形象"路径的可行性

　　由上文对约瑟夫·奈的"复杂三维棋盘游戏"的比喻进行的补充可以

---

① "深蓝"电脑与世界排名第一的俄罗斯国际象棋大师卡斯帕罗夫共进行过两次比赛，1996 年卡斯帕罗夫 4 胜 2 负战胜"深蓝"，然而一年后的 1997 年，卡斯帕罗夫却以 1 胜 2 负 3 平的成绩输给了"深蓝"；"阿尔法围棋"于 2016 年以 4 比 1 战胜韩国围棋九段选手李世石，于 2017 年以 3 比 0 战胜排名世界第一的中国围棋九段选手柯洁。两次人类历史上的"人机大战"都以机器（人工智能）的最终胜利告终，一时间舆论认为在智力型棋类竞赛中，人类几乎没有可能战胜机器（人工智能）。

看出，选择以构建"大国形象"的路径参与国际体系建设的基础是具备"大国"实力，这是该判断可行的基础。当把这一判断中的"大国形象"降维到"国家形象"层面时，一国通过构建一个"强大"的"国家形象"或许在短时间内可以达到政治恫吓与军事欺诈的目的，但一国的真实实力最终会暴露出来，在同等的游戏规则下，敢于尝试采取冒险行动的国家会戳破伪装的"强大""国家形象"，并给伪装国带来不可估量的严重后果。一国采取这一路径的前提是，该国至少应当已经是"大国"、准"大国"或具备成为"大国"的基本条件。该路径的有效性在于，当该国的国家权力达到"大国"层次时，通过展示"大国形象"以展现"大国"实力并获得"大国"权力，同时避免采取战争行为等极端行动。构建"大国形象"参与国际体系建设的另一种可行性是，当今世界期待有一个不同于以往列强国家的"大国"出现，参与到当今国际秩序的建设中，将公平、正义等原则贯彻到新的国际体系中，以满足国际社会的需求——构建一种能够将世界需求与国家利益有机结合的"大国形象"或是解题之举。

第六章　世界大国构建大国形象的历史进程

从大国历史、存续状态及其影响力等方面进行考察，美国、苏联和中国较为典型。三者的考察分层推进，首先结合历史事实，按照重要历史节点或事件对三国构建大国形象的进程进行阶段性划分；其次依据各国每个历史阶段总结当时历史条件下的大国形象构建的具体内容，并分析该国当时的大国形象对该国本身及国际体系产生的影响，力图以历史为依据，研究其大国形象的超前性作用；最后分析各国在构建大国形象的历史进程中的成功经验与失败教训。

第一节　美国构建大国形象的历史进程

美国，全称为美利坚合众国（United States of America），是由华盛顿哥伦比亚特区、50个州和关岛等诸多海外领土组成的联邦共和立宪制国家。美国国土面积①937.7万平方公里，居世界第四位，人口3.3亿，居世界第三位②。美国是当今世界上唯一的超级大国，拥有世界第一的军事

---

① 有学者指出，国土面积数据对考察当今世界各国的国家整体实力、衡量国家大小的方法已经落后，相关学者建议将领土面积与领海面积进行综合考察，如美国领土面积约为937万平方公里，位居世界第四，领海面积却高达约1200万平方公里，位居世界第一，美国的领海面积展示出了强大的国家实力。

② 各国对世界国家的国土面积统计数据略有差别，尤其是当国家间领土存在争议时，各国会采取对本国有利的统计数据与统计口径，从而存在一定的争议。如中国公布的美国国土面积约为937万平方公里，英国公布的美国国土面积约为950万平方公里，而美国公布的美国国土面积约为963万平方公里，数字本身的差量并不巨大，但影响到世界国土面积的排名情况。如果按照中国或者英国的数据，美国国土面积稍少于中国，位于世界第四，如按照美国公布的数据，则美国国土面积稍多于中国，位于世界第三。人口数据则取决于各国的人口统计数据与对人口出生率、死亡率等数据的预测，总体上能够获得普遍认同。尽管各国在世界国土面积与人口总数两个数据及其排名上有一定的争议，但由于大国拥有的自然资源总量巨大，数据上的微小差异并不对大国的整体自然权力产生影响。

力量，尤其是海上军事力量。

一　殖民地时期的美国（1776 年以前）

在 1776 年 7 月 4 日英属北美洲的十三个殖民地联合签署《独立宣言》前，并不存在美国这个国家。但 1776 年前的历史不仅是美国历史的重要组成部分，也是美国建国历史的基础，本书将其称为前美国时代。或许当今的美国人并不愿意将 15 世纪以来欧洲人发现新大陆并在新大陆屠杀原住民开展殖民活动的历史纳入到美国历史中，欧洲殖民者的殖民活动和美国建国前反对英国殖民的独立运动之间是否存在相似性，这是本书研究的关注之一。1776 年前的历史形成了美国建国的精神支柱和理论支撑，对美国后来构建的大国形象起到了至关重要的作用，本书也从这一段历史中寻找历史事实以剖析美国精神形成的因素。

自 1607 年，英国公司在弗吉尼亚的詹姆斯敦建立了第一个永久居留地，到 1765 年英国颁布印花税法案遭到殖民地人民抵制，并成为独立战争导火索的 100 多年历史中，第一批到达北美的定居者其动机之一是希望逃离欧洲社会，尤其是逃离由国王、政府、教会以及贵族对他们生活的控制。但这一愿望在最初并没有彻底实现，尽管北美殖民地远离欧洲，但欧洲殖民者依靠武力实现着对北美殖民地的控制，尤其是在经济上的控制，力图使北美殖民地成为英国产品的倾销市场和税收来源。"有压迫，就有反抗。"[①] 北美殖民地人民对英国王室和英国政府相关税法的抗议与抵制就是重要表现之一。英国对北美殖民地的经济控制遭到了挫折，以印花税为例，该税法于 1765 年颁布，然而在 1766 年 3 月就因北美殖民地人民的反对抵制而遭到废除。英国随后颁布的唐森德税法也遭到了同样的待遇，1770 年后就被迫仅保留了对茶的征税。1773 年英国议会又颁布了茶税法。其主要目标是减少财政困难的英国东印度公司在其伦敦仓库中持有的大量茶叶，并帮助这家处境艰难的公司生存下去。一个相关的目标是削减非法茶叶的价格，这些非法茶叶通过走私渠道被运到英国的北美殖民地。这部法律规定殖民者应去购买东印度公司的那些已被征收过唐森德税的茶叶。

---

① 《毛泽东文集》第 8 卷，人民出版社，1999，第 384 页。

虽然唐森德税法所规定的税金和在殖民地收取的税收仍然有效，但是茶税法直接赋予了东印度公司将茶运往北美的权利和从英国免税出口茶的权利。针对这一税法，北美十三个殖民地的殖民者认识到该法案的规定所暗含的深意，于是一个由商人、走私者和工匠组成的联盟效仿 1765 年反对印花税法案的行动，动员反对茶叶的运输及流通。在这种情况下，东印度公司的授权承销人的生意受到了骚扰，在许多殖民地人们也成功地阻止了运茶船的登陆。这种群众的抵抗因波士顿倾茶事件达到高潮。1773 年 12 月 16 日，一群殖民者（一些人装扮成了印第安人的样子）登上了停泊在波士顿的商船，将东印度公司运来的一整船茶叶倾入波士顿湾。英国议会对于这件事采取了必要措施，包括通过了旨在惩罚马萨诸塞州的抵抗的《强制性法案》以及任命托马斯·盖奇将军（General Thomas Gage）为马萨诸塞州的总督。这些行动进一步加剧了当时的紧张局势，并最终导致了1775 年 4 月美国独立战争的爆发。

独立战争及前美国时期的诸多历史对美国大国形象构建产生了直接作用，并且这一时期的历史事件对未来美国的大国形象产生了深远影响。我们可以通过对两个问题的回答探究这种影响。

第一个问题是：前美国时期的殖民活动不仅是欧洲列强国（英国）对包括北美原住民（印第安人）和北美新移民在内的北美殖民地人民的殖民，而且是欧洲新移民对原住民以及奴隶的殖民。这就是说，北美洲的新移民既是被殖民者，又是殖民者，这种带有明显矛盾的身份属性对前美国时期的美国产生了什么样的文化或者观念上的影响？马克思对于这一问题有着明确的解释："自由殖民地的本质在于，大量土地仍然是人民的财产，因此每个移民都能够把一部分土地转化为自己的私有财产和个人的生产资料，而又不妨碍后来的移民这样做。这就是殖民地繁荣的秘密，同时也是殖民地的痼疾——反抗资本迁入——的秘密。"[1] 马克思将美国式的殖民地称为"自由殖民地"，同时也指明了，自由殖民地所反对的第一要务并不是政治上的殖民依附，而是经济上的独立与发展。这也能够解释，北美殖民地人民与欧洲殖民者之间爆发矛盾的中心问题是征税。因此，独立战

---

① 《马克思恩格斯文集》第 5 卷，人民出版社，2009，第 880 页。

争从这个角度上来看，其实是北美殖民地关于经济独立的战争，而非国家主权独立，后期美国建国等活动也是为了保证经济独立，将征税权力掌握在北美殖民者手中，同时阻止北美殖民地财富外流至欧洲，并且防止欧洲资本进入北美。而北美殖民者在反抗欧洲殖民斗争的同时，并没有放弃对原住民或者奴隶的殖民，这是因为，北美殖民者继承了欧洲殖民者的政治理念，并不认为强加在自己身上的不公正和强加在原住民以及奴隶身上的不公正是同等的概念，并且从更深层次的原因来看，正如马克思指出的"奴隶制是殖民地财富唯一的自然基础"①，"殖民制度宣布，赚钱是人类最终的和唯一的目的"。② 尽管北美殖民者在独立战争胜利后，其摆脱了被殖民的地位和身份，但并没有改变其殖民者的本质：北美殖民者关注的仅仅是自身的经济发展与财富积累，抵抗欧洲殖民者也不是为了独立和自由，因此并不关注道义上的正确，也不关注北美地区其他人的处境，这就为后来美国所构建的大国形象中的负面情况解释了原因。正如马克思在论述殖民地问题时一针见血地指出的那样："经营殖民地的历史，'展示出一幅背信弃义、贿赂、残杀和卑鄙行为的绝妙图画。'"③

　　第二个问题是：前美国时代的历史是否为美国后续的快速发展并成为世界大国奠定了基础？如第一个问题所述，前美国时期的独立斗争摆脱了英国殖民者在经济与政治上的控制，但并未改变美国殖民者进行殖民活动的本质。北美洲作为新的自由殖民地，"移民只须投很少的资本；主要的生产要素是劳动和土地"。④ 一方面，北美殖民地拥有广袤且尚未开发的土地，这是美国后来快速发展的自然资源基础，且这种自然资源基础只需要极少的投入就能够转化为自然权力，同时北美殖民地的殖民者从欧洲殖民者处取得的独立带来的直接成果是北美殖民者独享了北美的大片土地及其相伴而来的殖民地市场。北美殖民者也走上了欧洲殖民者的老路，"伟大的地理发现以及随之而来的殖民地的开拓使销售市场扩大了许多倍，并

---

① 《马克思恩格斯文集》第 5 卷，人民出版社，2009，第 880 页。
② 《马克思恩格斯文集》第 5 卷，人民出版社，2009，第 864 页。
③ 《马克思恩格斯文集》第 5 卷，人民出版社，2009，第 861 ~ 862 页。
④ 《马克思恩格斯文集》第 7 卷，人民出版社，2009，第 761 页。

且加速了手工业向工场手工业的转化"。① 另一方面，美国走向殖民扩张的路径，"殖民制度大大地促进了贸易和航运的发展"，"殖民地为迅速产生的工场手工业保证了销售市场以及由市场垄断所引起的成倍积累"。② 也正是由于贸易和航运的发展产生了世界贸易，"殖民地造成了世界贸易，而世界贸易则是机器大工业的必不可少的条件"。③ 美国的有形权力（经济）获得了长足进步。

基于对以上两个问题的分析，在前美国时代的北美殖民者确立了美国立国的基础，即以北美十三个殖民地大面积土地和大量人口为基础的自然权力，以经济独立、殖民贸易带来的经济快速发展及为保护其经济利益而产生的军事能力为代表的有形权力。前美国时期的斗争为美国形成大国形象奠定了基础，这一时期的美国所反映出的大国形象是以独立和自由为核心价值观及外在体现的大国形象。尤其是对英国进行的独立战争的胜利，通过打败日不落帝国为其争取到了进入世界体系的门票。但应当注意的是，受到当时世界殖民活动及现实主义思想的限制，前美国时期的殖民地活动为美国成为大国奠定了基础，其所带有的殖民惯性并没有受到太多的诘难。但是，前美国时期确立的相关制度为后来美国的大国形象带来了灾难，如黑人制度、种族矛盾等。

二 "美国梦"时期的美国（1776 年至 1991 年）

这一时期的美国取得了独立战争的胜利，作为一个独立国家走向国际舞台，并且稳步朝着大国的方向前进。从自然权力和有形权力来看，1776年，北美十三个殖民地脱离英国控制宣布独立，国土面积仅 80 万平方公里，成为今天美国的雏形。但初生的美国并未得到英国承认，经过艰苦的斗争，直至 1783 年签署《巴黎和约》后，才获得了英国的承认，并从英国手中取得了 100 多万平方公里土地，此时的美国国土面积约 230 万平方公里，仍不足以满足美国成为大国的需要。1789 年美国联邦政府成立，

---

① 《马克思恩格斯文集》第 3 卷，人民出版社，2009，第 553 页。
② 《马克思恩格斯文集》第 5 卷，人民出版社，2009，第 864 页。
③ 《马克思恩格斯文集》第 10 卷，人民出版社，2009，第 49 页。

并立刻走上领土扩张的道路，与欧洲帝国主义国家不同的是，美国除了动用战争征服的方式兼并土地，还通过购买的方式获得了大面积领土。1803年，美国利用当时法国军事失败、资金紧张的机会从强大的拿破仑手中以8000万法郎（当时约1500万美元）的价格获得了今天美国中西部地区约260万平方公里的土地。在随后的1819年，美国用战争、骚扰及谈判等手段以500万美元的价格逼迫西班牙殖民者将今天美国佛罗里达地区约15万平方公里的土地卖给自己。通过与法国及西班牙的两项交易，美国在不到20年的时间里，领土面积扩大了1倍有余，为美国成为大国奠定了坚实的基础。接着，美国又相继通过策反与威胁的方式以极小的代价从墨西哥和英国手中得到了得克萨斯和俄勒冈地区①，美国领土从大西洋沿岸扩展到太平洋沿岸。墨西哥战争之后，美国实际控制的领土面积已是1783年的2倍有余。这样的国土面积已经超过了当今世界上绝大多数主权国家的领土面积。但是，美国的扩张道路并没有停止，并很快在1867年以一种"天上掉馅饼"的方式从克里米亚战争爆发后的俄国手中获得了阿拉斯加②的广阔土地。19世纪末，美国还通过战争等许多方式获得了太平洋上的一些岛屿，如夏威夷等。这样，美国在100多年中，以仅仅5000多万美元的代价夺取了相当于独立初期3倍多的领土。领土扩张对美国的资本主义发展和今天"超级大国"地位的形成具有重要的作用。

美国在建国初期快速扩张的领土范围成为实质上带有主权性质的美国国土面积，这就与英国法国等国在殖民时代拥有大量殖民地形成了鲜明对比，也带来了近代以来国家实力与地位的区别。尽管美国的领土扩张于1812～1815年第二次独立战争③失败后暂时停止了，但美国已经形成的三

---

① 美墨战争使美国获得了原本属于墨西哥的大半领土，笔者认为，这场不正义战争对美国的长远意义主要在于，美国通过战争等方式解除了墨西哥成为美洲大国的可能性，弱小的邻国使美国南部拥有了相对安全的条件，为美国的大国之路进一步奠定了基础。

② 美国获得阿拉斯加具有重大意义，一方面大面积增加了美国的领土，另一方面，阿拉斯加储量巨大的天然气和原油为美国提供了大量战略资源，更为重要的是，阿拉斯加的并入，使美国在近年来的北极圈争夺战中拥有了话语权。

③ 美国第二次独立战争实际上是一场不正义的殖民地争夺战，这场战争中，美国惨败，首都华盛顿沦陷。这场战争中止了美国的领土扩张步伐。美国历史学家及美国民众对这场战争进行了选择性的遗忘。

面临海的国土范围为其奠定了强大的自然权力基础,远离欧洲和其他大国的地理位置也为其提供了绝佳的安全条件。美国的扩张过程伴随着美国经济与军事的快速发展,连恩格斯都对美国的发展表示肯定:"美国在不到10年的时间内建立了工业","如果说有一个国家能够把工业垄断权夺到自己手中,那么这就是美国"。① 逐渐发展强大的美国,很快步入列强行列,形成了强大的有形权力。但美国的权力输出形式与英国、法国等并没有区别,狂热地参与到了对世界殖民地的争夺与划分中去。一个基本的史实是:"1837年,中国对美国的出口额超过美国对中国的出口额约86万英镑。在1842年条约订立以来的时期中,美国每年平均得到200万英镑的中国产品。"② 美国不仅参与了对世界殖民地的划分,而且不断挑战着英国的世界大国和世界霸主地位。"发展最快的还是美国,其速度甚至对这个进展神速的国家来说也是空前的;而我们不要忘记,美国当时只是一个殖民地市场,而且是最大的殖民地市场,即输出原产品和输入工业品(当时是英国的工业品)的国家。"③ "尤其是美国,这些可怕的敌手,它们如同我在1844年所预见的那样,正在日益摧毁英国的工业垄断地位。它们的工业比英国的工业年轻,但是其成长却迅速得多,现在已经达到与1844年英国工业大致相同的发展阶段。"④ 美国逐渐成为经济与军事上的强大国家。在随后的一段历史中,美国经历了南北战争,维持了国家的统一。在美国内战中,林肯总统签署的《解放宣言》,在政治上解放了黑人奴隶,打破了奴隶制对美国后期发展的束缚,赢得了国际声誉,但种族问题并没有就此消失,并依旧对当代美国的大国形象产生着负面影响。在随后波及世界的第一次世界大战中,独特而极具优势的地理位置使美国本土免受战火侵袭,因此保存了实力。这与后来的第二次世界大战情况相同。两次世界大战中的西方大国遭受的波及情况明显不同,使其实力对比出现变化,美国成为世界大国。第二次世界大战后,世界进入了冷战的两极格局。这一时期,美国建立了"美国的世界秩序",并成为西方国家的领头

① 《马克思恩格斯文集》第1卷,人民出版社,2009,第495页。
② 《马克思恩格斯文集》第2卷,人民出版社,2009,第640页。
③ 《马克思恩格斯文集》第1卷,人民出版社,2009,第366~367页。
④ 《马克思恩格斯文集》第1卷,人民出版社,2009,第369页。

羊，美国的国际声誉和影响力进一步提高。

在这一时期，美国的大国形象不仅是基于建国时传递的独立的与自由的，而且是逐步强大的。在这一时期，美国人崇尚的核心价值观是"美国梦"，正如在建国以后的历史中，美国并没有遭受太多实质性的失败一样，美国人在个人生活中也认为在美国这样一个国家，只要通过个人努力，就能够"白手起家"实现物质富裕的美国梦，这种实现美国梦的信心源于美国所创建的大国形象，即向美国人和世界其他地区的人（主要是欧洲移民）宣布，只要在美国，就可以成功。这种价值观体现出了强大的美国大国形象。

尽管这一时期，美国的军事科技实力快速提升，开始在各领域引领世界潮流和发展方向，如 1879 年爱迪生发明了电灯、1903 年莱特兄弟发明了飞机、1945 年发明了原子弹、1952 年发明了氢弹、1958 年发射人造卫星、1969 年登月成功等，美国成为首屈一指的世界大国。美国在这一时期构建的大国形象基本是成功的，并且得到了世界的肯定和基本拥护。其成功的经验在于，以独立、自由等作为普适价值观凝聚了国内人民，巩固了自然权力，并且成功吸引了世界其他国家的目光与追随。同时美国在这一时期的实践中，始终保持着经济、军事等方面实力的快速提升，掌握了强大的有形权力。两者共同构成了美国的大国权力，并且形成了美国的大国形象。这种大国形象不仅是强大的，更是有感染力的。

但这一时期的美国仍然有许多不安定因素，并产生了严重影响。从历史上来看，美国在这一时期成为世界大国，并创建了以"美国梦"为核心价值观的大国形象，但历史埋下的隐患会因历史条件的变化而爆发，并摧毁美国人引以为豪的大国形象。

三　超级霸权时期的美国（1991 年以后）

冷战结束后，美国成为世界上唯一的超级大国，并开启了自由霸权主义的大国形象。由于失去了对手，美国成为国际关系领域中无政府状态的终结者，世界进入单极时刻。但与理论家们的预测不同的是，美国并没有成为实际上世界体系的守护者，而成为世界体系的破坏者，或者说是世界追求和平、独立、自由的阻碍。美国在自由霸权主义理念下，依旧是美国利益的忠实代表。对美国而言，世界上不存在不同于美国的价值观及实践方式，如果有，也一定是不正确的。因此，美国在超级霸权时代的实践所反映出的价值观是非正义的，这也与本书所探讨的"大国形象"的价值内涵不符。对于这种情况，我国学者认为其原因在于："美国民众预设了一个前提，那就是如果全世界人民都拥有自由、民主、和平等普适价值，那么他们就接受并理解美国，然而事实并非如此。可以给他国留下最直接印象的并非美国优秀的价值观和社会制度，而是美国的对外政策，美国在国际上的行事风格经常引起其他国家的反感甚至憎恶。因此，只宣传价值观，而不反思其基本外交政策，很难改变其糟糕的国家形象。""美国在推行公共外交塑造国家形象时，带有强烈的单方面输出民主的意愿，这种一厢情愿式的'救世主'姿态并不会得到所有人欢迎。""美国从建立之初起，就带有强烈的制度优越感，将自己设定为山巅之城，具有将先进价值观和社会制度引入落后世界的天赋责任。但在实际操作中，由于美国过度迷恋自我而忽略了与对方国家的沟通，居高临下的态度使受众国家产生误解甚至抵触的情绪。"[①]

尽管在当前的国际体系中，通过国家实力挑战美国霸权的可能性微乎其微，但正与美国在两次世界大战期间成为大国并且建立大国形象的历史条件相似，美国的国家实力出现下滑，美国所表现出的一些情况展示出了美国的衰落。相对实力的变化使世界其他国家增强国家权力出现可能。在这一时期，美国构建大国形象的历史既有成功经验，也有失败教训。成功的经验在于，当世界各国走出冷战的阴影时，美国的成功为其提供了一定的参考，尤其是美国展现出的强大实力使其核心价值观具有说服力。当世界需要一种方案时，美国适时给予了参考。失败的经验在于，美国增强并维护国家实力的方式是带有霸权性质的，世界各国深受其害。

第二节　苏联构建大国形象的历史进程

苏维埃社会主义共和国联盟，简称苏联（CCCP），是由世界上第一个

---

① 汲立立：《美国国家形象的构建对中国的借鉴意义》，《长春市委党校学报》2018 年第 2 期。

社会主义国家政权——俄罗斯苏维埃社会主义共和国与乌克兰、白俄罗斯等其他 15 个加盟共和国组成的，自 1922 年到 1991 年，苏联共存在 69 年，其存在时期是世界上领土面积最大的国家，人口居世界第三位。

一　开创历史的苏联（1917 年至 1922 年）

俄罗斯苏维埃联邦社会主义共和国的前身可以追溯到俄罗斯帝国。俄罗斯帝国是当时欧洲传统强国和世界列强之一，其领土面积、人口数量及自然资源使其具备强大的自然权力，同时，俄罗斯帝国参与反法同盟，并成为战后神圣同盟的领导者，具备一定的有形权力与无形权力，这些都为其成为世界大国提供了可能，但这种可能并没有在俄罗斯帝国实现，其经济、政治等方面的落后导致了军事上的失败，使其失去了重要的有形权力，其国家形象也因此遭受挫折。19 世纪中期，俄罗斯帝国为争夺巴尔干半岛的控制权同英国、法国等国爆发了克里米亚战争①，历史学家普遍较为认同俄国落后的农奴制度所导致的俄国经济、社会及工业状况相对落后于欧洲其他强国是该战争失败的主要原因。正如列宁对该事件的评价："克里木战争显示出农奴制俄国的腐败和无能。"②

和美国建国的历史不同，尽管俄国当时的经济问题也极其严重，但经济问题所导致的政治问题（阶级冲突）也是其被推翻的重要原因，对这一段历史的考察有助于我们理解苏维埃社会主义共和国联盟的诞生及其后来大国形象构建的历史进程。俄国进行农奴制度改革后，大量农民进城，形成了体量庞大的工业无产阶级，同时，在农村土地私有化的过程中出现了严重的两极分化，因而产生了新兴地主阶级和无地（少地）贫农阶级，这也导致俄国社会矛盾逐渐尖锐，政治运动逐渐兴盛，俄国社会出现了多个主张改革（革命）的党派，如 1898 年，列宁领导成立的社会民主工党和 1902 年成立的主张暴力革命的社会革命党。后者于 1902 年 4 月暗杀了内务大臣西皮亚金③。列宁领导的社会民主工党基于当时俄国社会的现实情

---

① 即上文俄国向美国出售阿拉斯加的同场战争。
② 《列宁全集》第 17 卷，人民出版社，1959，第 103 页。
③ 西皮亚金是皇帝专制幻想的强力支持者，而历史已经告诉我们，封建君主专制已经行不通了。

况及革命运动的发展情况并不赞同社会革命党的行为。当时的《火星报》评论道:"假如这个运动变成了恐怖主义的,那么它便会因此损害自己本身的力量。这种振奋不会维持很久,而且同工人们亲自直接参加街头群众运动所产生的振奋是根本无法相提并论的。"① 同时,群众运动目前"参加的人较少,参加者没有对当局进行有组织的反抗",因此要继续"在工人阶级中间进行鼓动"②。西皮亚金被暗杀后,极端保守的普列维③接任内务大臣,俄国社会矛盾进一步激化。1904年,日俄战争爆发,俄国战败。同年7月,普列维被社会革命党暗杀。1905年,沙俄皇帝对圣彼得堡工人的罢工游行进行血腥镇压。1914年,俄国参与第一次世界大战。1917年,二月革命爆发,俄罗斯帝国灭亡,俄罗斯共和国成立。通过对历史的梳理可以得出,一方面,经济、军事、政治全面落后的俄罗斯帝国不仅在其末期失去了领土,也失去了人心,其自然权力与有形权力遭受了无法挽回的损失;另一方面,先进的革命力量与封建的沙皇统治的不断斗争也逐步击碎了俄罗斯帝国的国家形象——历史已经将俄罗斯帝国推向了灭亡。1917年,列宁领导的"十月革命"取得胜利,成立了人类历史上第一个社会主义国家——俄罗斯苏维埃联邦社会主义共和国。

历史翻开新的一页,俄罗斯苏维埃联邦社会主义共和国继承了俄罗斯的领土、人口、资源等自然权力,并以一种全新的、先进的政治理念指导新生国家开启了大国实践,为苏联进行大国形象的构建奠定了基础。1922年,列宁建议各苏维埃共和国按平等自愿原则加入苏联,得到了各国热烈响应与支持。1922年12月30日,苏联第一次苏维埃代表大会召开,并通过了苏联成立条约。苏联的成立是人类历史上具有突破意义的创举,社会主义政权的建立不仅使马克思主义的理想成为现实,而且也实践了"在不

---

① 〔俄〕普列汉诺夫:《跨进20世纪的时候:旧〈星火报〉论文集》,王荫庭等译,东方出版社,1998,第42页。
② 〔俄〕普列汉诺夫:《跨进20世纪的时候:旧〈星火报〉论文集》,王荫庭等译,东方出版社,1998,第42页。
③ 沙皇的秘密警察头目,主张暴力镇压革命,其观点是:"我们需要的不仅仅是强硬,还有残酷。"

发达国家首先发生社会主义革命的历史必然性"[1]：马克思恩格斯在1848年发表的《共产党宣言》中，以唯物史观为方法得出了资本主义必然灭亡、共产主义必然胜利的"两个必然"的结论。1859年，马克思在《〈政治经济学批判〉序言》中又进一步提出："无论哪一个社会形态，在它所能容纳的全部生产力发挥出来以前，是决不会灭亡的；而新的更高的生产关系，在它的物质存在条件在旧社会的胎胞里成熟以前，是决不会出现的。"[2] 苏联的历史实践对这一观点进行了回应，社会主义政权不仅建立了，而且自建立之初就展现出了作为整体的强大实力。苏联不仅拥有当时世界上最大的国土面积，也拥有强大的军事实力，一个社会主义大国的形象就此展现在世人面前。但苏联成立的过程和早期的实践也反映出一些问题，如社会主义政党的内部团结、社会主义政党的党内民主以及社会主义领导人的个人风格等，这些都成为影响苏联大国形象的不稳定因素，历史也证明，即便是在苏联全盛时期，这些问题也严重影响着苏联的大国形象。

二 全盛时期的苏联（1922年至1991年）

列宁去世后，斯大林领导苏联进行大规模的工业化建设，使苏联成为工业强国与军事强国，同时也是欧洲第一、世界第二的经济强国。这一时期，苏联朝着大国的目标不断奋进，国家实力快速提升。但应当指出的是，在这一时期，苏联的农业发展相对滞后，其自然权力的巩固相对落后于有形权力的发展。但总体来看，苏联在这一时期快速具备了与其领土、人口等自然权力相匹配的有形权力，使苏联的大国基础得到了稳固，国家形象也得到了提升。

需要指出的是，苏联的大国形象在第二次世界大战期间经历了一定的曲折发展。一方面，作为反法西斯同盟的苏联在战争期间顽强作战，尤其是在1942年莫斯科保卫战中取得胜利，击垮了德军不可战胜的神话，并

---

[1] 刘书林：《在不发达国家首先发生社会主义革命的历史必然性与中国特色社会主义道路自信》，《世界社会主义研究》2018年第5期。

[2] 《马克思恩格斯选集》第2卷，人民出版社，2012，第3页。

在 1943 年，获得斯大林格勒战役的胜利，掌握了战场主动权，塑造了苏联的大国形象——一个坚持正义、勇敢并且顽强的社会主义大国；但另一方面，由于受到大国沙文主义等各种主客观因素的影响，苏联在战前与德国秘密签订了《苏德互不侵犯条约》，并在战争爆发初期，侵占兼并了多个东欧国家，对苏联的大国形象产生了不良影响。

第二次世界大战结束后，苏联在斯大林的领导下快速完成了战后的经济恢复，继续推进社会主义建设，成为世界大国，并开启了与美国争霸的冷战历史。在这一时期，苏联成功试爆了原子弹，并主导成立了华沙条约组织，其大国实力进一步提升，具备强大的经济、军事、政治实力，不仅使社会主义政权稳固地存在，形成了社会主义大国形象，而且感召了世界其他国家的先进分子建立起多个社会主义国家；不仅使国际共产主义运动高涨起来，而且使资本主义国家的先进知识分子加入到了追随社会主义的浪潮中，尤其是在法国，毕加索、福柯等先进知识分子及社会名人纷纷加入了共产党，苏联成为他们心中人类未来美好形态的代表，苏联呈现给世界繁荣、文明、强盛的大国形象。最重要的是，这一时期的苏联，展现出了人类未来国际体系格局及国家形态的未来形象，成就了全盛的苏联大国形象。

正如前文所述，苏联党内存在的团结与民主问题以及领导人作风等问题是苏联构建大国形象的重要隐患。斯大林逝世后，赫鲁晓夫进行了"去斯大林化"。1956 年，赫鲁晓夫在苏共二十大上作了反对斯大林的秘密报告，这不仅对苏联的稳定发展产生了极其严重的影响，而且也引发了社会主义盟国的政治动荡，破坏了苏联的大国形象。如前文所述的，以福柯为代表的一大批法国优秀理论家、文学家、艺术家等受到共产主义感召，在第二次世界大战后加入共产党并成为共产党员，但在赫鲁晓夫"去斯大林化"的过程中，逐渐对社会主义和苏联产生了极度失望与厌恶，他们纷纷退出了共产党，苏联的大国形象遭受严重打击。但应当指出的是，赫鲁晓夫对苏联的贡献也是明显的，赫鲁晓夫执政期间十分重视苏联经济发展不协调的问题，对苏联的社会主义建设进行了调整，加强了农业与轻工业的发展，并且极大地促进了苏联以尖端科技（人造卫星、载人航天等）为代表的国家实力的快速提升，极大地增强了苏联的有形权力。

赫鲁晓夫之后的苏联领导人对苏联大国实践的成功经验与历史教训进行了较为客观的总结，并着手从政治、经济等方面进行了一定程度的改革，但受内外因素限制，苏联的改革之路并不一帆风顺，在一定程度上出现了曲折与反复。如勃列日涅夫时期的改革，建立起了集体领导体制，结束了"去斯大林化"，稳定了苏联的政治局面。勃列日涅夫主政期间提出了"发达社会主义"理论，实施了一系列"新经济体制"措施，苏联经济社会一度快速发展，成为与美国并驾齐驱的大国，综合国力达到顶峰，并在70年代末期基本完成了城市化进程。这一时期，苏联成为经济实力世界第二的经济大国。同时，苏联与美国的军备竞赛也呈现白热化的态势，苏联的军事实力比肩美国，成为世界军事大国。但庞大的军费开支与外援压力造成了严重的经济后果，国民生活水平急剧下降，苏联人民对社会主义的信心受到了冲击，尤其是勃列日涅夫时期未能够抓住科技革命的机遇，苏联的发展相对滞后了；安德罗波夫调整了苏联的改革道路，提出了"发达社会主义起点"的理论，缓解了前一时期困难的国民生活，同时大力整肃党的纪律，防止腐败，得到了苏联人民的欢迎与支持。安德罗波夫的改革之路也对苏联巩固大国地位、构建大国形象起到了十分积极的作用，其继任者契尔年科继续贯彻了其内政外交的基本政策，并继续推进改革，加强了对苏联经济体制的改造。但与安德罗波夫一样，契尔年科在任时间也比较短暂，他的很多改革措施并未来得及彻底实施。这一时期后，苏联陷入了政治经济体制与社会管理模式的凝固僵化，社会矛盾加深，严重影响了苏联的大国地位，尤其是僵化模式导致的社会矛盾使苏联民众对共产党的信心产生了动摇，威胁苏联共产党的执政地位与苏联的国家发展，因而也导致苏联社会主义大国的国家形象受到了挫折。

被给予改革希望的戈尔巴乔夫接任苏联领导人后，立即开启了苏联的"全面改革"。在其"加速战略"的经济改革失败后，立即转向"公开性和多元化""民主化、多党制"的政治改革，推行"人道主义、民主的社会主义"等"新思维"，但其改革方向是错误的，导致了苏联共产党领导地位的削弱、社会的失控、民族分裂等严重后果。由于未能正确处理调整改革与坚持社会主义方向的关系，引发了苏共党内和苏联社会的思想混乱，并最终在"历史合力"下出现了苏联解体的历史悲剧，作为大国的苏联不复存在，苏联的大国形象也宣告崩塌。

三 成为历史的苏联（1991 年以后）

由于在戈尔巴乔夫时期，苏联共产党放弃了马克思主义的指导地位、放弃了党的领导地位、放弃了党的各级组织、放弃了党对新闻舆论的领导权，尤其是放任西方敌对势力对苏联的演变与颠覆，最终导致了东欧剧变和苏联解体。① 1991 年 12 月 26 日，苏联最高苏维埃自行解散，苏联解体。

反观苏联存在的历史，其在不同阶段展现出了先进的、文明的、强大的大国形象，但苏联在大国形象构建中的主要问题在于：一方面是经济原因，苏联重视军工业、重工业，忽视轻工业、农业，导致其国内经济发展极不平衡，经济实力未能与其大国地位相匹配，过多的资源倾斜到军事建设上而忽视了人民生活的改善。尽管其军事实力始终保持在一流水准，并形成了强大的有形权力，但这种权力是不均衡不稳定的，也因过分强调军事，使人民生活面临困境而失去了人心，其自然权力也被瓦解。另一方面，苏联构建大国形象之初就不同于以往的任何西方国家，苏联以实践实现了马克思主义理论的预想，成为世界上第一个社会主义大国，也获得了世界上很多国家和先进知识分子的拥戴，但苏联成也政治，败也政治，糟糕的党内民主、残酷的党内斗争以及大国沙文主义倾向，不仅破坏了苏联共产党的党内团结，削弱了苏联共产党的战斗力，也为其大国形象蒙上了阴影。

第三节 古代与近代中国构建大国形象的历史进程

对当代中国构建大国形象这一课题展开研究前，有必要对古代和近代中国的历史进行细致考察，并总结其成功经验与失败教训。一方面，中华

---

① 《国际共产主义运动史》，人民出版社、高等教育出版社，2012，第 358～370 页。

文明作为世界古文明有着悠久的历史，并且中华文明是人类历史上唯一没有中断过的文明，这一历史事实说明中华文明具有其独特的思想魅力与先进性，能够为构建当代中国大国形象提供有益参考；另一方面，中国古代建立的各个王朝为人类历史提供了丰富的历史参考，也对世界历史中的其他行为体产生了影响，这是本书将中国古代纳入世界体系考察的根据。同时，研究任何客体都不能摆脱其客观存在的条件及历史，构建中国的大国形象也应当从中国的历史实践入手。

一　古代中国的历史经验

中国古代历史可以上溯到公元前 2000 年的夏商周时代，这是中国作为文明存在的起点。福山认为研究中国的国家构建历史应当从古代中国的周朝开始，他认为：“我们现在所理解的现代国家元素，在公元前 3 世纪的中国业已到位。”[①] “东周时期，真正的国家开始在中国成形。它设立常备军，在界定领土内实行统一规则；配备官僚机构，征税执法；颁布统一度量衡；营造道路、运河、灌溉系统等公共基建。”[②] 但周朝只是名义上的统一，就完整的国家意义而言，中国的国家建构历史应当从公元前 221 年秦朝[③]统一六国开始，熊铁基指出：“中国古代的国家观是一种天下观……与此相关的是民族观……先秦时期在地域概念上发展起来的……后经夏、商、西周，这个中心民族不断扩大。”[④] 福山也同时指出：“中国西部的秦孝公和谋臣商鞅，奠定了一个真正的现代国家。秦始皇征服所有对手，建立统一国家，并将秦首创的制度推向中国北方的大部，国家巩固由此告成。”[⑤] 秦朝对于中国国家及国家形象的构建做出了重要贡献：首先

---

① 〔美〕弗朗西斯·福山：《政治秩序的起源——从前人类时代到法国大革命》，毛俊杰译，广西师范大学出版社，2014，第 19 页。

② 〔美〕弗朗西斯·福山：《政治秩序的起源——从前人类时代到法国大革命》，毛俊杰译，广西师范大学出版社，2014，第 109 页。

③ 秦始皇修建了中国历史上第一个长城，秦长城的意义一方面是打通了统一疆域内原各国的隔阂，另一方面是在事实上与北方民族确定了疆域范围，在当时可以被称作一种朴素的“国界”。

④ 参见周明伟主编《国家形象传播研究论丛》，外文出版社，2008，第 258 页。

⑤ 〔美〕弗朗西斯·福山：《政治秩序的起源——从前人类时代到法国大革命》，毛俊杰译，广西师范大学出版社，2014，第 112 页。

是"书同文",统一的国家范围内采取同一种书写文字,打通了文化交流的障碍,为中华民族奠定了强大的共同基因,并搭建了文明交流延续的平台与中介;其次是"车同轨",在统一国家内修建标准一致的驰道,打通了国家交通动脉,不仅有助于巩固军事实力、维护疆界安全,而且促进了疆域内的交流融合;最后是"行同伦",秦朝延续并扬弃了周朝以来的社会制度及观念思想,为中国人奠定了行为规范。在这一基础上,秦确立了古代中国第一个真正意义上的国家形态,并且建立了强大的中央集权,构建了东方强国的国家形象。

汉朝继承了秦朝强大的军事传统,也吸取了秦朝灭亡的历史教训,一方面对外征服,抵抗入侵,另一方面内修政治,促进社会经济发展,提高了人民生活水平,成为历史上的"强汉"。汉在古代中国国家形象构建中的三个巨大贡献在于:一是汉朝将儒家思想作为治国理政的基本指导,这也多为后代王朝所采用,"中国传统文化历来把形而上的理性追求和形而下的务实理性有机统一起来",并且具有"内圣外王结合、行上与行下统一、理想与务实两顾的文化特点"。① 这也形成了中华民族基因中的潜在成分,给自汉朝以后的中国构建大国形象注入了民族文化基因。二是汉朝派遣使者出使西域,开启了中国历史上最早的国家外交实践。三是打通了"丝绸之路",以对外贸易联系起沿线国家,建立起贸易和外交关系,"因为运往西方的货物主要是丝和丝织品,所以后来把这条路称为'丝绸之路'"。② 丝绸也成为很长一段时间以来中国国家形象的代言词之一。这一时期,中国成就了强大而富裕的国家形象,并且通过汉武帝在汉朝鼎盛时期的外交实践,在政治文化意义上,成就了中国的世界秩序,正如费正清所说的:"他们关心的是建立和维护中国人的世界秩序,这一秩序是由中国中心论来确定的。"③ 就汉朝所在的时期而言,中国已成为当时的世界大国,并且成为东亚地区国力强盛且极具号召力的宗主国,开启了中国"天朝上国"大国形象的先声,这一大国形象在后续的唐朝得到了进一步

① 金民卿:《传统文化中的道德养成路径及其当代价值》,《中国文化研究》2014年第4期。
② 郭沫若:《中国史稿》(第2卷),人民出版社,1995,第390页。
③ 〔美〕费正清:《中国的世界秩序:传统中国的对外关系》,杜继东译,中国社会科学出版社,2010,第22页。

的加强和巩固。

唐朝是中国历史上又一个鼎盛时期，"开元盛世"与"贞观之治"对中国的大国形象产生了极大的影响，中国的无形权力也产生了巨大的作用。一方面，在这一时期，中华文化对外输出强劲，对广大东亚地区产生了巨大的同化作用，也为今天我们所说的中华文化圈的形成奠定了基础。当时，包括日本在内的东亚国家产生了强烈的"中国热"，在社会制度、建筑风格等方面极力效仿中国。此时的中国大国形象不仅是强大的、富裕的，而且是开放的、包容的，唐朝接受了各国"遣唐使"来中国学习，其盛况犹如 20 世纪末期至 21 世纪初期各国学生前往美国留学。另一方面，在这一时期，中国对外开放达到了中国古代历史中的顶峰，中国的大国形象是自信的，正如鲁迅先生评价："那时我们的祖先们，对于自己的文化抱有极坚强的把握，决不轻易动摇他们的自信力；同时也对于别系的文化抱有极恢廓的胸襟与极精严的抉择，决不轻易的崇拜或轻易的唾弃。"①"凡取用外来事物的时候，就如将彼俘来一样，自由驱使，决不介怀。"②这一时期的中国兼收并蓄、博采众长，中华文化的影响力也进一步扩大。唐朝时期中国版图进一步扩大，中国的"丝绸之路"也进一步发展，成为中国联系外界的重要中介。这一时期的中国被称为"大唐"，可以被称为世界文明的中心，以中国为中心、以中华文化为媒介及体现的中华文化圈基本形成，这种大国形象的影响力超越了主权范围、超越了国家范围，并且成功地预防了战争，维持了中华文化圈内的持久和平。直至"安史之乱"导致唐朝灭亡，宋朝建立起来，中国的大国形象急转直下。

宋朝在中国古代历史上的军事实力是比较弱的，因而有了"强唐弱宋"的说法，宋朝在军事上的不断失利使中国的大国形象受损严重。但这一时期的中国，经济实力与科技实力急剧上升，宋朝商业发达，并且重视海上贸易。黄仁宇经过考证指出："现有的书籍每说到宋朝，总离不了提及公元 1021 年的国家收入总数为一亿五千万，每一单位代表铜钱一千文。其原文出自《宋史·食货志》会计部分，但文内并未提到此统计之性质。

---

① 孙伏园：《鲁迅先生二三事》，湖南人民出版社，1980，第 23 页。
② 《鲁迅全集》第 1 卷，花城出版社，2021，第 102 页。

然而根据当日折换率，以上总值黄金一千五百万两至一千八百万两之间，粗率地以今日美金四百元值黄金一两计算，则上数相当于美金六十亿至七十亿。当时全世界没有其他场所，国富曾如此大数量地流通。"① 如此庞大的财货流通，在世界上也是绝无仅有的。宋朝强大的商业催生了银行业的革命，早期的纸币出现了。宋朝还出现了中国最重要的三大发明：活字印刷术、指南针与火药。这三项发明不仅改变了中国，更改变了世界。正如马克思所说："火药、指南针、印刷术——这是预告资产阶级社会到来的三大发明。火药把骑士阶层炸得粉碎，指南针打开了世界市场并建立了殖民地，而印刷术则变成新教的工具，总的来说变成科学复兴的手段，变成对精神发展创造必要前提的最强大的杠杆。"② 在这一时期，中国在数学、天文、历法、地质、医学等领域都取得了领先世界的成就，这也为中国后来的发展奠定了基础。这一时期的中国，虽然弱，但依旧是世界上富裕的国家。

元朝时期的中国则体现出与宋朝截然相反的大国形象，这一时期具有重要影响力的事件之一是马可波罗到访中国，他的游记记录了强大富裕的中国形象，并传播向全世界。但元朝在历史上最大的影响是，能征善战的蒙古民族创造了其历史上最大的领土范围，从疆域上变成横跨亚欧大陆的超级大国。但元朝的征战不仅有胜利，也有失败，长期征战给周边国家带来了灾难，大大削弱了中国由汉唐以来建立的中华文化圈的威信力和影响力，也使得人民苦不堪言，最终导致了元朝被推翻。

明朝建立之后，不断树立中国"文明之邦"的大国形象，并且扩大了中国的影响力。郑和下西洋的历史中，中国组建了世界上最强大的海军舰队，但不同于西方国家的海上行动，中国的远洋行为并没有殖民色彩，也不带有过多的经济目的，重要的是"执行皇帝的旨意：向西洋诸国炫耀中国的富强和武威，并以恩威并举的方法使这些国家臣服于中华帝国，同时在朝贡的名义下与中国进行经贸往来"③。这一时期的经贸往来并不是平等的，更不是带有掠夺性质的，而是"厚往薄来"的。这也造就了中国

---

① 黄仁宇：《中国大历史》，生活·读书·新知三联书店，2008，第192页。
② 《马克思恩格斯文集》第8卷，人民出版社，2009，第338页。
③ 周明伟主编《国家形象传播研究论丛》，外文出版社，2008，第277页。

"天朝上国"的大国形象，尽管这一形象在后来的历史中被反复证明是一种自大的臆想，但在当时确实让中国成为一个具备海上实力的大国，并且产生了受人尊敬的大国形象。

清朝统治者延续前朝的做法，建立了中国"天朝上国"的大国形象，并且继续坚持"怀柔远人、厚往薄来"的大国风格。随着世界整体发展与中国停滞不前产生的国家实力（文明程度和社会形态）对比，这种依靠观念上过度自信建立起来的大国形象，随着枪炮声的到来，被轻易地打碎了。

二　近代中国的历史教训

随着列强的坚船利炮轰开中国国门，长期闭关锁国的中国在直面世界后，其几千年来建构的大国形象轰然倒塌。古代中国大国形象倒塌的原因是中国大国权力的彻底丧失，在现实主义的国际体系中，大国权力一旦瓦解，大国不但失去原有的客观形象，而且极有可能被污名化。如马克思在评价鸦片战争时指出的那样："自从英国人在中国采取军事行动的第一个消息传来以后，英国政府报纸和一部分美国报刊就连篇累牍地对中国人进行了大量的斥责，大肆攻击中国人违背条约的义务、侮辱英国的国旗、羞辱旅居中国的外国人，如此等等。可是，除了亚罗号划艇事件以外，它们举不出一个明确的罪名，举不出一件事实来证实这些指责。"[1] 马克思不仅明确指出了中英鸦片战争的过错在于英国而非中国，而且还揭示了英国人污化中国形象的行径："有人企图转移对主要问题的追究，给公众造成一个印象：似乎在亚罗号划艇事件以前就有大量的伤害行为足以构成开战的理由。可是这些不分青红皂白的说法是毫无根据的。英国人控告中国人一桩，中国人至少可以控告英国人九十九桩。"[2] 此时急于将中国变成自己殖民地的西方列强依旧十分在意维护自己的大国形象，甚至罔顾事实和常理，将自己塑造成最大的受害者和正义的守护者，这是西方列强一贯的做法。

正如费正清指出的："'中国的世界秩序'是以中国为中心、由中国

---

① 《马克思恩格斯选集》第1卷，人民出版社，2012，第791页。

② 《马克思恩格斯选集》第1卷，人民出版社，2012，第793页。

主宰直至被西方强权毁灭的温和霸权。"① 费正清进一步总结了古代中国的大国形象，他指出，"中国的世界秩序"这一概念叙述的是一种和平与仁慈——给朝贡国带来贸易和保护方面的益处（中国皇帝厚往薄来）。然而，1840 年以后，"积贫积弱"与"半殖民地半封建"成为中国国家的特征，尽管当时的中国依然是"和平"与"仁慈"的，但没有国家实力支撑的"和平"只能是无能，没有国家权力背书的"仁慈"只能是软弱，因此，在这一时期，中国已经不能被称为大国，甚至不是一个独立自主的主权国家，因而更谈不上大国形象。对于这一段的事实，诸多历史领域的研究已进行了丰富的论述，本书更关注的是，以往称赞古代中国的西方学者是什么态度，他们能否依旧秉持对中国的肯定？实际上，从清朝中后期开始，西方就对中国的大国形象产生了怀疑。如伏尔泰就是一个典型的例子，他原本是热情地赞扬中国，但在 1760 年后，他的态度发生了很大的转变："人们因教士及哲学家的宣扬，只看到中国美妙的一面，若仔细查明了真相，就会大打折扣了，著名的安逊爵士首先指出我们过分将中国美化，孟德斯鸠甚至在教士的著作中发现中国政府野蛮的恶习，那些如此被赞美过的事，现在看来是如此不值得，人们应该结束对这个民族智慧及贤明的过分偏见。"② 中国的大国形象开始受到质疑，并很快从被追崇，到被遗弃，甚至到被践踏的地步。1792 年乔治·马戛尔尼（George Macartney）出访中国的失败被看作欧洲对"中国热"的终结标志。"马戛尔尼使团在西方与远东的关系中是一个转折点。它既是一个终点，又是一个起点。它结束了一个世纪以来的外交与商业上的接近；它在西方人中开始了对中国形象的一个修正阶段。"③ 这种对历史上中国大国形象并不算公正的"修正"一直持续到 1949 年新中国成立。

对于近代以来的中国国家形象我们可以得出一个明确的结论，弱国没有形象可言。一国能够进入到讨论国家形象的范畴中，至少应当具备一个

---

① 〔美〕费正清：《中国的世界秩序：传统中国的对外关系》，杜继东译，中国社会科学出版社，2010，第 22 页。

② 参见〔法〕阿朗·佩雷菲特《停滞的帝国——两个世界的撞击》，王国卿等译，生活·读书·新知三联书店，1995，第 562 页。

③ 忻剑飞：《世界的中国观：近两千年来世界对中国的认识史纲》，学林出版社，1991，第 201 页。

主权国家应具备的一切自然权力，但通常这些"普通"的国家不会获得过多的关注，只会被遗忘在历史和现实中。只有一国达到强国的国家身份，其形象才能成为西方学者及理论家研究国家形象的客体。中国，一个历史上占据重要地位的国家，不仅在落后之后被遗忘，甚至在已成为历史事实的角落里依旧被污名化，这是极不公正的待遇，而近代以来的中国并没有能力改变这一现状，哪怕是在第二次世界大战结束后成为战胜国，也并没获得过多的改善。

三　反思与启示

中华文明作为世界古文明中唯一没有中断过的文明，从诞生之日起就展现出文明、繁荣、仁爱、和平的特征，作为中华文明的直接载体，中国在历史上也一直展现出文明之邦、繁荣之邦、礼仪之邦、和平之邦的大国形象。从秦朝开始到清朝中后期，中国的大国实力始终领先于世界，中国的大国形象也始终产生着重大影响力，最直观的表现，即时至今日，亚洲地区依然受中华文化的强烈影响。然而清朝后期伴随着"天朝上国"的错误认识导致的闭关锁国等一系列错误治国决定，中国在国际体系中落后于西方文明的进程，并遭受重大损失，1840 年后的中国，开始了中国民族的百年苦难史，也导致中国大国形象进程的中断，这是我们应当反思的。

但是，不同于西方理论家、史学家以及以往的国内学者的相关观点，本书认为，璀璨的中华文明进程中展现出的大国形象是应当也必须被肯定的，这是中华文化立足的根基，也是我们重新开启大国形象构建进程的重要依据和力量来源。对于历史，我们始终应当秉持扬弃的态度，取其精华，去其糟粕，将中国历史上的大国形象传承下去，是我们的责任。新中国成立后，在中国共产党的领导下，中华民族和中国人民不懈奋斗，为我们今天接续大国形象的历史进程打下了坚实的基础，这一基础主要是对国家权力的重构，国家实力的极大提升让我们有信心、有实力重建中国大国形象。

我们考察历史上的中国大国形象，就是为了从历史中获得力量，从历史中寻找答案。

1. 强大的国家实力建构了古代中国的大国形象

中国古代强大的国家实力最早是以自然权力为基础的，经过周以来的秦、汉、元、明、清等朝代统治者的不懈努力，中国的历史版图逐渐扩大并形成了今天的领土范围，在广阔的领土范围上孕育了大量的人口，形成强大的自然权力基础，构成了大国形象的基础。同时，在秦、汉、唐、元、明等各时期均有强大且平衡的经济实力、军事实力等有形权力，并以此产生了强大、富裕、包容、开放的大国形象，反观宋与清，国家实力的缺失，尤其是军事实力的严重匮乏①，使其失去自保能力，并最终导致大国形象的崩塌。因此，始终保持强大的国家实力是建构大国形象的第一要素。

2. 适当展示大国权力有助于提升古代中国的大国形象

中国古代有着"强唐弱宋"的说法，在以汉朝和唐朝为代表的强盛时期，中国在必要的情况下展示了中国大国权力，尤其是军事权力，如抗击匈奴等正义的军事行动，提升了中国作为地区核心的声誉，有助于大国形象的提升。但在元朝时，这一行动突破了边界，元朝穷兵黩武的征服战争不仅未能实现战略目标反而将元朝的经济带入困境，最终导致了失败。另一种展示大国权力的形式出现于明朝，整合远洋舰队耗费巨资的海洋行动，一方面展示了中国天朝上国的地位和权力，另一方面也导致了国内的反对与困难，与此相反的是，始于汉朝而兴于唐朝的丝绸之路，则在平等互惠的基础上，不仅为中国赢得了经济利益，而且以丝绸之路为载体扩大了中国大国形象的影响力。丝绸之路作为古代中国大国形象的重要载体，让今天的中国也获益颇多，"一带一路"建设正是以此为历史依据展开的。

3. 保持自信、包容、开放的大国价值观巩固了古代中国的大国形象

中国古代历史中，汉唐是最光辉璀璨的一页，汉唐时期的对外交流展现了古代中国自信、包容、开放的大国形象，这种大国形象不仅吸引了世界各国人民的目光和向往，也使中华文明能够在兼收并蓄中吸收世界各文明的精华，并融入到自己的文明之中，保持文明的先进性和优越性。正是因为这样，唐朝的中国才能够成为世界文明的中心。形成鲜明对比的是以

---

① 实际上中国古代这两个时期的经济实力都是世界首屈一指的。

清朝为代表的闭关锁国，阻断了中国与世界的联系，不仅妨碍了世界对中国的了解与理解，而且也阻碍了中国的持续进步，最终导致了落后。因此，我们应当始终在坚持底线的同时，保持改革开放的心态，为世界文明搭建舞台，在展示中华文明的同时，也汲取其他文明的优势，当今我们举办的各种国际盛会正是这种自信、包容、开放大国形象的展现。

4. 挖掘古代中国大国形象的精华有助于我们当今构建大国形象实践的进程

从历史中挖掘古代中国大国形象精华，并应用到当今的实践中是行之有效的。通过挖掘古代中国大国形象的历史素材，能够延伸中国大国形象的时间线，提升中国大国形象的丰富度，建立中国大国形象的"知识"权力，从而通过争取话语权以及实践话语权，向世界讲好中国故事，从而构建有历史深度和历史温度的当代中国大国形象。

第七章　当代中国构建大国形象的历史进程

近代以来，国家的存在方式受到了资本主义冲击，旧的国家形态在世界地理大发现、殖民主义、帝国主义的历史进程中不断解构。鸦片战争以后，中国面临"三千年未有之大变局"，并在强烈抗争的过程中被迫加入资本主义世界历史，逐渐沦为半殖民地半封建社会。国家蒙羞、人民蒙难、文明蒙尘，中国人民和中华民族遭受了前所未有的劫难。尽管如此，伟大的中华民族在百年屈辱挫折中仍自强不息，无数仁人志士艰苦探索救国图存之路。十月革命一声炮响，为中国送来了马克思主义。马克思主义基本原理与中华文明内在基因相互契合，能够行之有效地分析中国革命实际，指导中国革命实践，最终形成了中国化的马克思主义，使中华民族找到了正确的道路，避免了许多古文明被毁灭和旧的国家形态被解体的命运，中国的文化得以传承、文明得以延续，国家得以延绵。

第一节　当代中国的大国实践

习近平总书记指出："中华文明的连续性，从根本上决定了中华民族必然走自己的路。如果不从源远流长的历史连续性来认识中国，就不可能理解古代中国，也不可能理解现代中国，更不可能理解未来中国。"① 中国共产党团结带领中国人民和中华民族经过百余年不懈奋斗，取得了举世瞩目的伟大成就。新中国重新回到应有的大国地位，新中国的大国形象建

---

① 习近平：《在文化传承发展座谈会上的讲话》，人民出版社，2023，第2~3页。

构开启了新征程。

一　坚定巩固自然权力

1949 年 10 月 1 日，毛泽东同志在北京天安门向全世界郑重宣告，中华人民共和国成立了。正如《共同纲领》总则中郑重明确的，中华人民共和国的目标就是"为中国的独立、民主、和平、统一和富强而奋斗"。[①] 中华人民共和国的成立，结束了自 1840 年以来中华民族的百年苦难，宣示着中华民族和中国人民重新拥有了独立、自由和民主。一个国家参与建立国际秩序、参与国际体系活动的基础是拥有以强大的国家实力为基础的国家权力，国家权力最基础的构成就是一国的自然权力，即主权、领土、人口和资源。就新生的中华人民共和国而言，巩固自然权力是走向大国的第一步，其中最为重要的就是保卫主权独立和领土完整。

新中国成立初期，新生的中华人民共和国实际上仍然面临着严重的内忧外患，长期被殖民被侵略被剥削的历史导致新中国国力羸弱，国家的生存成为首要问题。新中国成立初期，以美国为首的帝国主义势力并不甘心在中国的失败，他们继续在经济军事上支持蒋介石反动集团，准备随时反攻大陆，国内的国民党残余势力也持续开展间谍特务活动，企图破坏新生政权的安定平稳；在国际上，以美国为首的西方国家敌视新中国，拒不承认中国的主权独立，并加紧对新中国采取军事包围与经济封锁，企图将新生政权扼杀在摇篮中。在这样严峻的现实面前，中国共产党以超凡的政治智慧和坚定的政治决心突破重围，逐个击破。新中国成立之初，毛泽东同志就根据当前的国际情况并结合我国的具体处境，做出了"一边倒"的决定，正如毛泽东同志指出的："一边倒，是孙中山的四十年经验和共产党的二十八年经验教给我们的，深知欲达到胜利和巩固胜利，必须一边倒。积四十年和二十八年的经验，中国人不是倒向帝国主义一边，就是倒向社会主义一边，绝无例外。骑墙是不行的，第三条道路是没有的。"[②] 基于当时的实际情况，以美国为首的西方国家通过围堵制裁等手段竭力摧毁新

---

① 《建党以来重要文献选编（1921—1949）》第 26 册，中央文献出版社，2011，第 759 页。

② 《毛泽东选集》第 4 卷，人民出版社，1991，第 1472～1473 页。

生的中华人民共和国，通过在政治上保持中立获得国际社会的广泛承认和尊敬是绝无可能的，只有倒向社会主义阵营，迅速获得一大批社会主义国家的首先承认，新中国才能站稳脚跟。但这时的"一边倒"政策并不是倒向苏联，而是导向社会主义阵营，正如毛泽东同志指出的："关于中国的前途，就是搞社会主义"①。"一边倒"为新中国赢得了国际空间和生存基础，只有依靠社会主义阵营，新中国才能在主权上取得最大可能的承认，但是如果一味地倒向苏联，则适得其反，在新中国成立初期，党和国家领导人就保持着高度的政治清醒，对这一情况进行了客观与准确的预判。同时，在新中国成立初期，我们实行"另起炉灶"和"打扫干净屋子再请客"的方针。美国在国际上支持蒋介石的国民党反动集团，严重压迫了新生政权的国际空间，因此党和国家决定"另起炉灶"，既不承认蒋介石的国民党反动集团同帝国主义国家签订的一切不平等条约，也不承认蒋介石的国民党反动集团与任何国家建立的一切旧的屈辱的外交关系，一切从头开始，重新建立新中国同世界的联系。尽管"另起炉灶"极具困难，但正是由于"另起炉灶"政策的有效实施，为新中国参与国际体系扫清了障碍。同理，"打扫干净屋子再请客"也是保证新中国能够在清除一切外国在中国的侵略势力后，再以平等的方式建立外交联系。新中国成立初期三大政策的实施，为彻底打破帝国主义国家"两个中国"的阴谋打下了坚实基础。

1960 年中国同苏联关系恶化，苏联开始在政治、经济，甚至军事上打压新中国，这一时期，新中国的主要威胁来自苏联。新中国党和国家领导人基于形势变化，果断放弃了"一边倒"的方针，并开始采取"反帝反修""一条线""一大片""两个拳头打人"的方针以维护新中国的主权独立和国家生存。这一方针主要基于毛泽东同志对当时国际体系的准确判断，毛泽东同志审视当时的世界，提出了著名的"三个世界"划分："我看美国、苏联是第一世界。中间派，日本、欧洲、澳大利亚、加拿大是第二世界。咱们是第三世界。"② 在这一时期，新中国开展了一系列包括军

① 《毛泽东文集》第 7 卷，人民出版社，1999，第 124 页。
② 《毛泽东年谱（一九四九——一九七六）》第 6 卷，中央文献出版社，2013，第 520 页。

事行动和政治行动在内的行之有效的举措，坚决抵制苏联把中国纳入其全球战略轨道的可能，坚决抵制苏联对中国的政治及武装威胁，坚决反对美国侵略越南，坚决反对美国炮制"两个中国"，坚决支持印度支那各国抗美斗争，坚决支持第三世界不结盟运动，坚决反击印度对我国领土完整的破坏行为。邓小平同志对这一时期的方针调整进行了高度评价："这一国际战略原则，对于团结世界人民反对霸权主义，改变世界政治力量对比，对于打破苏联霸权主义企图在国际上孤立我们的狂妄计划，改善我们的国际环境，提高我国的国际威望，起了不可估量的作用。"①

随着冷战进入白热化，国际局势发生了重大变化，新中国积极适应这一变化，并在国际局势复杂的状况下突破禁区，缓和了同西方国家的关系（如在 1964 年，新中国同法国建立正式外交关系等），取得了奠定中国大国地位自然权力，尤其是国家主权权力的重大成果：中华人民共和国在 1971 年第 26 届联合国代表大会上成功恢复了合法席位，并把台湾永远赶出了联合国，至此，从国际体系的角度讲，世界上的国家承认了新中国的合法主权，并且从根本上击垮了"两个中国"的阴谋行为。中国在国际体系中国家自然权力的另一个重大进步是来自敌视新中国的、西方国家领袖美国。1972 年，中美关系取得缓和，以此为重要基础，中国在 20 世纪 70 年代先后同 70 个国家建立了正式外交关系，基本完成了同西方国家的建交过程，获得了西方国家在主权上的明确承认。到 20 世纪 70 年代末期，中国已同 120 个国家建立了正式外交关系，②并在 1979 年同美国建立正式外交关系。至此，新中国成为大国的国家主权问题得到了冷战时期双方阵营的认可，从而也获得了国际社会的普遍承认，严重威胁新中国生存的主权独立问题彻底地解决，③为中国恢复大国地位、提升大国实力奠定了基础，这是当代中国大国实践重要的第一步。

---

① 《邓小平文选》第 2 卷，人民出版社，1994，第 160 页。

② 李宝俊：《当代中国外交概论》，人民大学出版社，1992，第 8 页。

③ 如同美国在独立战争后受到英国长期敌视一样，在新中国成立后的 30 年里并没有得到美国的承认。但如同美国建国初期的历史事实一样，没有当时世界霸权主义国家的承认，并不会妨碍新生政权的成长，并且历史终将证明新生政权的合法性和蓬勃生机。

新中国在巩固国家独立主权的同时，也为保卫领土完整进行了坚决斗争和不懈努力。1949 年 10 月 1 日，经过艰苦卓绝的抗日战争和反对国民党反动统治的国内战争，中华人民共和国成立了。新生的中国合法继承了由几千年来中华民族和中国人民通过智慧和努力开拓的疆土领域，但新中国的领土安全并没有得到保障，国内外的敌对势力没有因新中国的成立而放弃对中国领土完整的侵扰与破坏。针对这一情况，人民解放军总司令朱德在中国人民政治协商会议上就做出了庄严承诺，保证要解放包括西藏、台湾在内的全部领土，完成祖国统一大业。1950 年，解放军进军西藏解放昌都，粉碎了帝国主义和西藏地方分裂势力企图阻止解放军解放西藏的阴谋。与此同时，党中央积极与西藏地方政府展开谈判，争取和平解放西藏，1951 年，经过谈判签订了《中央人民政府和西藏地方政府关于和平解放西藏办法的协议》，宣告西藏和平解放。与此同时，解放军横渡琼州海峡，发动海南岛战役，击败国民党反动军队，解放了海南岛。至此，除台湾、香港、澳门外的中国领土基本获得了解放，新中国的领土完整得到了保证。

但是外国势力对新中国领土完整的威胁依旧存在，新中国成立的第二年，以美国为首的帝国主义国家就参与了朝鲜战争，战火直逼中国边境，严重威胁新生的中华人民共和国安全。任何有志向有抱负的国家，都应首先取得完整的独立性。抗美援朝战争是新中国立国之战，真正奠定了中华人民共和国完全的独立性，使中国人民自立自强自信地建设社会主义国家，走向光明未来。伟大的抗美援朝战争，是保卫和平、反抗侵略的正义之战。抗美援朝战争是帝国主义强加给中国的战争，是新中国历史上第一场反侵略战争。伟大的抗美援朝战争展示了新中国坚持公理、捍卫正义、不畏强敌、敢于胜利的勇气与能力。抗美援朝战争的胜利不仅打破了美帝国主义不可战胜的神话，极大地提高了中国共产党在全国人民心目中的威信，极大地提高了中国人民的自信心和自豪感，极大地提高了中华人民共和国的国际威望和声誉，使中华民族从此屹立于世界民族之林；而且为国家经济建设和社会改革赢得了和平稳定的外部环境，极大地激发了中国人民建设国家的斗志与热情。通过艰苦卓绝的战争锤炼，我们不仅为维护亚洲与世界和平做出了重要贡献，彰显了新中国的大国地位，展示了中国人民维护世界和平的坚定决心，而且积累了以弱胜强的军事经验，同时也认识到了装备实力差距，为实现国防现代化提出了要求、指明了方向。更为重要的是，伟大的抗美援朝战争孕育了伟大的抗美援朝精神，为中华民族提供了源源不竭的精神动力，激励中华儿女披荆斩棘、不怕艰险、不断前进。

习近平总书记在纪念中国人民志愿军抗美援朝出国作战70周年大会上指出："在波澜壮阔的抗美援朝战争中，英雄的中国人民志愿军始终发扬祖国和人民利益高于一切、为了祖国和民族的尊严而奋不顾身的爱国主义精神，英勇顽强、舍生忘死的革命英雄主义精神，不畏艰难困苦、始终保持高昂士气的革命乐观主义精神，为完成祖国和人民赋予的使命、慷慨奉献自己一切的革命忠诚精神，为了人类和平与正义事业而奋斗的国际主义精神，锻造了伟大抗美援朝精神。"①

伟大抗美援朝精神是祖国和人民利益高于一切、为了祖国和民族的尊严而奋不顾身的爱国主义精神。爱国主义精神是伟大抗美援朝精神的根本所在，是伟大抗美援朝战争孕育的各种精神的本源与统领。天下兴亡、匹夫有责。祖国和人民利益高于一切，为了祖国和民族的尊严，全党全国上下团结一致，为打赢抗美援朝战争奋不顾身。在中央，以毛泽东同志为核心的党中央经过慎重考虑，做出了"人家侵略来了，我们就一定要打，而且要打到底"②"'打得一拳开，免得百拳来。'我们抗美援朝，就是保家卫国"③，"应当参战，必须参战。参战利益极大，不参战损害极大"④ 的入朝作战决策；在历时2年9个月的抗美援朝战争中，超过290万志愿军奔赴前线，"共击伤俘敌71万余人"，取得了光辉战绩，但同时也付出了巨大的伤亡代价，"自身战斗减员36.6万余人"⑤，包括志愿军第39军副军长吴国璋、第50军副军长蔡正国和毛泽东长子毛岸英等英烈长眠于朝鲜的土地上，涌现出杨根思、黄继光、邱少云等30多万

① 《习近平著作选读》第2卷，人民出版社，2023，第358页。
② 《毛泽东军事文集》第6卷，军事科学出版社、中央文献出版社，1993，第356页。
③ 《毛泽东年谱（一九四九——一九七六）》第1卷，中央文献出版社，2013，第230页。
④ 《毛泽东文集》第6卷，人民出版社，1999，第104页。
⑤ 《抗美援朝战争史》下卷，军事科学出版社，2011，第504页。

英雄功臣和 6000 多个英雄集体；在后方，"为了继续坚持这个必要的正义的斗争，我们就需要继续加强抗美援朝的工作，需要增加生产，厉行节约，以支持中国人民志愿军"。① 全国人民和各行各业劳动者无私奉献、捐款捐物。周恩来同志指出，抗美援朝是一场重大的全国动员，"这次动员的深入、爱国主义的发扬，超过了过去任何反帝国主义运动，这是一个空前的、大规模的、全国性的、领导与群众结合的运动，它的力量将是不可击破的。中华民族的觉醒，这一次更加高扬起来了，更加深入化了"。②

伟大抗美援朝精神是英勇顽强、舍生忘死的革命英雄主义精神。革命英雄主义精神是伟大抗美援朝精神的坚实内核。战争是残酷的，现实是严峻的，面对武装到牙齿的美国侵略者，人民志愿军始终不畏艰难困苦、始终保持高昂士气，英勇顽强、舍生忘死，为完成祖国和人民赋予的使命慷慨奉献自己一切。1953 年 9 月，毛泽东同志在讲述抗美援朝的胜利和意义时总结道："我们的战士和干部机智，勇敢，不怕死。而美国侵略军却怕死。"③ 2020 年 10 月，习近平总书记指出："抗美援朝战争，是在交战双方力量极其悬殊条件下进行的一场现代化战争。当时，中美两国国力相差巨大。在这样极不对称、极为艰难的情况下，中国人民志愿军同朝鲜军民密切配合，首战两水洞、激战云山城、会战清川江、鏖战长津湖等，连续进行五次战役，此后又构筑起铜墙铁壁般的纵深防御阵地，实施多次进攻战役，粉碎'绞杀战'、抵御'细菌战'、血战上甘岭，创造了威武雄壮的战争伟业。全国各族人民由衷称赞志愿军将士为'最可爱的人'！"④

伟大抗美援朝精神是不畏艰难困苦、始终保持高昂士气的革命乐观主义精神。革命乐观主义精神就是要敢于斗争、敢于胜利。即使面对武器装备强于自己十倍百倍的敌人也毫不退缩，迎难而上，以强大的精神斗志弥补武器装备的不足，始终保持乐观与必胜信念。自战争开始，党中央就作

① 《毛泽东文集》第 6 卷，人民出版社，1999，第 184 页。
② 《周恩来军事文选》第 4 卷，人民出版社，1997，第 230 页。
③ 《毛泽东军事文集》第 6 卷，军事科学出版社、中央文献出版社，1993，第 353 页。
④ 《习近平著作选读》第 2 卷，人民出版社，2023，第 356 页。

出了"朝鲜的战局，是可以转变的"①"美国人是可以战胜的"②准确判断。志愿军的作战经验也证明人民志愿军"全部到齐展开，士气高涨"③，"对于具有高度优良装备及有制空权的美国军队，是完全能够战胜的"④。而美帝国主义侵略者在两年多的战斗中"采用了很多办法和我们斗争，没有一样不遭到失败"⑤，甚至在极为残酷的战争条件下，我军指挥战斗人员士气也极为高涨，甚至出现了"地下礼堂也修起来了，敌人在上面丢炸弹，我们在下面开大会"⑥的生动景象。

伟大抗美援朝精神是为完成祖国和人民赋予的使命、慷慨奉献自己一切的革命忠诚精神。中国人民志愿军无私奉献，是光荣和伟大的，他们为了世界人民的和平与安定、为了祖国人民的安全与尊严、为了朝鲜人民的独立与自由，将满腔热血撒在朝鲜大地而无怨无悔。据统计，1950年10月25日至1953年8月，中国人民志愿军有231190人获得朝鲜民主主义人民共和国最高人民会议常任委员会颁发的各种勋章和奖章，其中荣立特等功270名，荣立一等功154名，获得英雄或模范称号282名。每一枚勋章和每一个荣誉的背后，都是志愿军战士为完成祖国和人民赋予的使命，"不惜牺牲，不怕艰苦，争取全胜"⑦的革命忠诚精神。著名的长津湖战役正是革命忠诚精神的一个缩影。

伟大抗美援朝精神是为了人类和平与正义事业而奋斗的国际主义精神。国际主义精神是伟大抗美援朝精神的突出表现。真正的国际主义精神是为了人类和平与正义事业而奋斗。抗美援朝战争是一场中国人民反对侵略的正义战争，中国党和政府出兵朝鲜的初心是维护和平、反对战争。即使在战争爆发后，我们仍然坚持"朝鲜问题应当用和平方法予以解决，现在还是这样"⑧。抗美援朝战争的结果是"推迟了帝国主义新的侵华战争，

① 《毛泽东军事文集》第6卷，军事科学出版社、中央文献出版社，1993，第201页。
② 《毛泽东军事文集》第6卷，军事科学出版社、中央文献出版社，1993，第213页。
③ 《毛泽东军事文集》第6卷，军事科学出版社、中央文献出版社，1993，第181页。
④ 《毛泽东军事文集》第6卷，军事科学出版社、中央文献出版社，1993，第243页。
⑤ 《毛泽东军事文集》第6卷，军事科学出版社、中央文献出版社，1993，第332页。
⑥ 《毛泽东军事文集》第6卷，军事科学出版社、中央文献出版社，1993，第355页。
⑦ 《毛泽东军事文集》第6卷，军事科学出版社、中央文献出版社，1993，第129页。
⑧ 《毛泽东军事文集》第6卷，军事科学出版社、中央文献出版社，1993，第307页。

推迟了第三次世界大战"①。中国人民以巨大的牺牲为世界持久和平做出了重要贡献。金日成同志特别指出："在我们祖国解放战争最艰苦的时期，向朝鲜前线派送自己英雄的人民志愿军部队的伟大的中国人民抗美援朝运动。具有崇高的国际主义道义的兄弟的友谊和正义的目的……"② 战后朝鲜满目疮痍、百废待兴、百业待举。以 21 军为主要代表的中国人民志愿军秉持无产阶级国际主义精神，利用归国前短暂时间，掀起了一个帮助朝鲜人民生产建设的高潮，与朝鲜人民建立了深厚的友谊。

"伟大抗美援朝精神跨越时空、历久弥新，必须永续传承、世代发扬。"③ 伟大的抗美援朝战争距今已有 70 余年，70 年弹指一挥间，中国经过快速发展，取得了举世瞩目的辉煌成就，中国早已不是抗美援朝、保家卫国时"钢少气多"的面貌，今日之中国，"钢多气多"。在中国共产党正确和坚强的领导下，中国日益走向世界。进入新时代，站在"两个变局"的历史方位上，我们应该更加清晰地认识到伟大抗美援朝精神的时代价值。"抗美援朝战争锻造形成的伟大抗美援朝精神，是弥足珍贵的精神财富，必将激励中国人民和中华民族克服一切艰难险阻、战胜一切强大敌人。"④ 中国人民珍视和平、维护和平的信念没有变，中国人民热爱祖国、保卫祖国的决心没有变。"任何想把中国共产党同中国人民分割开来、对立起来的企图，都是绝不会得逞的！"⑤ 任何国家、任何组织、任何个人都不能阻挡中国人民实现民族复兴、全面建成社会主义现代化强国的脚步。"我们要铭记抗美援朝战争的艰辛历程和伟大胜利，敢于斗争、善于斗争，知难而进、坚韧向前，把新时代中国特色社会主义伟大事业不断推向前进。"⑥

抗美援朝战争是新中国成立以来第一次对外战争，并且是战胜了以美国为首的联合国军。这是自 1840 年以来，中国人民取得的对帝国主义强

① 《毛泽东军事文集》第 6 卷，军事科学出版社、中央文献出版社，1993，第 355 页。
② 《抗美援朝战争史》下卷，军事科学出版社，2011，第 507 页。
③ 《习近平著作选读》第 2 卷，人民出版社，2023，第 358 页。
④ 《在新时代继承和弘扬伟大抗美援朝精神为实现中华民族伟大复兴而奋斗》，《人民日报》2020 年 10 月 20 日。
⑤ 《习近平著作选读》第 2 卷，人民出版社，2023，第 482 页。
⑥ 《习近平谈治国理政》第 4 卷，外文出版社，2022，第 76 页。

国的伟大胜利，极大提升了新中国的国际影响力和国际地位，对新中国的自然权力与有形权力都产生了巨大的积极影响。中华民族和中国人民是爱好和平、反对战争的，正如毛泽东同志所言："中国党是个马列主义的政党，中国人民是爱好和平的。我们认为，侵略就是犯罪，我们不侵犯别人一寸土、一根草。我们是爱好和平的，是马克思主义的。"[①] 中华民族和中国人民百年来被列强侵略的苦难史使中国人民更加珍惜和平，也更加珍视来之不易的主权独立与领土完整，毛泽东同志说："我们非常谨慎小心，不盛气凌人，遵守五项原则。我们自己曾是被欺侮的，知道受欺侮的滋味不好受。"[②] 因此，在被迫反抗他国对我国领土进行侵略侵占的同时，新中国主要通过和平协商的方式解决国家疆域及与他国的边界问题，新中国成立初期，通过平等磋商、相互体谅的原则先后同缅甸、尼泊尔、蒙古、巴基斯坦和阿富汗等国家签订了边界条约，圆满解决历史上遗留下来的边界问题。[③] 党的十一届三中全会以后，在独立自主、不结盟和反对霸权主义、维护世界和平的战略方针指导下，我国与周边及世界各国的关系在和平共处五项原则的基础上得到了普遍的改善与发展，国际地位显著提高，国际影响力日益扩大，在促进亚太地区及世界的和平与稳定、促进人类进步与发展的事业中，发挥了巨大作用。在随后的几十年中，中华人民共和国经过长期实践，党和国家领导人创造性地提出了"一国两制"构想，成功实现了香港和澳门的回归，至此，除台湾因国内政治因素问题尚未回归外，中华人民共和国基本实现了领土完整。中华人民共和国作为世界上领土和领海面积排名前列的国家，又朝着大国的方向踏出坚实的一步。

统计数据显示，新中国成立初期，人口处于加速增长状况，1949 年，中国人口自然增长率[④]为 1.6%，而到了 1958 年，中国人口自然增长率达到了 2.3%，同时，人口死亡率大幅度下降，1949 年中国人口死亡率为

---

① 《毛泽东文集》第 7 卷，人民出版社，1999，第 123 页。
② 《毛泽东文集》第 7 卷，人民出版社，1999，第 123 ~ 124 页。
③ 刘艳房：《新中国领导人的国家形象战略思想及实践价值》，《河北师范大学学报》2012 年第 1 期。
④ 国际通行的统计方法为：人口自然出生率减去人口死亡率为人口自然增长率，人口自然增长率为统计人口数量的重要衡量指标。

2%，1958 年为 1%，在这一阶段，人口自然增长率的提升和死亡率的明显下降主要有两方面原因，一方面是新中国成立提升了中国人民的生活水平与生活质量，经济有所发展，因此出生率快速提升；另一方面，1949 年新中国成立前，长时间的战争导致大量的战争伤亡，死亡率高居不下，而新中国成立后实现了主权独立和领土完整，没有发生大规模强烈度的国内战争，因此死亡率快速下降，并在 1959 年达到 6.55 亿左右的人口规模；1957～1961 年，人口自然增长率呈现放缓趋势，主要原因在于这一期间遭遇了三年严重困难和国际环境变化，中苏关系恶化使我国经济陷入暂时的困境，因此，在 1960 年首次出现了人口自然增长率呈负数的情况，1960～1961 年，我国人口基本稳定在 6.6 亿左右的规模；1963～1971 年，新中国走出三年严重困难的阴影，人口恢复到快速增长的局面，这一阶段我国人口自然增长率一直维持在 3% 左右，在 1965 年突破 7 亿人口规模，并在 1970 年达到 8.1 亿人口规模；由于人口规模的增长速度过快，我国在 1971 年开始实行计划生育政策，人口自然增长率断崖式下降，维持在 1.5% 左右，尽管如此，至 1974 年我国的人口规模就达到了 9 亿，仅过去不到十年时间，1982 年，我国的人口规模就突破了 10 亿大关，随后又在 1989 年突破 11 亿大关，四年后的 1994 年达到了 12 亿的人口规模，2005 年达到 13 亿的人口规模，新中国成立后至 2023 年，我国人口数量始终在世界上保持第一的位置。[①] 新中国成立后的人口规模在数据上始终呈现增长状态，这说明中华人民共和国成立后，中国人民拥有了独立、自由、民主的新国家，安全得到了保障，因此人口的自然增长率显著提高。尽管过多的人口带来了很多实际的问题，但是占据绝对优势的人口资源正是大国的必要条件，最直接的体现就是，中国宏大的人口规模为中国创造了庞大的市场，为快速提升经济体量和经济质量打下了基础。

二 迅速提升有形权力

一国成为大国并构建大国形象的重要依据是由国家实力体现出的国家权力，其中以经济、军事实力为代表的有形权力是国家权力的重要基础，

---

① 数据源于国家统计局数据管理中心。

在现实主义学派看来，军事实力是第一位的；但在自由主义学派看来，经济实力超越军事实力成为首要目标，尤其是在大国之间，爆发军事行动的可能性较低，因此，经济实力的提升是极为重要的；从以建构主义学派为代表的当今理论家的视角来看，经济实力也是国家权力最基础最直接的体现。

毛泽东同志明确指出："中国从政治上、人口上说是个大国，从经济上说现在还是个小国……要把中国变成一个真正的大国。"① 自 1949 年新中国成立以来，中国的经济实力在经历波折中稳步提升，尤其是 1979 年改革开放以来，中国经济朝着又好又快的方向发展，中国的大国实践稳步迈进。

由表 7 - 1 统计数据可以直观地展现中国自 1950 年开始，经济实力发展的状况。

表 7 - 1 1950～2019 年中国国内生产总值增长率

单位：%

年份	1950	1951	1952	1953	1954	1955	1956	1957	1958	1959
增长率	23.4	19.0	18.3	30.3	9.4	5.6	16.5	6.0	32.2	19.5
年份	1960	1961	1962	1963	1964	1965	1966	1967	1968	1969
增长率	5.4	-31.0	-10.1	9.5	17.6	20.4	17.3	-9.6	-4.2	23.8
年份	1970	1971	1972	1973	1974	1975	1976	1977	1978	1979
增长率	25.7	12.2	4.5	9.2	1.4	11.9	1.7	10.7	11.7	7.6
年份	1980	1981	1982	1983	1984	1985	1986	1987	1988	1989
增长率	7.8	5.2	9.1	10.9	15.2	13.5	8.8	11.6	11.3	4.1
年份	1990	1991	1992	1993	1994	1995	1996	1997	1998	1999
增长率	3.84	9.18	14.24	13.96	13.08	10.92	10.01	9.30	7.83	7.62
年份	2000	2001	2002	2003	2004	2005	2006	2007	2008	2009
增长率	8.43	8.30	9.08	10.03	10.09	11.31	12.68	14.16	9.63	9.21
年份	2010	2011	2012	2013	2014	2015	2016	2017	2018	2019
增长率	10.4	9.30	7.65	7.7	7.4	6.9	6.7	6.9	6.6	6.3①

注：①参见李扬、李平《中国经济形势分析与预测（2019）》，社会科学文献出版社，2018。
资料来源：国家统计局数据管理中心。

---

① 《毛泽东文集》第 7 卷，人民出版社，1999，第 325 页。

新中国成立以来，国内生产总值增长率统计数据说明了我国经济的发展趋势，而我国经济的发展程度则由我国国内生产总值在世界排名情况进行表示，国内生产总值的世界排名不仅反映出一国经济发展的程度，也反映出该国经济占世界的比重以及对世界的影响力，这是国家经济实力的直接体现（见表7－2）。

表7－2　1970～2019年中国国内生产总值总量在世界排名情况

单位：亿美元

年份	中国		前一位次			后一位次		
	总量	排名	国家	总量	排名	国家	总量	排名
1970	926.03	8	意大利	1130.26	7	加拿大	878.95	9
1971	998.01	8	意大利	1242.65	7	加拿大	992.73	9
1972	1136.89	8	意大利	1447.78	7	加拿大	1130.79	9
1973	1385.43	8	意大利	1749.18	7	加拿大	1313.24	9
1974	1441.82	9	加拿大	1604.03	8	澳大利亚	1022.54	10
1975	1634.32	9	加拿大	1738.41	8	西班牙	1144.58	10
1976	1539.40	9	加拿大	2065.70	8	巴西	1277.41	10
1977	1749.36	9	加拿大	2116.22	8	巴西	1486.72	10
1978	2185.02	9	加拿大	2186.38	8	巴西	1688.03	10
1979	2636.98	8	意大利	3923.75	7	加拿大	2430.67	9
1980	3061.67	8	意大利	4756.63	7	加拿大	2738.50	9
1981	2895.69	10	墨西哥	3042.83	9	巴西	2255.58	11
1982	2839.25	9	加拿大	3134.98	8	巴西	2387.83	10
1983	3047.52	9	加拿大	3405.43	8	印度	2157.72	10
1984	3137.23	9	加拿大	3558.82	8	墨西哥	2137.71	10
1985	3098.39	9	加拿大	3647.61	8	墨西哥	2245.93	10
1986	3005.16	9	加拿大	3774.38	8	西班牙	2506.36	10
1987	3270.90	9	加拿大	4313.19	8	西班牙	3178.74	10
1988	4078.45	9	加拿大	5073.51	8	西班牙	3751.39	10
1989	4562.87	9	加拿大	5650.60	8	西班牙	4136.51	10
1990	3945.66	11	巴西	4068.97	10	澳大利亚	3238.14	12
1991	4133.76	10	俄罗斯	5644.77	9	巴西	3785.81	11

续表

年份	中国		前一位次			后一位次		
	总量	排名	国家	总量	排名	国家	总量	排名
1992	4931.37	9	俄罗斯	4936.33	8	墨西哥	4151.45	10
1993	6191.16	7	意大利	10614.05	6	加拿大	5771.82	8
1994	5643.22	9	加拿大	5781.23	8	西班牙	5291.19	10
1995	7344.85	8	巴西	7780.53	7	西班牙	6129.43	9
1996	8637.49	7	意大利	13089.86	6	巴西	8496.22	8
1997	9616.01	7	意大利	12390.85	6	巴西	8815.12	8
1998	10290.61	7	意大利	12663.43	6	巴西	8538.15	8
1999	10940.04	7	意大利	12485.27	6	加拿大	6760.68	8
2000	12113.31	6	法国	13622.48	5	意大利	11417.59	7
2001	13394.01	6	法国	13764.53	5	意大利	11623.07	7
2002	14705.57	6	法国	14943.55	5	意大利	12665.68	7
2003	16602.80	6	法国	18404.10	5	意大利	15695.89	7
2004	19553.47	6	法国	21158.34	5	意大利	17983.93	7
2005	22866.91	5	英国	25250.13	4	法国	21960.71	6
2006	27526.84	4	德国	30022.93	3	英国	26972.18	5
2007	35519.77	3	日本	45152.63	2	德国	34397.77	4
2008	45966.88	3	日本	50379.09	2	德国	37525.05	4
2009	51020.01	3	日本	52313.83	2	德国	34177.99	4
2010	60878.84	2	美国	149920.52	1	日本	57000.98	3
2011	75546.57	2	美国	155425.82	1	日本	61574.60	3
2012	85319.60	2	美国	161970.07	1	日本	62032.13	3
2013	95744.24	2	美国	167848.51	1	日本	51557.17	3
2014	104395.18	2	美国	175217.47	1	日本	48504.14	3
2015	110139.74	2	美国	182192.97	1	日本	43949.78	3
2016	111416.94	2	美国	187071.89	1	日本	49492.73	3
2017	121560.64	2	美国	194853.94	1	日本	48724.15	3
2018	136051.28	2	美国	205006.36	1	日本	49709.16	3
2019	141401.63	2	美国	214394.53	1	日本	51544.75	3

资料来源：联合国统计司数据库。

将中国国内生产总值增速与世界各国经济排名情况相结合我们可以看出，新中国成立以来，我国经济增长明显，势头强劲。其中中国经济在两个时期出现了快速和高质量增长，分别是新中国成立初期的1950年和改革开放后的1979年，这两个时期的重大经济决策为新中国成长为大国奠定了坚实的经济基础，快速增长了中国作为一个大国的有形权力。

首先是新中国成立后的1950年。这一时期的经济快速增长不仅是速度上的，而且是结构上的。其主要原因在于《中苏友好同盟互助条约》的签订，新中国根据互助条约内容获得了苏联关键而且及时的经济援助。新中国成立后，合法继承了包括领土、人口和经济基础在内的全部的国家权力，但是新中国成立前经济极端落后、生产力水平十分低下，在国民经济结构中个体农业和手工业占比达到90%，近代工业占比仅约10%。并且，工业体系中的主体部分是轻工业，重工业基础极为薄弱，汽车、飞机等重工业产品都无法自行生产。据统计，新中国成立伊始，我国国民人均收入仅为27美元，这个数字远低于亚洲平均水平，甚至不足印度的一半。加上国民党政府统治期间横征暴敛、极度腐败，国内金融体系几乎崩溃，国内战争结束后，蒋介石的国民党集团又进行了掠夺式的财富转移，新中国的经济发展就更加困难了。因此，新中国成立后，中国人民面临的首要经济任务就是迅速恢复和发展国民经济，进行社会主义工业化建设，尽快将中国由一个农业国转变为工业国，并且朝着现代化方向前进。新中国的党和国家领导人清醒地认识到了新中国的经济情况，基于当时的国际环境，新中国只能依靠苏联发展经济，在新中国成立前后的一段时间内，刘少奇和毛泽东同志先后前往苏联，同斯大林同志进行了会面和协商，通过协商，新中国不仅终止了国民政府与苏联签订的不平等的旧的《中苏友好同盟条约》，并且新签订了《中苏友好同盟互助条约》。这一条约的签订对我国经济建设起到了至关重要的作用，这种作用基本是通过苏联对新中国的经济援助实现的，包括：苏联政府帮助新中国优先发展重工业，创立工业化体系；向新中国提供成套设备和技术，援助中国156个重点经济项目，涵盖造纸、煤炭、电力、钢铁、有色金属、化工、民用工业、国防军工、航空工业等新中国急需的基础工业项目；为新中国提供年利率为1%

的 3 亿美元①的低息贷款；派遣苏联专家指导经济建设，据统计这一时期苏联向新中国派遣专家总数超过了 18000 人次；苏联为中国培养专家和技术骨干，这一时期苏联为新中国培养的专业技术人员和专业管理干部达 7000 人。② 苏联这一系列的具体援助举措不仅在新中国成立之初帮助新生的社会主义国家建立了工业体系，缓解了金融压力，更重要的是提供了技术和专家的支持，培养了大批技术骨干和管理人员，为新中国后续的经济发展打下了坚实的基础。

党的十一届三中全会以后，以邓小平同志为主要代表的中国共产党人做出了改革开放的重大决定，中国的大国经济再次迎来大发展。对于当时认为只有计划经济才是社会主义的论断，邓小平同志带领全党和全国人民解放思想，他提出："什么叫社会主义……我们讲社会主义是共产主义的初级阶段"③。社会主义初级阶段的时代判断的提出，成功地解放了我们的思想，打破了发展经济的思想禁锢。同时，邓小平同志指明："要坚持马克思主义，坚持走社会主义道路。但是，马克思主义必须是同中国实际相结合的马克思主义，社会主义必须是切合中国实际的有中国特色的社会主义。"④ 中国特色社会主义的提出是有其历史必然性的，也肩负着中国建设和发展社会主义的历史使命，邓小平同志指出："中国搞社会主义，是谁也动摇不了的。我们搞的是有中国特色的社会主义，是不断发展社会生产力的社会主义，是主张和平的社会主义。只有不断发展社会生产力，

---

① 苏联援华的 3 亿美元贷款是新中国成立之后得到的第一笔外国贷款，这一款项最后实际上用于新中国向苏联购买机器设备、军工武器的预付款。据史料记载，3 亿美元的数额是由毛泽东同志提出的，这个数额在苏联对社会主义国家进行的援助贷款中是很低的，甚至少于苏联向东欧社会主义国家贷款的数额。但是，出现这个较低的数额并不是苏联不愿意向新中国进行贷款，而是新中国党和国家领导人不愿意背负过高的外国贷款，毛泽东同志当时还提出要缩短贷款年限，尽快还清苏联的贷款。历史证明，新中国的党和国家领导人是有远见的，在随后 60 年代中苏关系恶化后，苏联撤回了专家，停止了援助。毛泽东同志体现出了中国党和人民的坚强意志力和骨气，提出："勒紧裤腰带也要还债。"参见《毛泽东年谱（一九四六——一九七六）》第 4 卷，中央文献出版社，2013，第 436 页。

② 田伟：《建国初期苏联对华经济援助的再认识》，载张星星主编《当代中国成功发展的历史经验——第五届国史学术年会论文集》，当代中国出版社，2007，第 545～551 页。

③ 《邓小平文选》第 3 卷，人民出版社，1993，第 63 页。

④ 《邓小平文选》第 3 卷，人民出版社，1993，第 63 页。

国家才能一步步富强起来，人民生活才能一步步改善。"①

改革开放以后，中国的经济实力迅速提升，并且逐步融入世界体系，这一时期，中国经济体量稳居世界前十名，但这对于中国这样一个拥有广阔国土面积与众多人口的自然权力一流的大国来说，并不理想。2001年，经过长时间的艰苦谈判，中国成功加入世界贸易组织，这是中国经济进入世界体系发展的新阶段，在当时的世界秩序下，中国成功地运用了世界贸易组织搭建的平台，随后的十几年中，中国经济快速起飞，在2005年成功超越法国，成为世界经济体量排名第五的经济体，这一数据在随后的几年中，逐年上升，并在2010年超越日本，从那时起就保持在世界第二名，这明显快于世界对中国的预期。时至今日，中国的经济体量已经达到美国的约60%，中美两国的经济体量占世界经济总量的六成以上，中国在经济上已成为一个具有规模优势的大国。更为重要的是，在2008年世界金融危机后，以美国为首的西方国家出现了经济倒退或经济疲软，但中国经济始终保持强劲与活力，中国对世界经济增长的贡献超过了30%，这一数据表明，中国经济已经呈现世界影响力。中国的大国实践越发稳健了。

与经济情况相同的是，新中国在军事能力上也出现了长足进步。正如本书在上一节新中国巩固自然权力部分的描述一样，新中国成立初期被迫参与的包括抗美援朝、抗美援越，对印自卫反击战、对越自卫反击战等六场战争，展示了新中国在军事上的能力，尤其是作为一个经过长期被殖民的落后国家，能够一举战胜以美国为首的西方强国，军事实力获得了肯定。同时，1964年，我国成功引爆原子弹，1967年，我国成功引爆氢弹，1970年成功发射人造卫星等前沿军事科技的突破，使新中国成为拥有核实力的大国，军事威慑力进一步提升。正如邓小平同志对"两弹一星"的高度评价那样："如果六十年代以来中国没有原子弹、氢弹，没有发射卫星，中国就不能叫有重要影响的大国，就没有现在这样的国际地位。这些东西反映一个民族的能力，也是一个民族、一个国家兴旺发达的标志。"②

---

① 《邓小平文选》第3卷，人民出版社，1993，第328页。
② 《邓小平文选》第3卷，人民出版社，1993，第279页。

三　巧妙展现无形权力

自 1949 年 10 月 1 日以来，新中国巩固了主权独立、领土完整，增加了人口，同时在经济建设和国防建设上取得了巨大进展，当代中国在自然权力和有形权力上进行了卓有成效的大国实践，这一大国实践的过程实际上就是在尽可能保持军事克制的情况下，通过争夺话语权的形式，参与到国际秩序的改善中，从而建设国际体系。

新生政权的出生到成长需要不断地进步，也受国际环境的巨大影响。在 20 世纪 50 年代主要是来自美国为首的西方国家势力的封锁；20 世纪 60 年代则主要来自苏联的打压；20 世纪 90 年代以后，苏美争霸导致冷战结束，苏联垮台，美国又将中国作为新的潜在的对手，中国的国际环境再次恶化；但随着中国大国实践的逐步向好发展，大国实力逐步增强，进入 21 世纪后，中国在国家无形权力中的大国实践出现了质的变化，因而也具备了大国的影响力。在新中国成立至 21 世纪的几十年中，在中国共产党和中国国家领导人的带领下，中国人民展现出了高超的政治智慧，在恶劣的国际环境下，适时地利用国际形势变化，在国际体系中打开突破口，巧妙地展示了中国的无形权力。

新中国成立到进入 21 世纪，中国巧妙展现无形权力的大国实践主要体现在这一阶段中国采取的外交政策上，即从"一边倒"到"一条线""一大片""两个拳头打人"，再到"不结盟"。这一外交政策变化的进程是新中国党和国家领导人针对国际局势，并结合国内情况变化做出的重要调整，每一步的调整都吻合了世界局势变化中国家的需要，中国或者独立自主进行实践，或者联合其他国家进行实践，有效地展现了中国的影响力，并且在一定的程度上引领了当时国际体系的走向，有的政策甚至在今天依旧是国际体系的重要共识和基础，这一段历史正是中国在展现无形权力的大国实践的重要过程。

新中国成立后，美国为首的西方国家对新中国采取政治上不承认、经济上封锁、军事上围堵的政策，企图将新生政权扼杀在摇篮之中。在这一时期，新中国采取了"一边倒"的外交方针，就国际体系而言，一个新生的、拥有广阔领土和众多人口的国家选择社会主义，这迫使以美国为首的西方国际不得不重视新中国的存在。利用"一边倒"方针，使以美国为首的西方国家正视新生的中国，这在实际上展现出了新中国的影响力，尽管这种影响力并不是直接源于新中国的国家权力。正如在前文所讨论的那样，1840 年前的中国，虽然是一个积贫积弱的国家，但仍然具备了经济等方面的国家实力，但 1840 年后的中国被殖民被压迫，甚至在国际体系中被忽视被遗忘，列强并不把 1840 年后的中国当作一个正常国家来看待，因而无法谈及国家无形权力。新中国巧妙地利用国际局势确实达到了展现无形权力的目的。在 20 世纪 60 年代，新中国经过战争和建设，已经具备了一定的国家实力，并且巩固了国家主权独立和领土完整，具备了成长为大国的可能性。在这一时期，中国和苏联关系恶化。这种恶化的主要原因并不在于中国方面，而是苏联的霸权主义思想和大国沙文主义思想导致的。在这样的情况下，中国迅速放弃了"一边倒"，改为"一条线""一大片"，提出了"反帝反修"和"两个拳头打人"。在当时的国际环境下，尽管很多国家都处于被霸权主义国家压迫的境况，但多数国家敢怒而不敢言，中国起到了带头示范的作用，并因此造就了不畏霸权的国家形象，成为广大的"第三世界"国家的标杆，这种有效的大国实践，直接提升了中国的国际影响力。

抗美援朝战争彰显了新中国的大国地位，而中国援建坦赞铁路则体现了真正的国际主义精神，提高了新中国的大国地位。

举世闻名的坦赞铁路东起坦桑尼亚原首都达累斯萨拉姆，西至赞比亚的新卡皮里姆波希，与赞比亚既有铁路接轨，全长 1860.5 公里。坦赞铁路由中国援建，1970 年 10 月 28 日正式开工，1976 年 7 月 14 日正式移交给坦、赞两国政府，工程取得圆满胜利，被誉为"友谊之路""自由之路""解放之路""南南合作的典范"。为建设坦赞铁路，中国政府提供无息贷款 9.88 亿元，发运各类建设物资 100 多万吨，先后派遣工程技术人员近 5 万人次，并为坦赞铁路配备内燃液力传动机车 102 台，各型号客货车 2200 辆，铁路所需主要设备 6025 台（组套）。中国建设者和坦桑尼亚、赞比亚的工程技术人员一起，在缺医少药、食品短缺、气候炎热、疾病流行的艰苦条件下，高质量地完成筑路任务。在坦赞铁路修建的过程中，60

余名中国建设者献出了宝贵生命。①

2013年3月，中国国家主席习近平访问坦桑尼亚，专程来到达累斯萨拉姆市西郊的中国专家公墓凭吊。习近平主席深切缅怀援坦牺牲的中国专家，深情讲述中非友好合作的往事，"我们要弘扬坦赞铁路精神，精心珍惜和呵护中非传统友谊这份宝贵财富，继往开来，与时俱进，使中非友好合作这棵参天大树更加枝繁叶茂，结出更加丰硕的果实"②。2015年7月23日，适逢坦赞铁路开工奠基45周年、建成通车40周年，外交部部长王毅发表题为《大力弘扬坦赞铁路精神　携手打造中非命运共同体》的致辞。他将坦赞铁路精神阐释为：相互尊重、顽强奋斗、无私奉献。③ 这一阐释得到了中国人民、坦赞人民、非洲人民和世界人民的高度认可。

坦赞铁路精神，是一种相互尊重的平等精神。近代以来，中国人民和中华民族深受帝国主义和殖民主义的双重压迫。在中国共产党的坚强领导和中国人民不懈奋斗下，才赢得了国家民族独立，才使得中国人民摆脱了水深火热的生活。因此，中国共产党和中国人民对非洲人民的悲惨境况感同身受。中国和非洲人民都格外珍视主权独立和民族平等，都痛恨并反对以强凌弱的霸权主义行径。中非关系从一开始就建立在双方完全平等的基础上。坦赞铁路从设想到建成的过程，正是相互尊重的平等精神的真实写照。坦桑尼亚和赞比亚在20世纪60年代非洲民族解放浪潮中取得独立。为巩固独立政权，发展民族经济，支持南部非洲民族解放运动，坦赞两国决定联合修建一条连接两国的铁路。他们先后向世界银行、英国、美国、日本和苏联等寻求援助，但均落空。正当两国处于绝望之际，周恩来总理于1964年1月在访问非洲时宣布的"中国政府对外经济技术援助的八项

---

① 王毅.《大力弘扬坦赞铁路精神　携手打造中非命运共同体——在〈中非关系史上的丰碑——援建坦赞铁路亲历者的讲述〉发行式上的致辞》，中华人民共和国外交部网站，http://new.fmprc.gov.cn/web/gjhdq_676201/gj_676203/fz_677316/1206_678574/1209_678584/201507/t20150723_9325511.shtml。

② 《习近平凭吊援坦中国专家公墓》，《人民日报》2013年3月26日。

③ 王毅.《大力弘扬坦赞铁路精神　携手打造中非命运共同体——在〈中非关系史上的丰碑——援建坦赞铁路亲历者的讲述〉发行式上的致辞》，中华人民共和国外交部网站，http://new.fmprc.gov.cn/web/gjhdq_676201/gj_676203/fz_677316/1206_678574/1209_678584/201507/t20150723_9325511.shtml。

原则"①，使这一计划又重获希望。两国尝试向中国寻求帮助，并很快得到了支持。据统计，坦赞铁路从考察、施工到技术合作 50 多年来，累计运送货物 3000 多万吨，运送旅客 4000 多万人次，赞比亚生产的铜 80% 由此运出，为坦赞两国解决就业 6000 多人。中国援建坦赞铁路是"对非洲人民的伟大贡献"，"历史上外国人在非洲修建铁路，都是为了掠夺非洲的财富，而中国人相反，是为了帮助我们发展民族经济"。② 毛泽东、刘少奇、周恩来等中国老一辈领导人多次向坦桑尼亚和赞比亚领导人强调，坦赞铁路的主权完全属于他们，中方的任何援助和贷款，都没有特权和政治条件。时任坦桑尼亚总统尼雷尔曾说："无论是在中国给予我国的巨大的经济和技术援助中，还是我们在国际会议的交往中，中国从来没有一丝一毫要左右我们的政策或损害我们国家主权和尊严的企图。"③ 在铁路建设过程中，中国援建人员同当地工人同吃同住同劳动，没有任何特殊待遇。不仅如此，真诚的相互尊重、相互理解，长期的相互帮助、相互关爱使中国建设者与坦赞两国的建设者和人民建立了深厚情谊，并发生了许多感人至深的事迹。1971 年 11 月，中国工程技术人员杨永富遭遇了塌方掩埋危险，坦桑尼亚工人姆辛加不顾自己的安危，挺身而出，手撑巨石抢救中国战友脱险；同年 12 月，坦桑尼亚混凝土工人纳乌连西误入隧道爆破区，中国工班长严万国以自己的身躯保护坦桑尼亚战友的生命。④ 这样的感人事迹不胜枚举，传颂在坦赞铁路千里建设线上。中坦赞建设者是真正的"拉菲克"（Rafiki）（斯瓦里希语：兄弟、朋友）。时至今日，许多五六十岁的坦赞人民都能说一两句如"朋友""兄弟""你好""谢谢"的中文，有些当地人甚至能够唱一两首中文歌曲。这正是坦赞铁路精神穿越时空的传承。

坦赞铁路精神，是一种顽强奋斗的拼搏精神。坦赞铁路通过坦桑尼亚的 4 个地区和赞比亚的 2 个省，越过"地球的伤疤"——东非大裂谷，穿过高山深谷、悬崖峭壁、河流湖泊、森林草原与大沼泽地，地形地貌极其

---

① 《周恩来年谱（1949—1976）》中卷，中央文献出版社，1997，第 611 页。

② 李连庆：《大外交家周恩来》第 6 卷，人民出版社，2016，第 33 页。

③ 《坦桑尼亚总统尼雷尔在李先念主席举行的宴会上的讲话》，《人民日报》1985 年 8 月 20 日。

④ 《他们是真正的朋友——记修建坦赞铁路的坦中两国工人相互救助的事迹》，《人民日报》1972 年 7 月 18 日。

复杂，高低落差极大。其施工难度之巨大、技术要求之复杂、施工条件之
恶劣，让西方人望而却步。但就是这样一个让西方人空谈长达几十年之久
的宏伟项目，在中坦赞三国建设者齐心协力、顽强奋斗的拼搏下，仅用了
不到 6 年的时间就建设成功，并被联合国评为非洲最好的铁路。为了尽快
高质量支援坦赞铁路建设，中国先后派出 5.6 万人次的工程设计和施工人
员。建设高峰时，在现场的中国员工多达 1.6 万人。① 同时，为沿途修建
了 320 座桥梁、22 条隧道、93 个车站。中坦赞三国人民为坦赞铁路的高
质量完工付出了艰辛努力和巨大牺牲，建设过程中，三国牺牲 160 多名建
设者，其中中国支援建设人员就多达 60 多人。② 援建坦赞铁路工作组副总
工程师陆大同回忆说："我近 2/3 的人生都奉献给了这条铁路。"坦赞铁路
设计图纸装满了整整两节火车行李车厢，有几吨重。坦赞铁路标准与国内
标准不一样，援建的机车等设施和装备得重新设计、试制、试用、修改和
投产，一切从零开始。一位西方工程师在参观完这条铁路后，尤其是姆马
段这样的困难地段之后，感慨万分。他说，中国人了不起，"只有修建过
万里长城的人，才能修出这样高质量的铁路"。③

　　坦赞铁路精神，是一种无私奉献的国际主义精神。宏伟的坦赞铁路是
无数中坦赞铁路建设者舍生忘死、无私奉献的真实写照，是中国党和政府
的国际主义精神的不朽丰碑。中国政府和中国人民在人均 GDP 仅 100 美
元的艰苦条件下，为支持坦赞人民的民族独立、国家安全、经济发展和解
放事业做出了巨大贡献。1965 年，毛泽东在与尼雷尔会谈时说："你们有
困难，我们也有困难，但是你们的困难和我们的不同，我们宁可自己不修
铁路，也要帮你们修建这条铁路。"④ 正如周恩来总理所指出的，我们要
有气概帮助非洲兄弟建设，我们是国际主义者。"长眠在援坦中国专家公
墓的水利专家张敏才，是第一位牺牲的中国援坦专家。为了给当地人民找
到可以饮用的水源，张敏才于 1967 年 10 月在野外灌木丛中勘探时，遭到
了铺天盖地的野蜂叮咬，全身中毒。周恩来总理获悉后，立即派医生从中

---

① 参见海明威、穆东《非洲大地上的中国丰碑》，《党建》2013 年第 5 期。
② 参见《一条友谊之路、发展之路》，《人民日报》2023 年 7 月 26 日。
③ 《坦赞铁路，中非关系的丰碑》，《人民日报》2015 年 7 月 24 日。
④ 周汉飞、王丹誉主编《世界不会忘记》，中央编译出版社，2021，第 94 页。

国赶来抢救，但未能留住他 35 岁的年轻生命。"① 刚刚大学毕业的杜坚作为翻译远渡重洋奔赴坦桑尼亚。这位后来成为中土公司副总经理的坦赞铁路人，38 年的职业生涯中有超过 30 年在为坦赞铁路服务。当时，杜坚夫妻两人虽在同一条铁路上工作，却服从工作需要分赴坦桑尼亚和赞比亚，难得相见，甚至多年把女儿寄养在国内同事家。"我们这批人，真的是把青春、把人生最美好的时光都献给了坦赞铁路。"② 像张敏才、杜坚这样为修建坦赞铁路抛家舍业，甚至献出生命的中国专家还有很多，他们以无私奉献铸就了坦赞铁路精神不朽的丰碑。

新时代中非合作续写坦赞铁路精神。"坦赞铁路之所以不朽，不仅在于它为东南部非洲乃至整个非洲大陆的反帝反殖和发展振兴作出了不可磨灭的历史性贡献，还在于中坦赞三国人民在建设坦赞铁路过程中共同铸就了伟大的坦赞铁路精神，为后人留下了宝贵的精神财富。"③ 几十年来，坦赞铁路精神像一条穿越时空的纽带，把中非人民紧紧联系在一起。随着"一带一路"倡议得到世界广泛支持，中非铁路合作迈向更高层次，更多地采用中国技术、中国标准的亚吉铁路、蒙内铁路以及多条正在筹划建设中的电气化铁路工程蓬勃发展，在非洲大陆筑起钢铁长城。以铁路工程为代表的中国各行各业建设者续写着坦赞铁路精神。当年负责建设坦赞铁路的中国土木工程集团仍是今天中非合作的排头兵，也是非洲家喻户晓的著名企业，更是中国"走出去"的亮丽名片。中土集团东非公司将"坦赞铁路精神"作为新员工第一课，让年轻人通过了解当年中国援建者筚路蓝缕的奋斗历程，传承和发扬红色基因。坦赞铁路精神是中国共产党精神谱系的重要组成部分，它不仅是铁路建设者艰苦奋斗的历史见证，更是中坦赞政府和人民铸就的光辉丰碑。进入新时代，在中国共产党的带领下，无数中国工程建设者继续开赴非洲大地，他们始终弘扬坦赞铁路精神，与非洲人民相互尊重，为非洲人民的幸福生活顽强

---

① 《习近平讲故事》，人民出版社，2017，第 265 页。

② 《"一带一路"语境下的"坦赞铁路精神"这样诠释》，《光明日报》2017 年 9 月 6 日。

③ 王毅：《大力弘扬坦赞铁路精神 携手打造中非命运共同体——在〈中非关系史上的丰碑——援建坦赞铁路亲历者的讲述〉发行式上的致辞》，中华人民共和国外交部网站，http://new.fmprc.gov.cn/web/gjhdq_676201/gj_676203/fz_677316/1206_678574/1209_678584/201507/t20150723_9325511.shtml。

奋斗，为世界的和平与发展无私奉献，他们正以坦赞铁路精神践行中国共产党人对世界的责任与担当，为构建人类命运共同体贡献中国智慧和中国力量。

在中国践行国际主义精神的同时，美苏之间的争霸活动继续升级，冷战进入白热化。中国利用这一国际局势的变化，与美国缓和了关系，并在20世纪70年代末期与美国建立了正式外交关系，获得了美国的承认，因而也获得西方世界的认可，中国快速完成了与西方主要国家的建交过程，中国的大国实践又迈出了重要一步。进入20世纪80年代，美苏争霸和冷战已经带给世界大量的伤害，中国迅速调整战略方针，高举起和平与反对霸权的大旗，倡导"不结盟"运动，在美苏争霸的胶着局面中打开了国际体系的空间，主导了除美国和苏联外世界体系中另一个国际政治力量，并取得了世界认可。同时，20世纪末期，在"不结盟"的指导下，中国努力推进伙伴外交的实践：1993年，中国与巴西建立"战略伙伴关系"；1996年，中国与俄罗斯建立"平等信任、面向21世纪的战略协作伙伴关系"，与印度建立"面向21世纪的建设性合作伙伴关系"，与巴基斯坦建立"面向21世纪的全面合作伙伴关系"；1997年，中国与法国建立"全面伙伴关系"，与美国提出共同致力于建立"面向21世纪的建设性的战略伙伴关系"，与东盟建立"面向21世纪的睦邻互信伙伴关系"，与墨西哥建立"跨世纪的全面合作伙伴关系"；1998年，中国与欧盟建立"面向21世纪的长期稳定的建设性伙伴关系"，与英国建立"全面的伙伴关系"，与日本确立"面向21世纪建立致力于和平与发展的友好合作伙伴关系"；等等。中国以独特的外交方式和形态与世界大多数国家和地区建立了联系，扩大了中国的朋友圈，同时也增强了影响力。中国进一步参与到国际体系中，并越来越发挥出重要影响力。

进入21世纪后，中国加入了世界贸易组织，经济实力进一步提升。同时中国准确判断国际体系未来的发展情况，准确把握住经济全球化的趋势，"全球化严格来说就是指当代世界经济全球化发展的过程和趋势，但经济全球化不是孤立的，它在文化领域中也产生了强烈的效应。一方面，在全球化经济交往过程中，不同文化伴随着经济交往而不断地进入到新的文化传统中，异质性文化相互交流和融合，对外来文化的认同、接受、容纳，是任何一个国家对传统文化进行创新时必不可少的；另一方面，经济全球化也带来了强烈的文化冲突，文化冲突的结果往往是经济强势的国家显示了其文化强势，对经济上处于劣势的国家构成巨大威胁，以至于影响人民的文化传统、习惯心理、生活方式和人文精神"。[①] 中国自古以来就有强大深厚的文化基因，但在全球化过程中也不可避免地受到了或多或少的外来文化影响，这不可避免地会影响中国构建大国形象的实践。但中国在更加积极、深入地参与到国际体系的建设和国际社会的活动的同时，也将文化自信问题考虑其中。2008 年，中国成功举办了第 29 届夏季奥林匹克运动会，在运动会的开幕式和闭幕式上，中国将现代技术手段与中国传统文化有机结合在一起，展现出了中国文化的独特和巨大魅力，不仅增强了人民对传统文化的自信心，而且将中国既古老又现代的新形象展现给世界。在 21 世纪，中国先后倡导建设了上海合作组织、博鳌亚洲论坛等大型国际组织和国际盛会，更加全面地展示了中国的无形权力，近年来，中国又发起"一带一路"倡议，并以此成立了亚洲基础设施投资银行等，进入以西方国家为主导的国际金融秩序，扩大了中国的无形权力。更重要的是，随着中国有形权力的进一步提升，中国越来越多地参与到国际事务中去，如不断提高联合国会费额度，参与在联合国安理会主导下的国际维和行动，免除贫穷落后国家债务等，并且在国际争端中充当积极的协调角色，维护世界和平与发展等。这些有效的大国实践都使中国的无形权力逐步增强了。

第二节　新中国构建大国形象的阶段特征

一　独立自主、不畏霸权、珍视和平的大国形象（新中国成立初期）

1949 年 10 月 1 日，中华人民共和国诞生了，中华民族从此自立于世界民族之林，自立于世界的东方。毛泽东同志说："我们共产党人，多年

---

①　金民卿：《全球化·大众文化·文化主权》，《河北学刊》2000 年第 6 期。

以来，不但为中国的政治革命和经济革命而奋斗，而且为中国的文化革命而奋斗；一切这些的目的，在于建设一个中华民族的新社会和新国家。在这个新社会和新国家中，不但有新政治、新经济，而且有新文化。这就是说，我们不但要把一个政治上受压迫、经济上受剥削的中国，变为一个政治上自由和经济上繁荣的中国，而且要把一个被旧文化统治因而愚昧落后的中国，变为一个被新文化统治因而文明先进的中国。一句话，我们要建立一个新中国。"① 正如毛泽东同志指明的那样，新中国成立之初，我们的大国形象的关键词是"新"，新中国和新社会既不是新中国成立之前所展现的"天朝上国"的大国形象，不是 1840 年以后衰落的积贫积弱的形象，也不是民国时期腐败懦弱的形象，更不是霸权主义国家和西方列强国家的蛮横形象。正如《共同纲领》中所描述的："为中国的独立、民主、和平、统一和富强而奋斗。"② 同时，"为保障本国独立、自由和领土主权的完整，拥护国际的持久和平和各国人民间的友好合作，反对帝国主义的侵略政策和战争政策"。③ 新中国要建立一个独立、民主、和平、统一、富强的大国形象。而面对当时苏联等国的大国主义，党和国家领导人保持着高度清醒，毛泽东同志指出："在国内，我们反对大汉族主义。这种倾向危害各民族的团结。大国主义和大汉族主义都是宗派主义。有大国主义的人，只顾本国的利益，不顾人家。大汉族主义，只顾汉族，认为汉族最高级，就危害少数民族。"④ 正如前文所说的，经过新中国成立之初的不懈努力和艰苦奋斗，新中国巩固了主权独立和领土完整。邓小平同志也提出："中国要维护自己国家的利益、主权和领土完整，中国同样认为，社会主义国家不能侵犯别国的利益、主权和领土。"⑤ 他还说："我们奉行独立自主的正确的外交路线和对外政策，高举反对霸权主义、维护世界和平的旗帜，坚定地站在和平力量一边，谁搞霸权就反对谁，谁搞战争就反对谁。"⑥ 通过"两个拳头打人"等一系列大国实践，新中国在世界展现出

① 《毛泽东选集》第 2 卷，人民出版社，1991，第 663 页。
② 《建党以来重要文献选编（1921—1949）》第 26 册，中央文献出版社，2011，第 759 页。
③ 《建党以来重要文献选编（1921—1949）》第 26 册，中央文献出版社，2011，第 768 页。
④ 《毛泽东文集》第 7 卷，人民出版社，1999，第 123 页。
⑤ 《邓小平文选》第 3 卷，人民出版社，1993，第 328～329 页。
⑥ 《邓小平文选》第 3 卷，人民出版社，1993，第 128 页。

了独立自主和不畏霸权的大国形象。

新中国成立初期，中国在国际上的大国形象在很大程度上受到了毛泽东同志的影响。尽管新中国在经济和军事上并不及当时的霸权主义国家，但毛泽东同志敢于代表中国发声，其中较有影响力的是毛泽东同志支持美国黑人人权运动。20 世纪 60 年代，美国著名黑人领袖罗伯特·F. 威廉（Robert F. Williams）因受到美国政府迫害，流亡古巴。他两次致信请求毛泽东同志发表声明支援美国黑人反种族歧视斗争。在 20 世纪 60 年代，新中国的国际环境极其恶劣，但在这样的情况下，毛泽东同志依然接受了威廉的请求，发表了《支持美国黑人反对美帝国主义种族歧视的正义斗争的声明》，产生了广泛影响。威廉在接到声明后，在古巴发表长文《毛泽东的美国黑人解放宣言》，他称赞毛泽东同志："毛泽东主席向世界各国人民发出的支援在战斗中的我们人民的呼吁，是一个新的解放宣言。""从来还没有一个强大的国家的领袖向全世界发出过这样的号召。"① 紧接着，在美国黑人领袖马丁·路德·金（Martin Luther King, Jr）被害后，毛泽东同志二次发表声明，支持美国黑人抗暴斗争。当时，美国黑人们高举毛主席的语录，高呼："要站起来战斗，不要跪着求生。"② 这一时期毛泽东同志支持世界人民正义斗争的举措得到了世界人民的认可，使中国独立自主、不畏霸权、坚持正义的大国形象得到了广泛的认可。毛泽东同志的坚定信念和个人品质在其青年时期就已经形成，青年毛泽东在改造新民学会的过程中，就确立了"改造中国与世界"的远大理想和信念，提出了改造中国与世界的方向目标、理论指导、制度选择、方法路径、具体步骤以及中国革命的历史方位、中国与世界的关系等一系列重大的理论和实践问题。毛泽东"改造中国与世界"的思想包含六个方面的内涵，即改造中国与世界是社会主义与国际主义相统一；是爱国主义和国际主义相统一；是长期目标与近期目标相统一；是在共产党领导下的宏大的社会革命实践；是在马克思主义指导下的社会革命运动；毛泽东改造中国与世界的

---

① 于展：《中国对美国黑人民权运动有什么影响》，澎湃新闻，https://www.thepaper.cn/newsDetail_forward_1403524。

② 参见杜继锋《中国民族院校办学理念的变迁研究》，中央民族大学，博士学位论文，2013。

思想是通过社会革命实现社会改造、建设新型社会制度、合理调整开放等一系列实践来展开的。[①] 毛泽东同志"改造中国与世界"的思想直接反映在了他对中国大国形象构建的具体实践上。

针对当时的国际情况，《共同纲领》第十一条对和平进行了着重的描述："中华人民共和国联合世界上一切爱好和平、自由的国家和人民，首先是联合苏联、各人民民主国家和各被压迫民族，站在国际和平民主阵营方面，共同反对帝国主义侵略，以保障世界的持久和平。"[②] 这一时期，中国展现出珍视和平的大国形象的最重要的实践是提出了著名的和平共处五项原则。周恩来在 1953 年 12 月 31 日代表中国政府与印度政府代表团谈话时提出了和平共处五项原则："互相尊重领土主权、互不侵犯、互不干涉内政、平等互惠和和平共处的原则"[③]。1954 年日内瓦会议期间，周恩来应邀访问印度和缅甸，又多次阐述了和平共处五项原则，并在联合声明中，把"平等互惠"改为"平等互利"。1955 年万隆会议期间，周恩来在阐述和平共处五项原则时，又把"互相尊重领土主权"改为"互相尊重主权和领土完整"。至此，和平共处五项原则的表述便确定下来。和平共处五项原则首次在国际文件中出现是 1954 年 4 月 29 日签署的《中印关于中国西藏地方和印度之间的通商和交通协定》。同年 6 月 28 日，中印两国总理的联合声明成为和平共处五项原则诞生的纪念日。随后，中国把和平共处五项原则写入了自己的宪法。[④] 时至今日，和平共处五项原则也是国际体系中的重要组成部分，是被世界上绝大多数国家认可的国家间交往的原则性指导。

二　改革开放的大国形象（改革开放后）

针对新中国成立后一段时间中国落后的经济社会情况，邓小平同志指出："中国在历史上对世界有过贡献，但是长期停滞，发展很慢。现在是

---

① 金民卿：《毛泽东"改造中国与世界"思想及其对新时代全面深化改革的重要启示》，《毛泽东邓小平理论研究》2019 年第 3 期。
② 《建党以来重要文献选编（1921—1949）》第 26 册，中央文献出版社，2011，第 760 页。
③ 《周恩来选集》下，人民出版社，1984，第 118 页。
④ 颜声毅：《当代中国外交》，复旦大学出版社，2004，第 97 页。

我们向世界先进国家学习的时候了。"① 因此在 1978 年 12 月 18 日，党的十一届三中全会上，邓小平同志提出了影响中国未来几十年良好发展的"改革开放"。他说："无论如何要给国际上、给人民一个改革开放的形象，这十分重要。"② 要给国际上和人民一个改革开放的形象，并带动改革开放事业快速发展，就要有一个坚强的领导核心。因此，邓小平同志明确要求："中国一定要有一个具有改革开放形象的领导集体。"③ 在具体的实践上，邓小平同志清醒地指出："经济工作是当前最大的政治，经济问题是压倒一切的政治问题。不只是当前，恐怕今后长期的工作重点都要放在经济工作上面。"④ 并且，邓小平同志基于前一阶段中国发展工业体系的具体实践成果指明了未来的发展方向，就是要进行高层次的现代化建设："要加紧经济建设，就是加紧四个现代化建设。四个现代化，集中起来讲就是经济建设。国防建设，没有一定的经济基础不行。科学技术主要是为经济建设服务的。"⑤

由于当时中国思想界较为禁锢，干部群众认为只有计划经济才是社会主义，中国发展市场经济是一种倒行逆施，改革开放困难重重。1982 年，在中国共产党第十二次全国代表大会上，邓小平同志提出："把马克思主义的普遍真理同我国的具体实际结合起来，走自己的道路，建设有中国特色的社会主义，这就是我们总结长期历史经验得出的基本结论。"⑥ 不仅邓小平同志，继任的党和国家领导同志都对中国的道路和旗帜问题有着明确的说明，江泽民同志在中国共产党第十五次全国代表大会的报告中就指出："旗帜问题至关重要。旗帜就是方向，旗帜就是形象。"⑦ 不论怎么发展经济，怎样实践社会主义，中国始终坚持的就是社会主义道路和社会主义旗帜，中国发展的底色永远是红色的，这一点是中国构建大国形象的前提和关键。因此，针对国内干部和群众的担忧，邓小平同志进一步为大家

---

① 《邓小平文选》第 2 卷，人民出版社，1994，第 132 页。
② 《邓小平文选》第 3 卷，人民出版社，1993，第 315～316 页。
③ 《邓小平文选》第 3 卷，人民出版社，1993，第 318 页。
④ 《邓小平文选》第 2 卷，人民出版社，1994，第 194 页。
⑤ 《邓小平文选》第 2 卷，人民出版社，1994，第 240 页。
⑥ 《邓小平文选》第 3 卷，人民出版社，1993，第 3 页。
⑦ 《江泽民文选》第 2 卷，人民出版社，2006，第 1 页。

解放思想，他说："我们坚定不移地实行对外开放政策，在平等互利的基础上积极扩大对外交流……中国人民有自己的民族自尊心和自豪感，以热爱祖国、贡献全部力量建设社会主义祖国为最大光荣，以损害社会主义祖国利益、尊严和荣誉为最大耻辱。"[①] 而针对国外对中国进行改革开放和发展的顾虑与担忧，邓小平同志郑重承诺："中国的发展是和平力量的发展，是制约战争力量的发展。现在树立我们是一个和平力量、制约战争力量的形象十分重要，我们实际上也要担当这个角色。"[②] 经过邓小平同志的努力，中国的改革开放事业如火如荼地开始了，中国因此确立了改革开放的大国形象。

中国的改革开放是对马克思列宁主义的科学判断，开创了中国特色社会主义道路，进行了社会主义市场经济的伟大创造，开启了改革开放和中国特色社会主义伟大事业的新征程，但中国的改革开放是将市场作为工具和手段发展社会主义的，而不是导向资本主义，邓小平同志在改革开放之初就已经对此进行了全面规定。自开启中国特色社会主义事业以来，中国的改革开放就具有鲜明的特色：有主义——既毫不动摇又与时俱进地坚持和发展马克思主义，在马克思主义的指导思想地位上既反对修正主义又反对教条主义，凸显了改革开放指导思想上的坚定性和创造性；有领导——毫不动摇地坚持中国共产党在改革开放中的领导核心地位，同时坚定不移地加强和完善党的领导，推进党的建设新的伟大工程；有目标——始终毫不动摇地坚持改革开放的社会主义和共产主义方向，始终不渝地把巩固和完善中国特色社会主义制度作为改革开放的目标；有基础——改革的主体是中国人民，改革的出发点是中国具体实际，改革的立足点是中国国家利益；有深度——始终坚持改革的全面性和深刻性，当代中国的改革是中国共产党领导中国人民所进行的第二次伟大的革命，不仅在实践上而且在理论上实现了巨大的历史性飞跃；有胸怀——科学把握时代特征与世界格局，充分吸收一切优秀文明成果，承担国际义务，为人类文明发展做出特殊贡献；有步骤——在路径方法上始终坚持改革的稳步推进性，坚持循序

---

① 《邓小平文选》第 3 卷，人民出版社，1993，第 3 页。
② 《邓小平文选》第 3 卷，人民出版社，1993，第 128 页。

渐进的改革而不是断崖式或休克式的改革，正确处理好改革发展稳定的关系；有勇气——改革作为一项全新的探索性、试验性的事业，是纠错创新和自我革命，既改革外在的、体制方面的问题，也改革内在的、党自身的问题，社会革命和自我革命应同时进行；有底线——改革开放是全面深刻的，但绝不是没有底线的，这就要求我们坚守政治底线，坚持四项基本原则；坚守国家利益底线，绝不牺牲国家核心利益；坚守理论底线，创新理论，绝不动摇指导思想；坚守人民利益底线，绝不牺牲人民利益来获取经济发展，一旦有了这样的趋势和做法，就要及时坚决地纠正。[①]

三　和平与发展的大国形象（21 世纪）

进入 21 世纪后，国际局势和国内情况都发生了重大变化。在 20 世纪 80 年代，邓小平同志就敏锐地提出了"和平与发展"的时代主题。他说："现在世界上真正大的问题，带全球性的战略问题，一个是和平问题，一个是经济问题或者说发展问题。"[②] 同时，邓小平同志也指出了和平与发展的主要困难："和平问题是东西问题，发展问题是南北问题。"[③] 也就是说，在当时的国际环境下，美苏两国争霸是影响全球和平的最关键因素，当时的情况下，冷战阴影笼罩全球，美国和苏联各自组成了军事同盟——两个国家、两种制度的对抗主要出现在世界的东西两端；而与此同时，发展的问题主要体现在世界的南北两端，以美国、英国等为代表的北半球国家多是富裕国家，而位于南半球的广大亚非拉美国家则处于相对贫困之中，许多国家甚至还在进行艰苦卓绝的民族独立战争。邓小平同志对这两个问题进行深入思考后，着眼长远，认为世界未来的主要问题将是发展的问题，邓小平同志提出这一时代主题是基于深刻的国际背景的，"冷战结束的一个直接后果就是存在了四十多年的两极格局解体，美国成为唯一的超级大国。这一变化给世界局势和中国的外部环境带来了深刻影响"。[④]

---

① 参见金民卿《改革开放是具有鲜明个性的伟大社会革命》，《马克思主义研究》2018 年第 11 期。
② 《邓小平文选》第 3 卷，人民出版社，1993，第 105 页。
③ 《邓小平文选》第 3 卷，人民出版社，1993，第 105 页。
④ 宫力等：《和平为上：中国对外战略的历史与现实》，九州出版社，2007，第 244 页。

正如我们今天所看见的，美国在军事和政治上击垮了苏联，在经济上打压了日本，巩固了美国在政治、经济、军事等方面的超级霸主地位，然而90年代开始，中国逐渐参与到世界体系之中，加入了世界贸易组织，灵活应用世界体系规则，赢得了发展机会，展现出了强劲的上升势头。美国基于这一情况，开始对中国施加压力，把中国作为其全球范围内最大的竞争对手，并开始在各领域展开对中国的骚扰、打压与围剿，这一情况从20世纪90年代开始一直延续至今。在这样的历史条件下，江泽民同志与胡锦涛同志等党和国家领导人继续推进构建中国和平与发展的大国形象的历史任务，并且进一步全面诠释了中国和平与发展的大国形象。

1999年2月，江泽民同志在全国对外宣传工作会议上对这一时期构建中国的大国形象进行了明确指示，核心内容包括坚定不移地走自己的路并最终实现现代化的形象，坚持实行改革开放的形象，爱好和平的形象，为维护安定团结和实现繁荣富裕而不懈奋斗的形象，社会主义法治国家形象。[①] 这是对21世纪中国构建什么样的大国形象以及怎样构建大国形象的进一步具体而直接的说明，并且应当注意的是，江泽民同志在相关讲话中谈及构建中国大国形象时使用的主语均是"中国人民"，这种坚持人民史观的立场与态度正是中国在21世纪能够奋起直追，充分展现力量、信仰、希望的根源所在。

进入21世纪以后，尤其是1992年我国的经济实力进一步提升，大国权力得到快速构建，世界已经开始期待听到中国声音，中国在构建大国形象的同时，也开始积极回应世界的疑惑，党和国家认识到"建立什么样的国际新秩序，是当前国际社会普遍关心的重大问题"。[②] 在这一问题上，中国坚持从历史出发，从我们的经验出发，并提出了让世界接受认可的新主张，即"在互相尊重主权和领土完整、互不侵犯、互不干涉内政、平等互利、和平共处等原则的基础上，建立和平、稳定、公正、合理的国际新秩序"。[③] 我们同时向世界说明，这样的新秩序的覆盖面应当是全面的，包括要建立一个平等互利的国际经济新秩序。在国际经济的新秩序中，我

---

① 江泽民：《在全国对外宣传工作会议上的讲话》，《人民日报》1992年2月27日。
② 《江泽民文选》第1卷，人民出版社，2006，第243页。
③ 《江泽民文选》第1卷，人民出版社，2006，第243页。

们重视发展要务，尊重文明多样性，正视各国家、各民族因历史传承而存在的制度差异，做到在求同存异中共同发展。这也就是说，我们不仅关注中国的发展，而且重视世界的共同发展，并对这一发展愿景进行了庄严承诺。基于以上前提，中国提出了建立新的国际秩序的愿望，这一新秩序包括政治、经济、文化、安全等方方面面，在实践的发展中得到了越来越多的国家与世界人民的认同。在这一时期，中国的迅速发展也遭到了西方国家的恶意诽谤，敌对势力在世界范围内宣扬"中国威胁论""中国新殖民主义"等论调，号称中国的发展必定导致对周边国家的扩张，从而成为全球和平的巨大隐患。对此，中国领导人向世界各国与爱好和平的世界人民做出庄严承诺——"中国也将永远不称霸，永远不搞扩张"①。1953年，周恩来总理提出了"和平共处五项原则"②，1955年，他呼吁"本着求同存异的方针"③ 对待民族主义国家；1974年，邓小平同志阐释了"三个世界"理论，承诺"中国永远不称霸"；1995年，江泽民同志承诺"绝不会对任何国家构成威胁"④。同时，我们展现出不畏霸权、反对霸权的大国形象。因为"霸权主义和强权政治，少数几个国家垄断和操纵国际事务，是行不通的"⑤。

进入21世纪以后，我国的综合国力再次提升，中国具备了大国实力，并且大国权力也得到了基本的保障，中国开始更多地参与到世界体系的建设中。因此，中国构建大国形象时的关注更广也更深入了。"坚持以人为本，树立全面、协调、可持续的发展观，促进经济社会和人的全面发展。"⑥ 中国首先立足本国实际提出了构建和谐社会的理念，并将这一理念上升成为社会主义的本质属性，加强了中国构建的社会主义大国形象，使这一形象的内涵更加生动、更加科学、更加有说服力。其次，我们保持对全世界与全人类的关怀，在世界范围内提出了构建和谐世界的理念，不仅胡锦涛同志关于和谐世界的理念得到了全球范围内的热烈响应与支持，

---

① 《改革开放三十年重要文献选编》（下），中央文献出版社，2008，第1321页。
② 《周恩来选集》（下），人民出版社，1984，第118页。
③ 《周恩来外交文选》，中央文献出版社，1990，第153页。
④ 《江泽民文选》第1卷，人民出版社，2006，第481页。
⑤ 《江泽民文选》第1卷，人民出版社，2006，第243页。
⑥ 《十六大以来重要文献选编》（上），中央文献出版社，2005，第465页。

在其后习近平总书记进一步提出的人类命运共同体理念更是呼应了全球各国与各国人民的关切。"和谐世界"理念是对中国和平与发展的大国形象的具体体现和高层次表达，中国不仅关注自身的发展，也关注世界的发展，不仅要着力提高中国人民的生活水平，也关心全世界人民的福祉与发展。党和国家领导人深刻地认识到随着中国改革开放的逐步深入与发展，中国已经越来越多地同世界发生了联系，这种联系不仅仅是经济方面的，而且是全方位的、深层次的，因此这种变化是历史性的，这也就是为什么说，中国的前途命运日益同世界的前途命运联系在一起。因此，"中国发展离不开世界，世界繁荣稳定也离不开中国。中国人民将继续同各国人民一道，为实现人类的美好理想而不懈努力"。①

第三节　新时代中国大国形象的特征

2017 年 10 月 18 日，习近平总书记在党的十九大报告中向全世界庄严宣告："经过长期努力，中国特色社会主义进入了新时代，这是我国发展新的历史方位。"②

一　新时代中国大国形象的理论品格

理论品格是理论最鲜明的特征。新时代中国的大国形象是以习近平同志为核心的党中央站在历史和时代的制高点带领中国人民和中华民族在国家形象事业上的伟大实践，展现出了鲜明的时代性、正义性和未来性。

1. 时代性

新时代的中国大国形象最重要的理论品格就是时代性，这是中国作为一个社会主义大国所决定的。新中国的历史已经证明，中国大国实践的每一个重要节点，都有基于当时时代特征和历史条件的指导思想。习近平新时代中国特色社会主义思想就是新时代中国大国形象的指导思想。站在新

---

① 《胡锦涛文选》第 2 卷，人民出版社，2016，第 651 页。
② 《习近平谈治国理政》第 3 卷，外文出版社，2020，第 8 页。

的历史方位上提出的习近平新时代中国特色社会主义思想是对中国新的历史条件的清醒认识，是对中国新的历史任务的科学解答，因此具有时代性。同时，中国作为当今世界的大国，肩负着不可推卸的国际责任，中国参与到国际体系的建设中，展现出的大国形象也是具有时代性的。正如当今世界主题仍然是和平与发展一样，新时代的中国大国形象展现出的时代性正是中国对国际社会清醒的认识，也是对国际社会所面临问题负责任的回应，更是对时代主题的准确解读和表率实践。

2. 正义性

大国形象应当是对"大国"品格的正向追求，这种带有正向品格追求的大国形象是对西方以国家利益建构国家形象的理论升华。不同于西方大国对国家形象的实践，中国自成立之初起就将国家的品格属性与国家利益放在同等重要的地位。这也是为什么新中国成立初期和新时期两个阶段，中国在面临世界霸权主义国家围追堵截的困难局面时，仍能够自立于世界，并且获得其他国家支持的重要原因。新时代中国大国形象继承了中国几十年实践取得的成功经验和精神内涵，因此，正义性是新时代中国大国形象的理论品格中的题中应有之义。并且，随着进入新时代，中国的大国实力进一步提升，大国权力也得到有效实施，新时代的中国在国际体系中坚持正义等大国品格获得了国际社会更多国家的拥护与欢迎。构建具有正义性的大国形象与中国的大国实践相辅相成、相互促进、相得益彰。

3. 未来性

随着中国大国实力的提升，中国在国际体系中的影响力逐步扩大，对国际秩序改善和国际体系建设发挥了重要作用。一个国家实力足以参与国际秩序改善和国际体系建设的大国，必须回答的问题是，世界秩序和国际体系的走向应当是怎么样的，也就是世界的未来是什么样的，会变得更好还是更坏？因此，作为大国的中国，在新时代构建出的大国形象就带有明显的未来性需求，这种需求不仅回答了中国未来展现出什么形象，而且应当描绘出当前世界秩序和国际体系的美好未来，以满足世界对中国声音和中国方案的需求，增加世界各国和世界人民的信心。依照新时代中国大国形象的基本特征，新时代的中国大国形象应当为世界各国和世界人民带来持久和平、持续发展、平等合作，并且能够在全球范围内实现共赢，助力人类社会朝着和谐世界的方向快速前进。

二　新时代中国大国形象的实践指向

实践源于对正确理论的运用和对历史大势的把握，祖国统一、民族复兴是新时代的重要主题，也是中国大国独立自主、主权完整的重要内容。发展是硬道理，在我们构建大国形象的同时，要做好自己的事，这也是顺利构建新时代中国大国形象的物质保障和实践前提。

1. "四个全面"战略布局增强有形权力

在新时代，构建中国大国形象的实践指引是"四个全面"战略布局。"四个全面"战略布局，是以习近平同志为核心的党中央科学分析中国特色社会主义实践的具体情况，谋篇布局、依次推进、相继提出、综合形成的，为夺取中国特色社会主义新胜利、实现中华民族伟大复兴提供了有力战略支撑和理论保证。随着实践的发展，"四个全面"战略布局的内涵和要求也必将得到丰富和发展，在坚持和发展中国特色社会主义、实现中华民族伟大复兴的历史进程中发挥着持久的引领力。在 2020 年全面建成小康社会后，要继续激励全党全国各族人民为实现第二个百年奋斗目标而努力，踏上建设社会主义现代化国家新征程，让中华民族以更加昂扬的姿态屹立于世界民族之林。继续深化改革是对中国以往大国实践的全面客观评价，也是对未来发展方向的清晰科学规划，继续深化改革将保证中国在经济、军事、政治等各方面继续进步，各方面实力的继续提升，将为中国形成更强大的有形权力。

习近平总书记在党的十八届四中全会第二次全体会议上指出："从现在的情况看，只要国际国内不发生大的波折，经过努力，全面建成小康社会目标应该可以如期实现。"[①] 那么，实现了既定目标后，"四个全面"战略布局就会过时吗？作为有着未来性理论品格的中国大国形象，这一实践举措必将是长期的、有效的。作为中央制定的重大战略布局，"四个全面"战略布局具有丰富的理论内涵和强大的生命力。实践是推动认识发展的动

---

① 《习近平关于协调推进"四个全面"战略布局论述摘编》，中央文献出版社，2015，第99页。

力。在中国特色社会主义实践发展的同时，"四个全面"战略布局的内涵和要求也随着实践的进程不断发展。当中国特色社会主义实践进入到下一个阶段时，"四个全面"战略布局的龙头必定会指引向更高的层次，提出更高的要求。全面建成小康社会不仅是"四个全面"战略布局的战略目标，更是实现"中华民族伟大复兴"这一宏伟目标的重要组成部分，全面深化改革、全面依法治国和全面从严治党不仅是"四个全面"战略布局的战略举措，更是实现"中华民族伟大复兴"这一宏伟目标的重要手段。从这个意义上来讲，"四个全面"战略布局在中国特色社会主义实践发展中具有长久的生命力，我们应当全面、动态、发展地学习和研究"四个全面"战略布局，也应当未雨绸缪，把握重点，不断完善"四个全面"战略布局的新内涵、新要求，为中国特色社会主义的伟大实践提供源源不断的思想动力，为新时代中国大国形象源源不断地增强有形权力。

2. 争取国际话语权捍卫无形权力

长期以来，西方国家，尤其是霸权主义国家，对国际话语权的垄断主要是通过其文化霸权实施的，一方面西方国家通过文化霸权牢牢把控了国际话语的方向；另一方面西方国家通过文化霸权侵犯他国文化主权，从而打压他国的国际话语权。有学者指出，西方实施文化霸权主要有四种手段和途径，包括：资本支持——西方国家借助强大的资本力量建立了巨大的媒体帝国，试图形成覆盖全球的媒介霸权；技术控制——网络技术上的非对称性，严重削弱了广大发展中国家开展网络意识形态斗争的能力；规则垄断——垄断国际文化标准，是西方国家推行文化霸权的有力武器；话语操纵——西方国家进行话语操纵的主要方式，就是制造所谓的普世性话语。[①]

习近平总书记结合中国 40 年来的大国实践，准确分析了中国在国际体系中的地位与作用，正如他在庆祝改革开放 40 周年大会上的讲话中指出的："40 年来，我们始终坚持独立自主的和平外交政策，始终不渝走和平发展道路、奉行互利共赢的开放战略，坚定维护国际关系基本准则，维护国际公平正义。我们实现由封闭半封闭到全方位开放的历史转变，积极

---

① 金民卿：《西方文化霸权的"四大法宝"会不会失灵？》，《人民论坛》2016 年第 31 期。

参与经济全球化进程，为推动人类共同发展作出了应有贡献。我们积极推动建设开放型世界经济、构建人类命运共同体，促进全球治理体系变革，旗帜鲜明反对霸权主义和强权政治，为世界和平与发展不断贡献中国智慧、中国方案、中国力量。我国日益走近世界舞台中央，成为国际社会公认的世界和平的建设者、全球发展的贡献者、国际秩序的维护者！"① 从历史上来看，在新中国成立初期和新时期两个历史阶段，中国党和国家领导人准确分析国际体系的变化情况，构建了中国珍视和平、不畏霸权的国际形象，又在国际社会首先提出了和平共处五项原则，赢得了国际社会的尊重和拥护，巧妙地展现了中国的无形权力。中华民族和中国人民自古以来就是爱好和平的，自新中国成立以来就是世界和平与世界人民福祉的守护者与贡献者。进入新时代后，中国的大国实力取得了历史性的进展，中国作为世界和平最重要的建设者的能力进一步提高了，但我们绝不轻易使用武力或使用武力相威胁，中国的发展不会成为任何国家的威胁，因而，新时代中国构建与国家实力匹配的无形权力，就要通过争夺话语权来实现。正如前文所述，新时代中国不仅要从中华文明中获得力量，也要向世界文明学习取经，将世界各国人民的有益经验融入到中国的话语体系中，更好地讲好中国故事，为世界贡献中国智慧、中国方案和中国力量，从而形成良性循环，增强中国作为大国的无形权力。

三　新时代中国大国形象的精神实质

和平与发展是当今世界的主题，中国是世界和平的缔造者和守护者。中国在世界上的大国形象一方面要展现自身价值理念，另一方面也要关切世界和人类需求。

1. 以"和平、发展、合作、共赢"为主线

新时代的中国大国形象其精神实质的重要体现就是不仅要面向新时代国内情况的变化，同时要面向新时代国际体系的需要。国际体系的需要就是时代的主题和主线，自邓小平同志提出"和平与发展"是时代的主题后，中国在 70 多年的大国实践中始终是世界持久和平与蓬勃发展的主要

---

① 习近平：《在庆祝改革开放 40 周年大会上的讲话》，人民出版社，2018，第 17～18 页。

维护者、建设者与贡献者。进入新时代，习近平总书记综合科学分析了国际体系的新变化，指出了世界发展新潮流。习近平当选新一届中国国家主席后，开启了新时代中国外交进程的崭新一页，2013 年 3 月 23 日，在莫斯科国际关系学院，习近平主席发表了主题为《顺应时代前进潮流，促进世界和平发展》的演讲，他指出："这个世界，和平、发展、合作、共赢成为时代潮流，旧的殖民体系土崩瓦解，冷战时期的集团对抗不复存在，任何国家或国家集团都再也无法单独主宰世界事务。"① 同时，习近平主席着重强调："要跟上时代前进步伐，就不能身体已进入 21 世纪，而脑袋还停留在过去，停留在殖民扩张的旧时代里，停留在冷战思维、零和博弈老框框内。"② 在习近平主席领导下的新时代中国大国形象的实践中，他多次在不同场合重申了中国对世界潮流的认识，并多次重申中国对改善世界体系做出的努力。2014 年 3 月 28 日，习近平主席在德国科尔伯基金会发表演讲，他再次强调："历史告诉我们，一个国家要发展繁荣，必须把握和顺应世界发展大势，反之必然会被历史抛弃。什么是当今世界的潮流？答案只有一个，那就是和平、发展、合作、共赢。"③ 习近平主席的演讲实际指明了中国进入新时代后，立足中国国情，分析世界情况，提出的关于构建新型国际体系的中国方案，这个新方案，就是在坚持和平与发展的基础上，以合作替代对抗，以共赢取代零和。

在新时代中国大国形象的实践中，中国始终坚持价值取向，合作共赢的国际体系本就是带有价值属性的，习近平主席又多次声明了中国的态度，早在 2012 年 12 月 27 日，习近平主席会见第 67 届联合国大会主席耶雷米奇时就强调，中国"推动实现世界和平发展、合作共赢、公平正义"④。对公平正义的追求，正是新时代中国大国形象重要的精神实质，在旧的国际体系中，在对抗局面和零和博弈下，公平正义从未被真正实践在大国的国际活动中，中国的表态，顺应了当今国际体系的需要，也反映

---

① 《习近平谈治国理政》，外文出版社，2014，第 272 页。

② 《习近平谈治国理政》，外文出版社，2014，第 273 页。

③ 《习近平谈治国理政》，外文出版社，2014，第 266 页。

④ 《习近平会见联合国大会主席时主张各国携手实现世界和平发展、合作共赢、公平正义》，《人民日报》2012 年 12 月 28 日。

了国际体系中各个国家的呼声。在 2014 年，习近平主席在联合国教科文组织进行的历史性访问中，他全面深刻地阐释了文明交流互鉴的理念，提出以文明交流互鉴推动和平、发展、合作、共赢的理念。5 年后的 2019 年 3 月，习近平主席在对法国、意大利等国的访问中，又再次重申了中国的理念，获得了世界的认同。①

中国"和平、发展、合作、共赢"的新型国际关系理念得到国际社会越来越多的认可，这也将是中国构建新时代大国形象的主线，中国将在国际体系中秉承公平正义的价值观展现出对持久和平的维护、对长远发展的推动、对国际合作的倡导以及对全球共赢的贡献，从而为构建新时代中国大国形象增加无形权力。

2. 以"中华民族伟大复兴"为目标

中国共产党第十八次代表大会以来，习近平总书记带领全党全国人民进行了卓有成效的大国实践，其中，以实现"中华民族伟大复兴"的"中国梦"是最引人注目的地方。百年苦难，中华民族和中国人民经历了侵略、殖民、压迫、剥削和战乱，国家山河破碎，人民深陷苦难。中国共产党诞生后，经过艰苦卓绝的奋斗抗争，带领中华民族和中国人民走出长期磨难，建立了新中国，取得了民族独立，取得了主权独立，并在随后的几十年中，顶住压力，不断维护中国主权和领土完整，不断带领中国走上富裕强大的道路。

中华文明是人类历史上最光辉璀璨的一页，中华文明曾经的荣耀根植在每一个中华儿女的记忆基因中，复兴中华民族，使中华文明重回世界优秀文明之列是中国共产党和新时代中国人民取得的重大机遇，也是不可推卸的历史责任。因此，不论是不断增强中国的国家实力，体现中国的国家权力，还是构建新时代中国大国形象，都是为了完成"中华民族伟大复兴"的目标。中国的发展离不开世界，世界的发展也离不开中国，中国越来越多地参与到国际体系中，为国际体系和世界人民做出了越来越多的巨大贡献。但是，我们始终应当保持清醒的是，中国对世界的贡献和在国际

---

① 参见《习近平同意大利总理孔特举行会谈》，《人民日报》2019 年 3 月 24 日；《习近平同法国总统马克龙会谈》，《人民日报》2019 年 3 月 26 日。

体系中的作用是以不断提升自己的国家实力和国家权力为基础的，而新时代的中国的目标就是要实现"中华民族伟大复兴"，正如习近平总书记在中国共产党第十九次全国代表大会上指出的："实现中华民族伟大复兴是近代以来中华民族最伟大的梦想"①。五四运动以来，中华民族在实现伟大复兴的征程上，成立了中国共产党，建立了新中国，推进了改革开放和中国特色社会主义事业，今天，我们正沿着正确的道路继续前行，必将实现一个"中华民族伟大复兴"的中国大国形象。

3. 以"人类命运共同体"为归旨

习近平总书记以面向世界的宽阔胸襟、面向未来的长远眼光，创造性地提出了构建"人类命运共同体"的倡议。他指出："世界格局正处在一个加快演变的历史性进程之中，和平、发展、进步的阳光足以穿透战争、贫穷、落后的阴霾，经济全球化、社会信息化极大解放和发展了社会生产力，创造了前所未有的发展机遇；同时，恐怖主义、金融动荡、环境危机等问题愈加突出，给我们带来前所未有的挑战。面对全球性挑战，没有哪个国家可以置身事外、独善其身，世界各国需要以负责任的精神同舟共济、协调行动。人类生活在同一个地球村，各国相互联系、相互依存、相互合作、相互促进的程度空前加深，国际社会日益成为一个你中有我、我中有你的命运共同体。"② 在中国共产党第十八次全国代表大会后，习近平主席作为中国国家领导人，在多个国际场合阐述了"人类命运共同体"的构想，并于2015年9月在纽约联合国总部出席第七十届联合国大会一般性辩论时全面阐释了"人类命运共同体"的构想："当今世界，各国相互依存、休戚与共。我们要继承和弘扬联合国宪章的宗旨和原则，构建以合作共赢为核心的新型国际关系，打造人类命运共同体。"③ 2017年10月18日，习近平总书记在中国共产党第十九次全国代表大会的报告中呼吁："各国人民同心协力，构建人类命运共同体，建设持久和平、普遍安全、共同繁荣、开放包容、清洁美丽的世界。要相互尊重、平等协商，

① 习近平：《决胜全面建成小康社会　夺取新时代中国特色社会主义伟大胜利——在中国共产党第十九次全国代表大会上的报告》，人民出版社，2017，第13页。

② 《习近平总书记系列重要讲话读本》，人民出版社，2016，第265页。

③ 《习近平谈治国理政》第2卷，外文出版社，2017，第522页。

坚决摒弃冷战思维和强权政治，走对话而不对抗、结伴而不结盟的国与国
交往新路。要坚持以对话解决争端、以协商化解分歧，统筹应对传统和非
传统安全威胁，反对一切形式的恐怖主义。要同舟共济，促进贸易和投资
自由化便利化，推动经济全球化朝着更加开放、包容、普惠、平衡、共赢
的方向发展。要尊重世界文明多样性，以文明交流超越文明隔阂、文明互
鉴超越文明冲突、文明共存超越文明优越。要坚持环境友好，合作应对气
候变化，保护好人类赖以生存的地球家园。"① 习近平总书记提出的"人
类命运共同体"构想获得了世界各国和世界人民的高度认可。

习近平总书记提出的"人类命运共同体"构想，其精神实质为：建立
平等相待、互商互谅的伙伴关系，营造公道正义、共建共享的安全格局，
谋求开放创新、包容互惠的发展前景，促进和而不同、兼收并蓄的文明交
流，构筑尊崇自然、绿色发展的生态体系。也就是说，"人类命运共同体"
具备了三个层次的重大意义，首先，"人类命运共同体"是以中国智慧启
示世界；其次，"人类命运共同体"是以中国方案推动世界；最后，"人
类命运共同体"是以中国贡献繁荣世界。② "人类命运共同体"构想的提
出，正是中国作为世界大国肩负的责任，这种责任不仅是对中华民族和中
国人民的，也不仅是对国际体系持久和平的，更是对全人类发展进步的。
"人类命运共同体"构想具有价值属性，是中国作为新时代大国不同于以
往大国的具体体现。

---

① 《习近平著作选读》第 2 卷，人民出版社，2023，第 48 页。
② 王政淇、常虹、万鹏等：《习近平提出"人类命运共同体"重大意义（一、二、三）》，
　　人民网，http：//politics. people. com. cn/n1/2018/0124/c1001 - 29784322. html。

第八章　中国大国形象的内涵及其塑造

当前，我们正处于世界百年未有之大变局和中华民族伟大复兴战略全局相互交织、相互影响的关键时刻，"东升西降"正是"两个大局"的核心变量，世界社会主义由低潮走向复兴、中华民族实现社会主义强国目标是历史的必然趋势。但是，世界上腐朽的、落后的力量和依靠血腥殖民、强权政治、霸权主义崛起的旧势力并不会正视历史潮流、甘愿缴械投降。"帝国主义亡我之心不死"，从中华人民共和国成立的那一天起，敌对势力的"打压""制裁""围堵"就从未停止，甚至与日俱增。但正如邓小平同志在《社会主义的中国谁也动摇不了》中指出的那样："我们处于被孤立、被封锁、被制裁的地位有几十年之久。但归根结底，没有损害我们多少。"①"我们绝不能示弱。你越怕，越示弱，人家劲头就越大。并不因为你软了人家就对你好一些，反倒是你软了人家看不起你。"②中国人民是压不垮、吓不倒的，在中国共产党的坚强领导下，中国人民艰苦奋斗、自力更生，尤其是经过改革开放40多年的伟大实践，"极大改变了中国的面貌、中华民族的面貌、中国人民的面貌、中国共产党的面貌"③。中国的巨大飞跃和伟大成就证明了中国理论的先进性、中国道路的正确性、中国制度的合理性、中国方案的可行性，同时增强了中国人民的信心，也有力地回击了世界上一切"唱衰者"，让"中国崩溃论"先行崩溃。

进入新时代，我们面临的新局面是：在中国共产党的领导下，中华民族和中国人民快速实现了"站起来"与"富起来"的目标，再无"挨打""挨饿"之忧，但是我们继续朝着"强起来"努力奋进、砥砺前行的同

---

① 《邓小平文选》第3卷，人民出版社，1993，第329页。
② 《邓小平文选》第3卷，人民出版社，1993，第320页。
③ 习近平：《在庆祝改革开放40周年大会上的讲话》，人民出版社，2018，第19页。

时，"挨骂"之事始终困扰着我们，"抹黑""污蔑""构陷"阴魂不散，"中国威胁论"甚嚣尘上。面临这种情况，我们自然应当"咬定青山不放松"，但也绝不能"任尔东西南北风"。正如邓小平同志指出的："世界上希望我们好起来的人很多，想整我们的人也有的是。我们自己要保持警惕，放松不得。"① 面对敌对势力的不怀好意，我们不仅要坚决回击、以正视听，做到"千磨万击还坚劲"，而且要勇于斗争、善于斗争。一般来说，形象的构建过程存在于"自我"与"他者"之间，是行为、价值等信息的流动、反映与转换，具有间接性和过程性，为了避免"他者"以想象代替"自我"的形象，造成以偏概全、混淆视听，就要求我们做到积极作为、有所突破，抢占高地。

党的十八大以来，在以习近平同志为核心的党中央坚强领导下，中国共产党作出一系列重大决策，实施一系列重大举措。党的宣传思想战线积极作为、开拓进取，党的理论创新全面推进，中国特色社会主义和中国梦深入人心，社会主义核心价值观和中华优秀传统文化广泛弘扬，主流思想舆论不断巩固壮大，文化自信得到彰显，国家文化软实力和中华文化影响力大幅提升。进入新时代，应对新局面，更需新作为。习近平总书记在2018年全国宣传思想工作会议上指出："必须自觉承担起举旗帜、聚民心、育新人、兴文化、展形象的使命任务。"② 举旗帜是定方向、聚民心是强基础、育新人是保未来、兴文化是增自信、展形象是新突破。习近平总书记指出："兴文化，就是要坚持中国特色社会主义文化发展道路，推动中华优秀传统文化创造性转化、创新性发展，继承革命文化，发展社会主义先进文化，激发全民族文化创新创造活力，建设社会主义文化强国。"③ "展形象，就是要推进国际传播能力建设，讲好中国故事、传播好中国声音，向世界展现真实、立体、全面的中国，提高国家文化软实力和中华文化影响力。"④ 因此，为了实现在新时代展现中国形象的新突破就必须增强"四个意识"、坚定"四个自信"，尤其要坚定文化自信，以文

① 《邓小平文选》第3卷，人民出版社，1993，第319～320页。
② 《习近平谈治国理政》第3卷，外文出版社，2020，第312页。
③ 《习近平著作选读》第1卷，人民出版社，2023，第194页。
④ 《习近平著作选读》第1卷，人民出版社，2023，第194页。

化自信指导新时代中国大国形象的构建，完成增强中华文明传播力影响力的使命任务，向世界"展现可亲、可敬、可爱的中国形象"①。

第一节　中国大国形象的三个维度

什么是"中国形象"？习近平总书记有明确的论述："要注重塑造我国的国家形象，重点展示中国历史底蕴深厚、各民族多元一体、文化多样和谐的文明大国形象，政治清明、经济发展、文化繁荣、社会稳定、人民团结、山河秀美的东方大国形象，坚持和平发展、促进共同发展、维护国际公平正义、为人类作出贡献的负责任大国形象，对外更加开放、更加具有亲和力、充满希望、充满活力的社会主义大国形象。对那些妖魔化、污名化中国和中国人民的言论，要及时予以揭露和驳斥。做这项工作，要大音希声、大象无形，坚持不懈、久久为功，让当代中国形象在世界上不断树立和闪亮起来。"② 中国形象，要素是"文明""东方""负责任""社会主义"，定位是"大国"。

"大就要有大的样子。"③ 什么是"大"？什么是"大国"？西学语境谓之"Big""Big Power（Big Country）"，如联合国安理会常任理事国就被称为"Big Five"（五大国）。但是，在英语系中，通常不使用"Big Power"代指"大国"，这是因为，人类历史上的许多"Big Country"实际上是"大而不强"的。因此，西方学界约定俗成地使用"Great Prower"来代指"大国"，不仅表达"大"的基本要素，而且内含"强"的实力要求。与此同时，西学语境的"大"具有层级性，如"Big"之上为"Great"，"Great"之上为"Super"。"Great Power"之上为"Super Power"，即"超级大国"。这根植于西方（新）现实主义理论，体现出对立习惯和零和思维。邓小平同志也对超级大国有过明确的界定："超级大国，不仅经济上是很发达的，而且在政治上、军事上一定是控制、掠夺、剥削

---

① 《习近平著作选读》第1卷，人民出版社，2023，第38页。
② 《习近平关于社会主义文化建设论述摘编》，中央文献出版社，2017，第202页。
③ 《习近平著作选读》第2卷，人民出版社，2020，第105页。

和欺负别的国家，在世界范围内称王称霸，争夺世界霸权。这样的国家才能叫超级大国。用简单的语言说，超级大国是世界上最大的剥削者、最大的侵略者。"① 而在今日中国，党和国家重要文件的英文版中，描述"大国"通常使用的是"Major Country"，"Country"一词更好地回归了国家的本质，跳出了对抗思维。

在中国常识里，《说文解字》讲："天大、地大、人亦大。故大象人形。"《庄子》道："天地者，形之大者也；阴阳者，气之大者也。""大国"则是"地大物博、人口众多"。然而，如果仅从经验的路数和数量的标准来定义"大国"，稍有失底蕴，似粗疏简陋。中国学者向来不以划层定级、规范他者为能事，而是以实事求是、自我革命为追求，展现出中国学者的气派、风格与精神。既然"大象人形"，那么"大国"也自然有其品格，做到"形""气"并举。"大"就是要符合"善""信""美""大""圣""神"等标准，并且始终秉持"士希贤，贤希圣，圣希天"的奋斗精神。那么，"大国"就是要"内圣外王"，"'形于中'，而'发于外'"②，内以精神为之"大"，外以体量为之"大"。

什么是"大的样子"？样子就是形象，"大的样子"就是大国形象。"大国形象"不仅包括"是什么"和"怎么样"，而且包括"做什么"和"怎么做"。与其说"大国形象"是一个"概念"，不如说是一种"理念"，即一种无限趋近抵达美好的概念补充与完善，是一场由中国共产党、中华人民共和国、中国人民和中华民族主导的创造人类历史和国家存在方式的形象革命。众所周知，"大国形象"根源于文化，也同文化一样，产生软实力。人类历史过去的几个世纪里，英法等国的坚船利炮和贸易航线支撑了殖民帝国的软实力，美国的战争机器和美元政治构建了霸权主义的软实力，但是，"威慑""恐吓"并不是"大国形象"的未来，中国形象的软实力应该是"为中国人民谋幸福、为中华民族谋复兴、为人类谋和平与发展"服务的，是能够使世界人民感受到美好的。与此同时，应当明确的是，"大小"是绝对概念，"强弱"是相对概念。国格无大小，国力有

---

① 《邓小平文集（1949～1974）》下卷，人民出版社，2014，第360页。
② 《习近平关于社会主义文化建设论述摘编》，中央文献出版社，2017，第199页。

强弱；强弱是显现结果，如何变强更是大国的必修内功，选择变强的路径更衡量了大国的品格高低。纵观人类近代历史，往日之强是殖民和炮舰，今日之强是英语和美元，而未来之强应是和平与发展。正如许多评论家指出的那样，中国是近500年人类历史上唯一不依靠殖民、欺诈和战争而崛起的大国。中国的强大没有血腥的罪恶。我们为今日"大国"艰苦奋斗，就是为了实现未来"强国"既定目标，而实现由"大国"变为"强国"的过程与方式，则真正展现了中国的"大国形象"。

构建中国形象不能生搬硬套，采取"拿来主义"，简单地"扬弃"世界各民族、各国家的优秀形象内容必然会"水土不服"，得不偿失，而应当扎根中国土地、反映中国文化，具备中国风格，展现中国气派。因此，描述中国形象，除了已经明确的"大国"标准外，还应当确定三个基本准则。

中国大国形象是**中国的**。中国形象首先是中国的，中国形象不是美国形象，也不是印度形象，中国形象应当书写在中国大地上，展现中华优秀传统文化，体现中华民族的过去、现在和未来。

中国大国形象是**"中国特色的"**。一方面，中国不是西学定义的民族国家，按照当前较为流行的说法，至少应当是文明国家，中国形象应当展现出"各美其美、美美与共"的基本特征。另一方面，中华文明源远流长、辐射广泛，形成了享誉世界的中华文明圈。但当今中国并不仅仅是历史的中国，中华文明的今天已经取得了更为长足的进步，这就是具备了明显的"中国特色"，因此中国形象不能是同一文化圈里的日本形象或者新加坡形象。

中国大国形象是**"中国特色社会主义的"**。这是构建中国形象最为重要的特征与准则，展现了杰出的革命文化和社会主义先进文化。中国特色社会主义不是教条的社会主义，也不是其他国家特色的社会主义，而是赓续科学社会主义血脉、凝聚中国共产党人创造、兼蓄人类文明成果、维护世界和平发展的社会主义，归根结底，"中国特色社会主义是社会主义而不是其他什么主义"[①]。

---

① 《习近平著作选读》第1卷，人民出版社，2023，第75页。

构建中国形象是一个系统工程，不能急于求成，而应该持之以恒、久久为功，更应该把握当下、运筹帷幄，才能够利在千秋、赢在未来。立足新时代，应对构建中国形象的新任务、新挑战，我们必须坚持"以立为主，破立并举"①，不断增强忧患意识，防范风险挑战，破除一切损害中国形象的企图和行为，树立新时代中国特色社会主义大国形象。立形象是国之大者，应当满足三个要求，即符合中国实际，展现中国价值；符合世界潮流，响应世界期待；符合前进方向，体现人类愿景。具体来看，主要包括三个维度，即历史悠久的东方文明大国、坚持和平发展的社会主义大国、负责任敢担当的美好大国。

一 历史悠久的东方文明大国

形象首先源于历史。国家形象的直接经验则必须表明这个国家从何处来、何以立国、如何嬗变以致今天的模样。构建中国形象，不能将中国的历史与今天割裂开来。中国形象源于中国人民和中华民族在其五千年生生不息的悠久历史中获得的民族经验、形成的民族文化、凝聚的民族精神。

1. 具有悠久历史的大国

构建中国形象，讲好中国故事，首先要向世界讲清楚中国的历史，从中国的历史总结提炼核心要素，并力图对这些核心要素加以高度凝练，使之易于接受和辨识。主要包括两部分：一是中国自古就是大国；二是中国文化独特璀璨。

中国自古就是大国。 在中国形象构建过程中强调这一点，一方面是为了向世界人民建立中国、中华民族和中国人民的整体形象，帮助世界各国和世界人民走出以个别朝代、个别具体象征来片面化理解中国的误区；另一方面则是要回击关于近代以前的中国不是一个国家的错误言论，部分西方学者鼓吹炮制的"中国不是一个国家""中国是一种文明"的论调，乍看来是赞美中华文明源远流长、辐射广泛，实则是偷梁换柱、用心险恶，这种论调否认中国自古就是一个统一的国家，为分裂中国暗度陈仓。

---

① 《举旗帜聚民心育新人兴文化展形象 更好完成新形势下宣传思想工作使命任务》，《人民日报》2018年8月23日。

中国的历史演进，可以上溯到公元前 2000 年的夏商周时代，这是中国作为国家存在的起点。如前文所述，美国学者福山认为研究中国的国家构建历史应当从古代中国的周朝开始，他认为："我们现在所理解的现代国家元素，在公元前 3 世纪的中国业已到位。"① "东周时期，真正的国家开始在中国成形。它设立常备军，在界定领土内实行统一规则；配备官僚机构，征税执法；颁布统一度量衡；营造道路、运河、灌溉系统等公共基建。"② 但周朝只是名义上的统一，就完整的国家意义而言，中国的国家建构历史应当从公元前 221 年秦朝开始，"中国西部的秦孝公和谋臣商鞅，奠定了一个真正的现代国家。秦始皇征服所有对手，建立统一国家，并将秦首创的制度推向中国北方的大部，国家巩固由此告成"。③ 不仅如此，秦朝开始的"书同文""车同轨""人同伦"奠定中国人民共同民族基因的坚实基础。自秦以降，以汉、唐、宋、元、明、清为代表的王朝时代不断扩充、丰富中国作为大国在人口、地域、经济、文化、军事等方面的要素，从而完整构成了中国的大国历史，并使中华文明绵延不绝，成为世界上唯一不间断的文明。

中国文化独特璀璨。一方面，中国作为世界历史上的大国，其璀璨的文化为世界贡献了巨大的物质与精神财富，极大地促进了人类文明的进步；另一方面，中华文化尽管不同于西方文明所孕育的文化，但其独特性是人类文明光谱中闪烁光辉的重要组成部分，不仅拓展了人类文明的宽度，而且提升了人类文明的高度。

纵观中国历史，汉朝派遣使者出使西域，开启了中国历史上最早的国家外交实践，以对外贸易联系起沿线国家，建立起贸易和外交关系，"因为运往西方的货物主要是丝和丝织品，所以后来把这条路称为'丝绸之路'"。④ 这一时期，中国成就了强大而富裕的国家形象。汉朝已成为当时

① 〔美〕弗朗西斯·福山：《政治秩序的起源——从前人类时代到法国大革命》，毛俊杰译，广西师范大学出版社，2014，第 19 页。
② 〔美〕弗朗西斯·福山：《政治秩序的起源——从前人类时代到法国大革命》，毛俊杰译，广西师范大学出版社，2014，第 109 页。
③ 〔美〕弗朗西斯·福山：《政治秩序的起源——从前人类时代到法国大革命》，毛俊杰译，广西师范大学出版社，2014，第 112 页。
④ 郭沫若主编《中国史稿》第 2 册，人民出版社，1979，第 390 页。

的世界大国，开启了中国"天朝上国"形象的先声，这一形象在后续的王朝更替中始终得到了加强与巩固。唐朝时，中华文化对外输出强劲，对广大东亚地区产生了巨大的同化作用，也为今天我们所说的中华文化圈的形成奠定了基础。宋朝经济实力与科技实力急剧上升，商业发达，并且重视海上贸易。明朝组建了世界上最强大的海军舰队，但其独特性在于，中国的远洋行动并没有殖民色彩。清朝统治者延续前朝的做法，继续维持着"天朝上国"的形象，坚持"怀柔远人、厚往薄来"的外交风格。随着世界整体发展与中国停滞不前产生的国家实力（文明程度和社会形态）对比变化，这种依靠观念上过度自信建立起来的大国形象，随着枪炮声的到来，被轻易地打碎了。

2. 自立于世界东方的大国

"东方"起初是以欧洲为地理原点的地理方位概念，象征着财富与文明，代指古代"印度"与"中国"。随着世界历史的演进，尤其是世界近代史开启以来，欧洲国家实力快速增长，欧洲看待"印度""中国"的态度发生了明显变化，"东方"概念的象征意义也出现了极端变化。当我们将"国家形象"话题引向"东方"概念，尤其是"中国"范畴时，可以清晰地发现，欧洲学者热衷于介绍、解释和分析中国形象，并且呈现随着人类（欧洲）社会历史进程的推进出现多次转折与嬗变的特征。从《马可·波罗游记》开始，经过《曼德维尔游记》《大中华帝国志》《中国哲学家孔夫子》等西方经典著作，直至18世纪中期伏尔泰盛赞中国，在欧洲掀起"中国风"热潮，西方人对中国形象的认识在较长时间内处在神秘、强盛、富饶、文明、先进的桃花源式想象中，但随着欧洲启蒙运动与工业革命开始，中国的形象急转直下，从《中华帝国通志》开始，经过《关于人类历史哲学的思想》《论法的精神》，直至黑格尔认为人类历史的"起点在亚洲，终点在欧洲"，西方人对中国的形象认识则转变为"古老""衰败""停滞""专制"等偏见。① 中国在一定意义上，成为欧洲资产阶级为推动阶级革命、树立自我形象而选择的对标打击对象，通过摧毁在欧洲红极一时的中国形象，建立欧洲"中心"，"东方"概念由此极富政治

---

① 参见黄平主编《本土全球化：当代中国西部的社会文化变迁》，经济管理出版社，2011。

文化和意识形态内涵。

时至今日，尽管"西方"世界仍然带有莫名其妙的优越感，但我们不必过分纠结，我们应当自信，随着世界历史的发展和人类文明的进步，尤其是中国文化展现的强大生命力、中国势头不减的快速发展和世界社会主义的复苏，"东方"与"西方"概念将更多地回归到最初指代地理方位的意义上来。然而，我们必须保持高度警惕，坚决抵制西方世界继续污名化"东方"，从而诋毁中国形象。唯物辩证法指出，内因是事物发展变化的根本动力。我们要继续做好自己的事，坚决实现我们的既定目标，那么一切的"污化"和"构陷"都会不攻自破，在这个过程中，我们要不断坚持和树立自立于世界东方的大国形象。

中国是自力更生、自强不息的大国。世界近代史是从 1640 年英国资产阶级革命开始的，而中国近代史是以 1840 年鸦片战争为标志的。世界东西两种文明相距 200 年走入近代，这是中国落后的 200 年，也是中国、中华民族和中国人民百年苦难的重要根源。但是，200 年在中国五千年历史中只能算得上沧海一粟，1840 年以前，中国自立于世界东方，并且成就了中国的世界秩序，正如费正清所说的："建立和维护中国人的世界秩序，这一秩序是由中国中心论来确定的。"① 1840 年以后，尽管有长达百年的落后挨打，甚至一度沦为半殖民地半封建社会，但新中国成立后，中国人民和中华民族再次站了起来，用几十年时间追上了西方国家几百年的成就，一举回到了世界舞台，并走近世界舞台中央，赢回了失去的 200年。讲清楚失去的 200 年与中国 5000 年之间的联系对构建中国大国形象具有重大意义，这不仅是向世界人民进行诠释，更是增强中国人民的自信。其关键在于中华民族的文化自信，"自立"就是自力更生、自强不息。正如邓小平同志强调的："中国的事情要按照中国的情况来办"②。就是要求全体中国人民"独立自主，自力更生"，因此，无论过去、现在还是将来，中国人民都应该依靠自己的力量。他同时也着重指出："中国人民珍惜同其他国家和人民的友谊和合作，更加珍惜自己经过长期奋斗而得来的

---

① 〔美〕费正清：《中国的世界秩序：传统中国的对外关系》，杜继东译，中国社会科学出版社，2010，第 22 页。

② 《邓小平文选》第 3 卷，人民出版社，1993，第 3 页。

独立自主权利。任何外国不要指望中国做他们的附庸，不要指望中国会吞下损害我国利益的苦果。"①

3. 充满活力的文明大国

构建中国东方文明大国的形象，不仅要讲清楚古代中国悠久的历史、璀璨的文化及其对世界的巨大贡献，而且要讲清楚古代中国与近代中国、当代中国的内在联系，基础在于讲清楚中华文明的薪火相传、一脉相承，关键在于讲清楚中华文明的不断革新、充满活力。不能说中国是一个"文明古国"，而应该说中国是一个"文明大国"，一个"充满活力的文明大国"。

"周虽旧邦，其命维新"——中国作为文明大国，其文明不仅源自中华民族五千多年文明历史所孕育的中华优秀传统文化，而且熔铸于党领导人民在革命、建设、改革中创造的革命文化和社会主义先进文化，植根于中国特色社会主义伟大实践。深厚的历史是创新的不竭动力和坚实根基，中华民族自力更生、艰苦奋斗、迎难而上、自强不息与创新的精神，将中华文明推陈出新、迭代更替，不断推向未来。从农业文明到工业文明再到社会主义现代化文明，符合人类文明的前进方向和人类进步事业的要求。

中国自古就是充满活力的大国，古代中国产生的"四大发明""丝绸之路"推动了人类社会的发展，近代以来的上下求索探寻救国救民新道路，走上社会主义道路的中国更是充满活力。正如世界评论普遍认同的那样，中国用短短几十年时间达到了西方国家几百年的成就，甚至于在世界面临金融危机等巨大挑战和挫折时，中国依靠自身先进的理论优势和道路优势继续保持高速发展的势头，带领世界走出阴影和困境。并且，中国还将继续发展、继续成长，朝着更加富强的目标继续前进。在70多年的大国实践过程中，中国作为世界东方的文明大国，始终对自己的定位保持清醒，对自己的历史保持客观，我们珍视和平，在世界局势动荡不安中保持克制、珍视和平，不主动挑起战争，不破坏来之不易的和平。中国在历史上对世界和人类社会做出了许多巨大的贡献，尽管我们曾经缺席过，但中国人民和中华民族的文明智慧已经被历史证明，中华文明具有强大的活力

---

① 《邓小平文选》第3卷，人民出版社，1993，第3页。

与创造性。在中国的大国实践中，我们秉承中华文明的优秀传统，坚持自力更生、坚持艰苦奋斗、坚持和平友好，在遭遇困难和挫折时，更加坚持砥砺前行的中华文明精神内核，不论是改革开放，还是坚持和平与发展，我们都能从中华文明的成功经验和失败教训中获得力量、寻找方法，为中华文明和世界文明的继续发展提供可能。

二　坚持和平发展的社会主义大国

和平与发展是 21 世纪以来世界的主流。中国是世界和平的坚定维护者，我们珍视和平、维护和平，绝不挑起争端、引发战争，但是也不惧怕战争。好战的民族自取灭亡，惧战的民族没有未来，中国的努力极大地促进了世界和平。和平是发展的前提与基础，中国是发展的最大受益者，也是发展最有力的推动者。中国的发展是惠及世界的发展。

1. 社会主义大国

自中华人民共和国成立起，中国就是一个社会主义国家，这是中国的底色，中国高举的是社会主义旗帜，走的是社会主义道路。中华民族和中国人民在马克思主义的指导下成立了马克思主义政党，并且在马克思主义政党的带领下，依靠马克思主义这一理论和实践利器取得了革命的最终胜利，建立了社会主义国家。也是通过将马克思主义与中国实际相结合，走出了一条中国特色社会主义的光辉道路，实现了"站起来"和"富起来"。世界上有很多国家，尤其是资本主义国家恐惧社会主义、抹黑社会主义，但中国的实践已经证明社会主义的科学性、先进性与优越性，也向全世界展示了社会主义的未来，因此中国应当旗帜鲜明、理直气壮地构建社会主义大国的形象。

"中国特色社会主义是社会主义，不是别的什么主义。一个国家实行什么样的主义，关键要看这个主义能否解决这个国家面临的历史性课题。"① 中华人民共和国成立之初，一方面，百废待兴，生产力亟待发展；另一方面，也给古老的中国带来了新的历史开端，使中华民族从思想上摆脱了古代中国"天朝上国"的傲慢懈怠，扫清了近代中国的屈辱困顿，更

① 《习近平著作选读》第 1 卷，人民出版社，2023，第 75 页。

清楚地认识到了殖民主义、帝国主义和霸权主义的残暴蛮横，同时在两极对立的世界格局下，也清晰地意识到大国主义、大民族主义的严重危害。这就为新中国在新的历史起点上构建大国形象树立了符合民族发展和时代潮流的思想理念和价值取向。随着时代的发展和国际局势的变化，中国党和国家领导人意识到，苏联的发展模式并不是万能的，中国不能照搬其他国家的成功经验，应当走自己的路。邓小平同志将马克思主义与中国的实践相结合，开创了中国特色社会主义道路。中国进行了改革开放，实行社会主义市场经济，促进了中国的发展与进步。但在这一过程中，中国的底色没有改变，我们始终是并且将永远是红色的社会主义国家。

随着苏联解体，世界社会主义运动急转直下，进入低谷。许多社会主义阵营国家改旗易帜，放弃了社会主义，投入资本主义怀抱。但是，拆了克里姆林宫也建不成白宫，西方资本主义国家并没有因为俄罗斯放弃社会主义而接纳它，反而加强了封锁与制裁。中国是一个大国，中国的历史经验和实际情况清楚地向我们表明，只有继续坚持和发展社会主义，中国才有希望，中华民族才能复兴。正如历史表明的那样，中国成为世界社会主义由低谷走向复苏的关键力量。

"旗帜就是方向，旗帜就是形象。"① "经过延安整风和党的七大，又郑重地把马克思列宁主义与中国革命的实践之统一的思想——毛泽东思想写到自己的旗帜上。从十一届三中全会开始，经过十二大、十三大到十四大，我们党又郑重地把邓小平建设有中国特色社会主义的理论写到了自己的旗帜上。"② 进入新时代，习近平新时代中国特色社会主义思想就是我们这个社会主义大国的最新旗帜，就是引领我们始终坚持社会主义方向、始终朝着社会主义强国目标奋勇向前的必胜法宝。

2. 维护和平的大国

经历过战争的国家更加珍视和平，从百年苦难中走来的中华人民共和国向全世界明确表达维护和平的决心。时至今日，中国对和平与发展的承诺从未改变。2013 年，习近平同志当选新一届中国国家主席后，多次重

---

① 《十五大以来重要文献选编》（上），人民出版社，2000，第 1 页。

② 《十四大以来重要文献选编》（上），人民出版社，1996，第 445 页。

申中国维护世界和平的决心。他指出："这个世界，和平、发展、合作、共赢成为时代潮流，旧的殖民体系土崩瓦解，冷战时期的集团对抗不复存在，任何国家或国家集团都再也无法单独主宰世界事务。"① 他强调："历史告诉我们，一个国家要发展繁荣，必须把握和顺应世界发展大势，反之必然会被历史抛弃。什么是当今世界的潮流？答案只有一个，那就是和平、发展、合作、共赢。"②

3. 引领发展的大国

从物质层面来看，国家形象无外乎"大""小""强""弱""富""穷"之分，并且在不同阶段呈现不同的排列组合。中国自古就是大国，这毫无疑问，但在不同时期呈现"富而强""富而弱""强而穷"的不同特征，"富而强"者如汉、唐，"富而弱"者如宋、清。英国学者安格斯·麦迪森（Angus Maddison）在《世界经济千年史》中估算，中国从公元1000年开始，国内生产总值一直占到世界的1/5以上。然而，这样的"老大帝国"，却是以一种屈辱的姿态进入近代史的。中华人民共和国成立之初则显得"强而穷"。新中国成立初年，中美两国的国力悬殊。"1950年，中国钢产量60多万吨，而美国当年钢产量8700多万吨，是中国的144倍；1950年，中国工农业总产值是110亿美元，而美国当年工农业总产值是2800亿美元，是中国的28倍。"③ 美国还拥有原子弹和世界上最先进的武器装备，具有最强的军工生产能力。但正如国际评论家指出的那样，能够在抗美援朝战争中战胜世界头号强国的国家当然能被称为"强国"。

但是，新中国成立之初百废待兴，抗日战争、解放战争、抗美援朝又消耗巨大，加上中苏交恶等国际环境变化，中国经济状况堪忧。新中国成立之初，妄论飞机、汽车、轮船等大型工业产品，就连第一块国产手表，也是1955年3月，在天津华北钟厂和华威钟厂（原本生产木钟和闹钟）共同研制下才诞生的。为了尽快改变新中国经济落后的严峻情况，中国开启了对外学习、吸收引进的探索，改革开放就是在这样的历史背景下进行

① 《习近平著作选读》第1卷，人民出版社，2023，第104页。
② 《习近平谈治国理政》第1卷，外文出版社，2018，第266页。
③ 北京市邓小平理论研究中心编《纪念毛泽东》，经济科学出版社，2003，第148页。

的具有里程碑意义的重要事件。改革开放开启了中国由"跟上发展"到"促进发展"再到"引领发展"的奋斗历程。

经过40多年的艰苦奋斗，中国实现了飞跃发展，取得了世界瞩目的巨大成就。中国不仅跟上了世界发展的脚步，中国自身的发展也促进了世界的进步。"我们要把自己的事情做好，这本身就是对构建人类命运共同体的贡献。我们也要通过推动中国发展给世界创造更多机遇，通过深化自身实践探索人类社会发展规律并同世界各国分享。"①

今天的中国，已稳居世界第二大经济体。截至2020年，我国国内生产总值超过100万亿元，国内生产总值约占全世界生产总值的1/6，多年来对世界经济增长贡献率超过30%，成为世界经济增长的第一引擎；200多种工业产品产量世界第一，是世界第一制造大国和唯一拥有全部工业门类的国家；"十三五"时期，全国居民人均可支配收入达30733元，② 形成世界最大规模中等收入群体和上亿市场主体；中国还实现了人类历史上最大规模的脱贫攻坚，一个14亿人口的发展中大国历史性地告别绝对贫困，书写人类反贫困史上的伟大奇迹，实现现行标准下农村贫困人口脱贫，贫困县全部摘帽，解决区域性整体贫困，减贫人口占全球减贫人口的70%以上，忍饥挨饿、缺吃少穿、生活困顿，这些几千年来困扰中国人民的问题总体上一去不复返；中国在全球金融危机等重要关头挺身而出，成为世界经济增长引擎，即便在新冠疫情冲击全球经济的严峻形势下，中国经济穿越惊涛骇浪，在世界较大经济体中率先企稳转正，展现出强大韧性、活力；与此同时，中国不断向创新型国家转变，在"5G"等高科技领域弯道超车，实现了由"促进发展"到"引领发展"的重要转变。引领发展的大国必然引起世界的关注，必然需要响应世界的期待。因此，中国作为坚持和平与发展的社会主义大国，必然要向着构建更高层次的大国形象前进。正如习近平总书记指出的："今日之中国，不仅是中国之中国，而且是亚洲之中国、世界之中国。未来之中国，必将以更加开放的姿态拥抱世界、以更有活力的文明成就贡献世界。"③

---

① 《十九大以来重要文献选编》（上），中央文献出版社，2019，第113页。
② 数据来源：国家统计局：《中华人民共和国2019年国民经济和社会发展统计公报》。
③ 《十九大以来重要文献选编》（中），中央文献出版社，2021，第83页。

三 负责任敢担当的美好大国

在历史上，中国对世界做出过巨大的贡献，在今天我们依旧不逃避自己的责任。全球一体化的进程不断深入，人类的命运越来越紧密地联系在一起。在过去的几十年中，中国为维护地区稳定和世界和平不懈努力，中国始终将国际责任与自身发展同步，越来越多地参与到国际体系的建设中，越来越多地承担起国际责任。不仅在行动上我们是一个负责任的大国，在理念和思想上，我们也要肩负起责任。在冷战时期，我们不畏霸权，成为世界各国反对霸权主义的榜样和先锋，在21世纪，我们提倡和平与发展，不仅发展自身，也帮助第三世界国家快速发展，保持东西和平，减小南北差异。在今天，中国将自身的责任提升到对全体人类命运负责的高度，以负责任的态度提出构建人类命运共同体的设想，得到了世界的好评与肯定，这正是中国负责任敢担当的美好大国形象。

"世界那么大，问题那么多。"① 当今世界，人类面临的风险挑战与日俱增：全球经济疲软、气候变化、局部武装冲突、恐怖主义、全球大流行疾病等问题层出，人类面临生存与发展的重要关口，更需要大国肩负责任、展现担当。正如习近平总书记指出的那样："国际社会期待听到中国声音、看到中国方案，中国不能缺席。"② 因此，我们"面对身陷苦难和战火的人们，我们要有悲悯和同情，更要有责任和行动。中国将永远向世界敞开怀抱，也将尽己所能向面临困境的人们伸出援手，让我们的'朋友圈'越来越大"③。这才是负责任敢担当的大国气派。

中华民族自古以来就以"天下大同""协和万邦"的宽广胸怀，同域外进行民族交往和文化交流，曾经谱写了万里驼铃万里波的浩浩丝路长歌，创造了万国衣冠会长安的盛唐气象。在思想上，中国也有"心怀天下"的优秀传统，孔子就曾提出"大同世界"的理想。新中国成立之初，毛泽东同志说："中国应当对于人类有较大的贡献。"④ 进入新时代，中国

---

① 《习近平主席新年贺词（2014—2018）》，人民出版社，2018，第13页。
② 《习近平主席新年贺词（2014—2018）》，人民出版社，2018，第13页。
③ 《习近平主席新年贺词（2014—2018）》，人民出版社，2018，第13页。
④ 《毛泽东文集》第7卷，人民出版社，1999，第157页。

实现了快速发展，已经有能力为世界做出更大贡献。正如习近平总书记指出的："中国共产党团结带领中国人民顽强奋斗、发愤图强，中华民族迎来了从站起来、富起来到强起来的伟大飞跃，中华民族伟大复兴展现出前所未有的光明前景。只要我们咬定青山不放松，沿着中国特色社会主义道路奋勇前进，我们的国家必将日益繁荣昌盛，必将日益走近世界舞台中央，必将日益为人类作出新的更大贡献。"①

全球化的快速发展，使人类的命运越来越紧密地联系在一起。今天的世界，和平与发展仍是人类面临的巨大挑战，一方面，中国始终担当世界和平的维护者，在关键问题上表明态度，制止战争；另一方面，中国不断实现自身发展，以自身发展促进世界发展，从而促进世界更加公平与正义。从新中国成立初期提出"和平共处五项原则"维护世界和平，到提倡"共商、共建、共享"全球治理理念以促进世界发展，再到倡导"人类命运共同体"理念，新时代中国"在世界舞台的中心，展现中国负责任大国形象。在重大国际事务面前，积极发挥建设性的引领作用"②。面临世界经济疲软，中国坚定继续深化改革开放，获得了世界各国与世界人民的高度赞扬。"他们高度评价习近平主席刚刚宣布的中国进一步改革开放重大举措，表示在世界面临保护主义挑战之际，中国坚持全面深化改革、进一步扩大开放，彰显了对自身经济增长的坚定信心和对世界负责的大国形象，将给各国发展带来更大机遇。"③ 面临环境危机，中国以身作则，首先减排，但也为发展中国家的权益摇旗呐喊、据理力争。我们"实施积极应对气候变化国家战略，推动和引导建立公平合理、合作共赢的全球气候治理体系，彰显我国负责任大国形象，推动构建人类命运共同体"④。更为重要的是，面临突发公共卫生事件，中国能够挺身而出，能够与世界人民命运与共。"集中体现了中国人民和衷共济、爱好和平的道义担当。大道不孤，大爱无疆。我们秉承'天下一家'的理念，不仅对中国人民生命

---

① 《习近平谈治国理政》第 3 卷，外文出版社，2020，第 421~422 页。
② 《同心打造人类命运共同体——以习近平同志为总书记的党中央创新外交理念与实践述评》，《人民日报》2016 年 1 月 27 日。
③ 《习近平出席第二届"一带一路"国际合作高峰论坛开幕式并发表主旨演讲》，《人民日报》2019 年 4 月 27 日。
④ 《习近平谈治国理政》第 3 卷，外文出版社，2020，第 372 页。

安全和身体健康负责，也对全球公共卫生事业尽责。我们发起了新中国成立以来援助时间最集中、涉及范围最广的紧急人道主义行动，为全球疫情防控注入源源不断的动力，充分展示了讲信义、重情义、扬正义、守道义的大国形象，生动诠释了为世界谋大同、推动构建人类命运共同体的大国担当！"①

第二节　文化软实力对维护国家政权稳定
至关重要

政权稳定对于任何国家都至关重要。维护政权稳定不仅需要创造和平的国内国际环境，也需要不断夯实国家硬实力与软实力，实现全面、协调与稳健的发展。进入新时代，我国军事、经济取得了长足发展，大国实力得到快速提升，营造了我国和平的发展环境。但是，西方国家在意识形态和文化领域对我国展开的侵袭、干扰与围攻却与日俱增，这一方面给我国从大国走向强国的复兴之路不断制造麻烦与阻碍，另一方面严重威胁我国政权安全与稳定。这就警示我们要更加高度重视文化软实力的建设。对此，习近平总书记在第十八届中央政治局第 12 次集体学习时就着重强调："文化软实力集中体现了一个国家基于文化而具有的凝聚力和生命力，以及由此产生的吸引力和影响力。古往今来，任何一个大国的发展进程，既是经济总量、军事力量等硬实力提高的进程，也是价值观念、思想文化等软实力提高的进程。"② 同时，"提高国家文化软实力，不仅关系我国在世界文化格局中的定位，而且关系我国国际地位和国际影响力，关系'两个一百年'奋斗目标和中华民族伟大复兴中国梦的实现"③。

一　重视文化作用，传承中华文明，维护国家安全

文化和文明是人文社会科学领域的重要范畴，也是学术界长期研究和

---

① 《习近平著作选读》第 2 卷，人民出版社，2023，第 346～347 页。
② 《习近平关于社会主义文化建设论述摘编》，中央文献出版社，2017，第 198 页。
③ 《习近平关于社会主义文化建设论述摘编》，中央文献出版社，2017，第 198 页。

争论的一对概念，学者们基于不同社会背景、学科领域和观点立场，对二者的内涵与关系进行比较阐释，达成了一定共识，但也存在诸多分歧，主要集中在内涵的狭义广义之分、实践的共时历时之别。习近平总书记指出："中华民族具有百万年的人类史、一万年的文化史、五千多年的文明史。"① 这一重要论述不仅是对中华民族和中华文明的独特发展历程的准确概括，也揭示了人类社会文化、文明产生和发展的普遍规律，有助于厘清文化文明接续发展的历史脉络。

基于历史唯物主义的立场和观点，分别从中国语境和西方语境对文化与文明进行考察，可以看出文化的出场先于文明，文明是文化发展到一定阶段的产物，"文明是人类文化和社会发展的高级阶段"②。在中国语境下，文化与文明的区别之一体现在人的教化过程，反映为以"人"为尺度的语义考察："观乎人文，以化成天下"（《周易·贲卦·象传》）指明"文化即人化"，重在"化"。一方面，人是进行文化创造的实践主体，人的存在与实践是文化产生的先决条件；另一方面，文化强调对人的教化，在于"化"人。人的教化是文化不断发展的必要条件。"浚哲文明，温恭允塞"（《尚书·舜典》）、"情深而文明，气盛而化神"（《礼记·乐记》）、"文明以止，人文也"（《周易·贲卦·象传》）、"见龙在田，天下文明"（《周易·乾卦·文言》）指明"文明即德明"，重在"明"。一方面，在文化的基础上，文明指向人的教化或开化水平，是对"人化"更高阶段的要求；另一方面，"经天纬地曰文，照临四方曰明"（孔颖达），文明要求人的修养德性如日月一般"照临四方"。在西方语境下，文化和文明的区别之一体现在生产生活方式的历史变迁，反映为以"物"为尺度的词源考察：文化（culture）是相对于自然（nature）而言的，文化的词根（cult）本意为耕作，指向改变自然的生产活动，即原始的农耕生活；文明（civilization）则是相对于野蛮（savage 或 uncivilized）或原始（primitive 或 original）而言的，文明的词根（civis 或 civilis）本义为城市居民，引申为公民身份，指向等级化特殊化的生活方式，即城市生活。由此来看，不论

---

① 习近平：《在文化传承发展座谈会上的讲话》，人民出版社，2023，第 1 页。
② 王巍：《中华文明探源研究主要成果及启示》，《求是》2022 年第 14 期。

是从人的自由解放程度，还是从社会生产力和生产方式的发展过程进行考察，文化和文明都表现出了明显的先后顺序，也就是说，文明源于文化。

马克思主义指明，经济是文化的基础，"一定的文化是一定社会的政治和经济在观念形态上的反映"①。文化则是文明的基础。文化既包括积极的、有利于人类进步的内容，也包括消极的、不利于人类进步的因素。文明是文化中积极的、进步的部分。文化需要经历长时间的扬弃发展，达到一定阶段才能产生文明。随着民族历史进程的推进，新的文化内容不断产生，有利于社会生产力进步的部分被保留下来，成为该民族文明的组成部分，并促进了该民族文明的丰富完善。因此，每一个时代的文明都是人类社会进步的象征。

"国家是文明社会的概括。"② 从人类社会的发展历程来看，社会与文化、国家与文明的发展具有高度的关联性与协同性。社会是"人们交互活动的产物"③。社会的形成促进了人们广泛深入地进行文化创造，极大地丰富了文化内容和文化产品，为文明起源奠定了文化基础、积累了文明因素，但这并不意味着文明形成。"文明起源与文明形成既有联系又有区别，两者是文明社会孕育和产生的不同阶段，先有文明因素量的积累，后有社会质的变化。"④ "文明因素量的积累"就是在人类社会的生产力水平得到极大提升的基础上，出现了剩余产品、社会分工、阶级分化、制度典章等现象，反映为人类社会物质、精神和制度文化的极大进步。"国家是社会在一定发展阶段上的产物"⑤，"社会质的变化"就是指国家的出现。

"国家的出现是文明形成的标志。"⑥ 国家与文明相互依存、相互促进。一方面，文明为国家铸牢根脉。国家形成的过程就是在广袤的土地上，使处于不同地貌气候环境、运用不同生产方式、具备不同文化传统的人们在长期的交往磨合中，最大限度地达成文化共识，共建国家制度、共担国家责任、共享国家发展，最终形成鲜明突出的文明特征，从而区别于

---

① 《毛泽东选集》第 2 卷，人民出版社，1991，第 694 页。
② 《马克思恩格斯选集》第 4 卷，人民出版社，2012，第 193 页。
③ 《马克思恩格斯选集》第 4 卷，人民出版社，2012，第 408 页。
④ 王巍：《中华文明探源研究主要成果及启示》，《求是》2022 年第 14 期。
⑤ 《马克思恩格斯选集》第 4 卷，人民出版社，2012，第 186 页。
⑥ 王巍：《中华文明探源研究主要成果及启示》，《求是》2022 年第 14 期。

其他国家与文明，并使本国人民产生强大的凝聚力、向心力、自豪感、认同感，为国家发展提供强大精神动力。另一方面，国家为文明提供保障。国家以其典章制度等对内凝聚共识、维持稳定，以其军队外交等对外获取支持、保障安全，为以生产力为代表的经济社会持续发展奠定基础，从而保障文明延绵不断、持续发展。

国家是文明的载体，对文明发展具有决定作用。人类历史已经证明，国家强大、文明强盛，国家衰落、文明消亡。正如梁启超先生在《论中国学术思想变迁之大势》中所讲："西人称世界文明之祖国有五：曰中华，曰印度，曰安息，曰埃及，曰墨西哥。然彼四地者，其国亡，其文明与之俱亡……而我中华者，屹然独立，继继绳绳，增长光大，以迄今日。"① 中国是中华文明的载体。中华民族历经一万多年文化史、五千多年文明史，创造了人类文明史上的伟大奇迹。但辉煌如中华文明，也经历了跌宕起伏和至暗时刻，并最终在惊涛骇浪中走向复兴。从夏商周的领先发展，到秦统一中国睥睨世界东方，再到唐宋时期中国文化远播欧洲，西方世界对中华文明趋之若鹜，引发中国热潮。而近代以来，随着国力日衰，西方世界对中华文明的态度迅速转变，极力诋毁贬低。但是，十月革命一声炮响给中国送来了马克思主义，中国共产党团结带领中华民族和中国人民经过百余年艰苦奋斗，尤其是40余年改革开放，创造了世所罕见的经济快速发展奇迹和社会长期稳定奇迹，成为世界第二大经济体，并日益走近世界舞台中央。在世界百年未有之大变局和中华民族伟大复兴的时代背景下，世界期待倾听中国声音和中国方案，渴望了解中国价值和中国智慧及其蕴含的中国文化与中华文明。西方世界对中华文明态度的转变，正是中国国力变化所致。文化和文明代表了一个国家、一个社会、一个民族的生活方式，以及这种生活方式背后的思维方式与交往方式，是这个国家、社会、民族的精神内核、制度逻辑和社会发展的根基，因此文化的重要性不言而喻，重视文化安全，加强文化安全和文化认同不容丝毫懈怠。

1. 文化安全对国家政权稳定至关重要

古今中外的历史都已充分证明，文化安全对国家政权稳定至关重要，

---

① 夏晓虹编《梁启超文选》（下），福建教育出版社，2020，第161～162页。

一个国家形成了强烈的文化认同，奠定了坚实的文化安全基础，国家的发展就会不断走向兴盛，古代中国已经证明，不论是面临外族入侵还是内部变革，中华文化始终保持着强大的向心力，使中华文明成为世界五大文明中唯一延续至今并且从未中断的人类奇迹。反之，一旦文化安全遭受威胁，就会给国家、社会、民族带来严重伤害，甚至遭受亡国灭种的威胁。近代中国遭受了帝国主义和殖民主义的野蛮入侵，它们不仅割据我国领土、倾销工业产品，更大肆进行意图亡我中华的文化侵略。

2. 着力夯实中国特色社会主义文化认同

文化安全具有极其重要的现实意义，关乎国家民族前途命运。正如习近平总书记指出："文化是一个国家、一个民族的灵魂。文化兴国运兴，文化强民族强。没有高度的文化自信，没有文化的繁荣兴盛，就没有中华民族伟大复兴。"① 加强文化安全的关键在于文化认同，加强文化认同首先就要明确我们应当认同什么样的文化。习近平总书记强调："这些年来，我们反复强调加强国家文化软实力建设的重要性。文化软实力的灵魂是什么？文化软实力建设的重点是什么？就是核心价值观，这是决定文化性质和方向的最深层次要素。一个国家的文化软实力，从根本上说，取决于其核心价值观的生命力、凝聚力、感召力。"② 毫无疑问，我们应当着力夯实对中国特色社会主义文化的认同，因为中国特色社会主义文化是凝聚和激励全国各族人民的重要力量，是综合国力的重要标志。它反映我国社会主义经济和政治的基本特征，又对经济和政治的发展起着巨大促进作用。党的十九大报告指出："中国特色社会主义文化，源自于中华民族五千多年文明历史所孕育的中华优秀传统文化，熔铸于党领导人民在革命、建设、改革中创造的革命文化和社会主义先进文化，植根于中国特色社会主义伟大实践。"③

加强文化安全，要在实现中国特色社会主义文化认同的路径上狠下功夫，内外兼修。"努力夯实国家文化软实力的根基。事物的发展变化是由内因和外因共同作用的，其中内因起决定性作用。提高国家文化软实力要

① 《习近平著作选读》第2卷，人民出版社，2023，第33页。
② 《习近平关于社会主义文化建设论述摘编》，中央文献出版社，2017，第203～204页。
③ 《习近平著作选读》第2卷，人民出版社，2023，第34页。

'形于中'而'发于外'，切实把我们自身的文化建设搞好，朝着建设社会主义文化强国的目标不断前进。"① 一方面，要在全社会做好中国特色社会主义文化的宣传与教育工作，从本质上讲清楚中国特色社会主义文化为什么好、为什么行、为什么能，从而实现最广泛、最深刻的文化认同，使中国特色社会主义文化起到凝心聚力的作用，为实现民族复兴奠定坚实的文化自信和文化基础。中国特色社会主义文化最根本的特征就是坚持马克思主义的指导，这是它区别于一切其他文化的本质内涵。中国特色社会主义文化根植于中华优秀传统文化中，中国共产党是中华民族优秀传统文化精神的忠实继承者，自觉地以马克思主义为指导实现中华优秀传统文化的创造性转化和创新性发展，使之成为中国特色社会主义文化的有机组成部分。在革命建设改革的伟大斗争中孕育的革命文化和社会主义先进文化，是中国特色社会主义文化的主体内容。社会主义核心价值观是中国特色社会主义文化的核心和精髓。另一方面，也要着力做好破立结合，要同西方污名化、妖魔化中国形象的行径做坚决斗争，通过增强斗争智慧、提高斗争本领、丰富斗争手段，在国际上传播客观真实的现代中国形象，获得世界人民的广泛认同与支持，从而化解威胁我国文化安全的风险挑战。

3. 重视中华文明突出特性的重要作用与意义

习近平总书记指出，中华优秀传统文化的重要元素，共同塑造了中华文明突出的连续性、创新性、统一性、包容性、和平性。② 马克思主义指明，物质决定意识，意识对物质具有能动的反作用。从国家与文明的关系来看，国家所代表的经济政治、国防外交等综合国力是物质基础，而文明则是更加深沉的精神意识和上层建筑。国家是文明的载体，决定文明的命运。与此同时，文明的特性能够对国家的延绵发展起到能动的反作用。中华文明能够成为世界上唯一绵延不断且以国家形态发展至今的伟大文明，固然有中国独特的地理资源、气候环境等众多客观因素的外在作用，而更为重要的是中华文明突出特性的内在作用。中华文明五大突出特性紧密关联、辩证统一，是对中华文明根本属性的深刻思考和精辟总结，不仅充分

---

① 《习近平关于社会主义文化建设论述摘编》，中央文献出版社，2017，第198～199页。
② 参见习近平《在文化传承发展座谈会上的讲话》，人民出版社，2023，第2～4页。

表现了中国国家形态延绵不断的历史成就，而且深刻反映了中华文明实现历史成就的原因动力；不仅为中国国家形态的延续提供了根本保障，而且赋予中国式现代化深厚底蕴，为中华文明和传统中国的现代转型注入精神力量，推动新时代中国构建中华民族现代文明。

突出的连续性反映了中国国家形态延绵发展的历史成就。"中华文明具有自我发展、回应挑战、开创新局的文化主体性与旺盛生命力。"① 不论是柳诒徵在《中国文化史》中提出的"世界开化最早之国，曰巴比伦、曰埃及、曰印度、曰中国。比而观之，中国独寿"②，还是西方学界提出的"五大古代文明"，中国都位列其中。古巴比伦、古埃及、古印度、古希腊都消失在人类历史的长河中，唯有中国走过五千多年激荡风云，成为世界上唯一绵延不断且以国家形态发展至今的伟大文明。尽管埃及、印度、希腊等名称得到沿用，但其所代指的文明已相去甚远。埃及、印度、希腊等古文明遭遇断代或毁灭，已是学界共识。而关于中国历史文化的连续或中断，则是国外学界的传统议题。近年来，西方学界又不断出现中华文明中断的谬论。针对这一情况，中国学界从历史理论、考古发现等角度进行了富有成效的理论斗争和有力回击。钱穆先生在综述唐代制度时已指明："罗马帝国亡了，以后就再没有罗马。唐室覆亡以后，依然有中国，有宋有明有现代，还是如唐代般，一样是中国。这是中国历史最有价值最堪研寻的一个大题目。这也便是唐代之伟大远超罗马的所在，更是它远超过世界其他一切以往的伟大国家之所在。"③

近代以来，国家的存在方式受到了资本主义冲击，旧的国家形态在世界地理大发现、殖民主义、帝国主义的历史进程中不断解构。鸦片战争以后，中国面临"三千年未有之大变局"，并在强烈抗争的过程中被迫进入资本主义世界历史，逐渐沦为半殖民地半封建社会。国家蒙羞、人民蒙难、文明蒙尘，中国人民和中华民族遭受了前所未有的劫难。尽管如此，伟大的中华民族在百年屈辱挫折中仍自强不息，无数仁人志士艰苦探索救国图存之路。十月革命一声炮响，为中国送来了马克思主义。马克思主义

---

① 习近平：《在文化传承发展座谈会上的讲话》，人民出版社，2023，第2页。
② 柳诒徵：《中国文化史》（上），吉林人民出版社，2021，第9页。
③ 钱穆：《中国历代政治得失》，生活·读书·新知三联书店，2012，第74～75页。

基本原理与中华文明内在基因相互契合，又能够行之有效地分析中国革命实际，指导中国革命实践，最终形成了中国化的马克思主义，使中华民族找到了正确的道路，避免了许多古文明被毁灭和旧的国家形态被解体的命运，中国的文化得以传承、文明得以延续，国家得以延绵。习近平总书记指出："中华文明的连续性，从根本上决定了中华民族必然走自己的路。如果不从源远流长的历史连续性来认识中国，就不可能理解古代中国，也不可能理解现代中国，更不可能理解未来中国。"①

突出的创新性与统一性是中国国家形态延绵发展的决定性因素。从夏商周到汉唐再到明清，5000多年的中华文明历经数个朝代以至今日中国，不仅使"中国之名"得以延续，而且使"中国之实"得以传承。中华文明之所以能够创造"依然有中国""一样是中国"的人类国家历史奇迹，在于中华文明突出的创新性和统一性始终发挥决定性作用，不断巩固中华文化主体性，使中国国家形态在广袤辽阔的空间维度和漫长悠久的时间维度达到"名实一体"。

周虽旧邦，其命维新。"连续不是停滞、更不是僵化，而是以创新为支撑的历史进步过程。"② 创新是中华民族的文化基因和精神特质。在五千多年的文明史中，中华民族以突出的创新精神不断创造属于自己的物质文明、精神文明和政治文明，为国家形态的延续发展提供了先进且适应时代需要的制度保障。从礼乐制度到独尊儒术，从诸侯林立到中央集权，从分封制到皇帝制，从郡县制到行省制，从井田制到摊丁入亩，从察举制到科举制……政治、经济、文化、教育等各方面制度不断推陈出新，中国古代国家制度不断走向完善，统一多民族的中央集权国家维持了长期稳定结构。与此同时，中华民族守正不守旧、尊古不复古。鸦片战争后，中国沦为半殖民地半封建社会，国家制度遭遇困难，国家形态面临危机。但中华文明的创新性展现出的进取精神，决定了中华民族不畏惧新挑战、勇于接受新事物。"创新与改革是始终围绕中国历史进行的，中国历史、中华文明从来不是一成不变的。近现代中国的历史也是

---

① 习近平：《在文化传承发展座谈会上的讲话》，人民出版社，2023，第2~3页。
② 习近平：《在文化传承发展座谈会上的讲话》，人民出版社，2023，第3页。

一样。"① 近代以来，中华民族无数仁人志士积极探索各种思想方法，力图创造能够救国存亡的政治制度。直至中国共产党将马克思主义与中国具体实际进行创造性结合，才使得古老中国走上了民族解放复兴的正确道路，引领古老中国走向现代，创造性地制定了人民代表大会制度、政治协商制度等国家政治制度，使中国国家形态焕然一新，结束了几千年古老中国封建政治历史，一扫近代以来的百年阴霾，在朝气蓬勃中走向现代。在中国共产党 100 余年历史和中华人民共和国 70 多年历史中，政治、经济、文化等各方面的体制创新与改革从未止步，其中最为重要的就是进行改革开放。改革开放开创了人类历史上社会主义市场经济的伟大实践，使中国的社会主义国家形态得到极大巩固，在中国历史、世界历史、社会主义发展史和人类国家历史上都具有里程碑意义，是中华文明突出创新性在当代的重要体现。

中华文明突出的创新性与统一性相辅相成、相互作用。从国家形态视角来看，统一是创新所守之"正"，国家制度的创新始终指向维护国家统一繁荣的目标；创新是统一所需之"法"，大一统的精神与现实追求则促使国家制度不断创新，从而适应统一多民族国家延续发展的现实需要。"'向内凝聚'的统一性追求，是文明连续的前提，也是文明连续的结果。"② 古代中国历史中，接续王朝对覆灭王朝政治得失的总结评判，以及对其政治制度的继承改革，如汉承秦郡县制，但罢黜百家、独尊儒术，促进思想统一；明承元行省制，但废除宰相，加强中央集权等，就是中华文明突出的创新性与统一性辩证关系的历史呈现。创新是方法，统一是目的。中华民族用血的代价换来的宝贵经验教训证明，团结统一是福，分裂动荡是祸，凡是背离统一性的行为，都会导致严重后果，如周代实行分封制，导致了春秋战国五百余年的战乱动荡；五代十国的大分裂严重阻碍了社会进步和文明发展。但即便是春秋战国和五代十国的分裂时期，诸侯王国、地方政权也秉持着逐鹿中原、一统天下的目标愿望。"中华文明的统一性，从根本上决定了中华民族各民族文化融为一体、即使遭遇重大挫折也牢固

---

① 张海鹏：《中华文明的连续性和创新性——兼对国外有关中国历史文化中断的驳议》，《北京日报》2023 年 9 月 25 日。

② 习近平：《在文化传承发展座谈会上的讲话》，人民出版社，2023，第 3 页。

凝聚，决定了国土不可分、国家不可乱、民族不可散、文明不可断的共同信念，决定了国家统一永远是中国核心利益的核心，决定了一个坚强统一的国家是各族人民的命运所系。"① 因此，中国历史上不论是中原民族改朝换代，还是边疆民族入主中原，其目的和结果都不是另起炉灶，成为其他文明，而是通过不断改善国家制度，巩固中华民族大一统。

突出的包容性与和平性是中国国家形态延绵发展的重要保障。中国从古至今都是幅员辽阔、民族众多的统一国家，然而正是由于地理和人文环境丰富多样，也形成了极大的内部差异，这对中国国家形态的延绵发展造成了不利影响。在世界历史上，地理环境差异、民族宗教不同导致国家形态瓦解消亡的例子比比皆是，欧洲民族主义导致的国家分裂仍在继续。时至今日，由民族宗教问题造成的国家内部动荡冲突时有发生，导致相关国家的国家形态面临严峻挑战。然而反观中国历史，即便遭遇动荡也能够确保国家形态完整延续，并不断焕发生机活力。"中国思想的基本能力不仅仅在于它能够因时而'变'，更在于它什么都能够'化'之。"② 实现这种反差的原因，一方面是大一统精神基因是中华民族具有超越地域乡土、血缘世系、宗教信仰的强大向心力，另一方面是中华文明突出的包容性与和平性发挥了重要作用。

"中华文明从来不用单一文化代替多元文化，而是由多元文化汇聚成共同文化，化解冲突，凝聚共识。"③ 一方面，在统一性的前提与目标下，国家形态内部各民族的文化在和平平等的交流学习中，形成了"你中有我、我中有你"的文化格局和包容统一的中华文化共同体。各族人民也在对中华文化的认同中，巩固了中华文明的主体性，形成了多元一体的中华民族共同体，保障了国家形态的长期统一延续。"越包容，就越是得到认同和维护，就越会绵延不断。"④ 另一方面，中华民族爱好和平、崇尚和合，始终追求文明交流互鉴，反对文化霸权主义。这使得中华文明能够在和平条件下，以兼收并蓄的开放胸怀，不断吸收世界各国家各民族优

---

① 习近平：《在文化传承发展座谈会上的讲话》，人民出版社，2023，第 3~4 页。
② 赵汀阳：《天下体系——世界制度哲学导论》，中国人民大学出版社，2011，第 6~7 页。
③ 习近平：《在文化传承发展座谈会上的讲话》，人民出版社，2023，第 4 页。
④ 习近平：《在文化传承发展座谈会上的讲话》，人民出版社，2023，第 4 页。

秀文化内容和文明因素，并通过创造性转化，将这些优秀文化内容和文明因素包容到中华文明之中，从而推动中国国家形态始终进取、不断进步。

中华文明突出特性为中国国家形态的现代转型强根铸魂。文明代表着进步，现代化是文明进步的显著标志，是优秀文明延绵发展的必经之路。在世界历史向现代转型的过程中，有的国家抢占先发优势，率先实现现代化；有的国家落入历史尘埃，一蹶不振。中国在这个波澜壮阔的历史进程中，虽短暂落后，但奋起直追，用几十年的时间走过了西方发达国家几百年的现代化历程，实现了跨越式发展和历史性成就。

从古代中国领先世界，到近代中国风雨飘摇，再到现代中国融入世界，中华文明突出特性贯穿始终，不仅使得中国国家形态延绵发展，快速实现了现代转型，而且起到了强根铸魂的重要作用，为马克思主义基本原理同中国实际相结合、同中华优秀传统文化相结合奠定了思想基础和文明前提。一方面，中华文明突出的连续性、创新性、统一性使得中国国家形态在现代转型的过程中自信自强、守正创新，始终坚持中华文明的主体性，以中华优秀传统文化为"根"，即便是在最迷茫困难的时候，也没有落入全盘西化的陷阱，而是吸收了马克思主义的先进理论，走出了一条中国特色社会主义现代化道路，创造了中国式现代化道路和人类文明新形态，实现人类国家历史上的"两大奇迹"；另一方面，中华民族突出的包容性与和平性使中国在现代转型中始终开放包容，不仅能够吸收借鉴世界各国实现现代转型的成功经验与有效举措，而且走出了一条和平发展的现代化道路，为世界提供了国家形态现代转型的成功案例。

二 必须破除国际社会对"中国印象"的妖魔化

"随着我国经济社会发展和国际地位提高，国际社会对中国发展道路和发展模式的理性认识逐步加深，同时对我们的误解也还不少，'中国威胁论'、'中国崩溃论'等论调不绝于耳。同欧美一些国家受困于金融危机、债务危机相比，同一些发展中国家陷入发展陷阱相比，同西亚北非一些国家政治动荡、社会混乱相比，我国发展可以说是风景这边独好。但是，西方仍然在'唱衰'中国。"①

1. 当今国际社会妖魔化中国形象的原因

国际社会，尤其是西方社会对中国形象的认识经历了从仰视到俯视，从神秘化到妖魔化的明显过程，西方社会始终不能以客观公正的态度看待中国的历史文明与发展成就，究其原因有二。一是偏见。习近平总书记指出："一些人对中国有偏见，主要是源于陌生、隔阂和不了解。了解中国，不能只看一个点、一个面，切忌盲人摸象。介绍中国，既要介绍特色的中国，也要介绍全面的中国；既要介绍古老的中国，也要介绍当代的中国；既要介绍中国的经济社会发展，也要介绍中国的人和文化。"② 二是文化霸权主义。"从历史上看，对价值观念来说，先进的未必一开始就能占据主导地位，落后的也不会自动退出历史舞台。由于西方长期掌握着'文化霸权'、进行宣传鼓动，当代中国价值观念存在太多被扭曲的解释、被屏蔽的真相、被颠倒的事实。同时，我们的阐释技巧、传播力度还不够，当代中国价值观念的国际知晓率和认同度还不高，有时处于有理没处说、说了也传不开的被动境地。"③

进入新时代，随着我国的综合国力和国际地位的不断提升，中国日益走近世界舞台中央，国际社会对中国的关注前所未有，中国的国家形象建设任务就更加紧迫起来。但就目前来看，我们尚未能很好地掌握构建我国国家形象的主动权。这就要求我们必须下大气力加强国际传播能力建设，提升中国话语的国际影响力，让全世界都能听到并听清中国声音。

2. 破除妖魔化中国形象必须做到勇于斗争、久久为功

对于国际上妖魔化中国形象的情况，我们一方面要保持大国心态，"以开放包容心态加强同外界对话和沟通，虚心倾听世界的声音"④。"期待时间能够消除各种偏见和误解，也期待外界能够更多以客观、历史、多维的眼光观察中国，真正认识一个全面、真实、立体的中国。"⑤ 另一方

---

① 《习近平关于社会主义文化建设论述摘编》，中央文献出版社，2017，第197页。
② 《习近平关于社会主义文化建设论述摘编》，中央文献出版社，2017，第205页。
③ 《习近平关于社会主义文化建设论述摘编》，中央文献出版社，2017，第199～200页。
④ 《习近平关于社会主义文化建设论述摘编》，中央文献出版社，2017，第204页。
⑤ 《习近平关于社会主义文化建设论述摘编》，中央文献出版社，2017，第204页。

面要时刻提防敌对势力"谎言重复一千遍就会变成真理"的强盗逻辑。"不仅要做、而且要让人知道做了什么。我们要让全国人民知道党和政府为人民做了什么、还要做什么，让世界知道中国人民为人类文明进步作出了什么贡献、还要作出什么贡献。更重要的是，别人乱说我们一通，如果我们不及时加以澄清和纠正，就会以讹传讹，反倒让世人觉得我们输了理似的。我们要主动发声，让人家了解我们希望人家了解的东西，让正确的声音先入为主。对别有用心的人散布的政治谣言和奇谈怪论，我们的党员、干部耳朵根子不要软，不要听风就是雨。同时，我们不能默不作声，要及时反驳，让正确声音盖过它们。这与韬光养晦或不争论是两码事。"① 更为重要的是，面对当前国际社会对中国形象的妖魔化，我们要做好打持久战的准备。不仅要"主动把我们的想法说清楚，免得人家猜东猜西、说三道四"②，而且"要加大宣传力度，结合当代中国实际与时俱进，多讲中国二十一世纪的马克思主义、新时代的马克思主义"③。必须"久久为功，我们的观念和主张要经常说、反复说，不能长在深山无人知"④。正如习近平总书记指出的："在中外文化沟通交流中，我们要保持对自身文化的自信、耐力、定力。桃李不言，下自成蹊。大音希声，大象无形。潜移默化，滴水穿石。只要我们加强交流，持之以恒，偏见和误解就会消于无形。"⑤

三 增强文化自信，讲好中国故事、传播中国声音

中华文明五千年的璀璨历史已经证明，中华民族有着强大的文化创造力。每到重大历史关头，文化都能感国运之变化、立时代之潮头、发时代之先声，为亿万人民、为伟大祖国鼓与呼。时至今日，我国的国家实力和国际影响力快速提升，我们比历史上任何时期都更接近中华民族伟大复兴的目标。中国特色社会主义文化迸发出的强大生命力和创造力应当使我们

① 《习近平关于社会主义文化建设论述摘编》，中央文献出版社，2017，第209页。
② 《习近平关于社会主义文化建设论述摘编》，中央文献出版社，2017，第210页。
③ 《习近平关于社会主义文化建设论述摘编》，中央文献出版社，2017，第210页。
④ 《习近平关于社会主义文化建设论述摘编》，中央文献出版社，2017，第210页。
⑤ 《习近平关于社会主义文化建设论述摘编》，中央文献出版社，2017，第205页。

更有自信，并自觉肩负起讲好中国故事、传播中国声音的责任与使命。

1. 坚持和捍卫中国特色社会主义核心价值观

正如前文所述，文化是国家社会民族价值体系与价值观的总体体现，增强文化自信就是要增强对本国、本民族价值体系和价值观的认同感与自豪感，并自觉成为本国、本民族价值体系和价值观的阐释者与捍卫者。因此，"要提高国家文化软实力，就必须使当代中国价值观念走向世界。要加强提炼和阐释，拓展对外传播平台和载体，把当代中国价值观念贯穿于国际交流和传播方方面面"。① 并且，必须清醒地认识到，当代中国价值观念，就是中国特色社会主义价值观念，代表了中国先进文化的前进方向。经过长期努力，我国成功走出了一条中国特色社会主义道路，尤其是改革开放以来，我国取得了举世瞩目的辉煌成就与巨大飞跃，实践有力地证明了中国道路、中国制度是科学的、可行的、成功的。这也就使得世界上越来越多的人开始对当代中国价值观念感兴趣，越来越多的人开始客观看待当代中国价值观念。

2. 讲好中国故事，塑造中国形象

进入新时代，我们仍然面临中国形象"他塑"强于"自塑"的局面。因此，我们要塑造中国形象，就必须更加重视"自塑"，通过讲好中国故事，更好地传播中国声音。习近平总书记指出："中华文化是我们提高国家文化软实力最深厚的源泉，是我们提高国家文化软实力的重要途径。要使中华民族最基本的文化基因与当代文化相适应、与现代社会相协调，以人们喜闻乐见、具有广泛参与性的方式推广开来，把跨越时空、超越国度、富有永恒魅力、具有当代价值的文化精神弘扬起来，把继承传统优秀文化又弘扬时代精神、立足本国又面向世界的当代中国文化创新成果传播出去。要系统梳理传统文化资源，让收藏在禁宫里的文物、陈列在广阔大地上的遗产、书写在古籍里的文字都活起来。"② 通过介绍阐释中国理念、中国道路、中国主张，向世界展现真实、立体、全面的中国，从而不断增进理解、扩大认同。

---

① 《习近平关于社会主义文化建设论述摘编》，中央文献出版社，2017，第200页。
② 《习近平关于社会主义文化建设论述摘编》，中央文献出版社，2017，第201页。

讲好中国故事，传播中国声音，首先要讲好习近平新时代中国特色社会主义思想，充分展示中国共产党的最新理论成果；其次要讲好中国共产党治国理政新思路、新举措，充分展示中国共产党与中国人民的血肉联系；再次要讲好构建人类命运共同体，展现中国合作共赢的立场，展示中国为世界做出的巨大贡献；最后，讲好中国故事、传播中国声音，要把握大势、掌握方法、区分对象。要以我为主地讲，用中国理论回答中国问题、用中国话语解读中国道路，结合国外受众的思维和阅读习惯，精心构建中国特色对外话语体系。要丰富多彩地讲，综合运用各种对外传播载体，尤其要多生产制作移动化、可视化、社交化、多语化的国际传播产品，选准时机、选对载体，提高对外传播的"时度效"水平。要借嘴说话地讲，把"自己讲"和"别人讲"结合起来，加强与国际或地区性知名主流媒体、智库和出版机构开展合作，注重海外落地和海外影响，提高对外传播效果。正如习近平总书记指出的："文化是沟通心灵的桥梁。以理服人，以文服人，以德服人，是中华文化的生命禀赋和生存耐性。'远人不服，则修文德以来之'，中华民族早就懂得'观乎人文，以化成天下'的力量。要提高对外文化交流水平，开展深层次、多样化、重实效的思想情感交流，善于用外国民众容易接受的方式，让他们更好了解和体验中华文化。要完善人文交流机制，创新人文交流方式，发挥各地区各部门各方面作用，综合运用大众传播、群体传播、人际传播等多种方式展示中华文化魅力。"①

第三节　塑造中国大国形象的路径

当前中国正处于"两个大局"相互影响的关键时刻，在这样的背景下，如何让世界人民认识到客观真实的中国，如何塑造新时代中国国家形象就成为摆在我们面前的紧迫任务。短时间内，西方敌对势力仇视中国的态度不会改变，挤压中国生存发展空间的野心不会消亡，我们唯有自力更生、艰苦奋斗才能在敌对势力的文化霸权和偏见中完成塑造中国形象的历

---

① 《习近平关于社会主义文化建设论述摘编》，中央文献出版社，2017，第201～202页。

史使命。因此，我们要通过开展中国特色大国外交构建我国的国际话语体系，通过创新方式方法，拓宽传播中国声音的路径与渠道，通过增强斗争本领、积累斗争经验，敢于斗争、善于斗争，充分争取国际议题设置权和规则制定权，从而维护我国的合法权益与正面形象。

一 构建中国特色的国际话语体系

新时代构建中国特色社会主义国际话语体系，"要创新推进国际传播，坚持贴近中国实际、贴近国际关切、贴近国外受众，多运用对方听得懂、易接受的话语体系和表述方式，搭建起中国人民同各国人民有效互动交流的桥梁，让世界更好读懂中国。"①

1. 提升中国特色话语体系建设的重要性

国际社会一方面高度评价和关注中国的成功实践，另一方面也在纷纷寻找"中国奇迹"背后的理论支撑和理论创新。在解读中国实践、构建中国理论方面，中国哲学社会科学工作者应该最有发言权，但实际上中国哲学社会科学在国际上的声音还比较小，还处于有理说不出、说了传不开的境地。这主要是由于我们还缺少比较成熟的哲学社会科学话语体系，在话语权方面仍然处于弱势地位，这就造成了中国的好故事讲不出去、中国的好声音传不出去的尴尬局面。从中国话语体系本身来看，尽管世界上随处可见中国制造的产品，但缺少被世界广泛接受的中国学术话语；尽管我们进行了鲜活的实践创造、积累了丰富的理论创造资源，但一些人仍然习惯于简单套用西方的范畴、理念和结论，用西方理论和学术话语来解释丰富独特的中国实践，削中国实践之足，适西方理论之履。与实践的发展和时代的深刻变化相比，与中国不断上升的国际地位和丰富的理论资源相比，我们的学术创新和话语体系创新还相对滞后。能否用中国话语讲好中国故事、传播好中国声音，直接影响着能否抢占话语主动权和提高中国特色社会主义国际影响力。

中国共产党领导中国人民开辟的中国道路、创造的中国经验，必然要

---

① 《〈中共中央关于制定国民经济和社会发展第十四个五年规划和二〇三五年远景目标的建议〉辅导读本》，人民出版社，2020，第113页。

求中国哲学社会科学工作者用中国的理论学术观点和话语体系去解读和阐释。中国哲学社会科学工作者应站在国家战略的高度，努力建设让中国人民和世界人民都听得懂、能信服，具有亲和力、吸引力和感召力的中国特色哲学社会科学话语体系，在"引进来"与"走出去"的双向交流中增强中国的国际话语权，妥善地回应国际社会的关切，增进国际社会对中国的了解和认识，展现中国的良好形象。

习近平总书记在2013年全国宣传思想工作会议上指出：要"加强话语体系建设"①，着力打造融通中外的新概念新范畴新表述，增强在国际上的话语权。党的十八届三中全会通过的《中共中央关于全面深化改革若干重大问题的决定》强调，加强对外话语体系建设，推动中华文化走向世界。2016年5月17日，习近平在哲学社会科学工作座谈会上指出："发挥我国哲学社会科学作用，要注意加强话语体系建设。要善于提炼标识性概念，打造易于为国际社会所理解和接受的新概念、新范畴、新表述，引导国际学术界展开研究和讨论。"② 构建当代中国哲学社会科学话语体系是一项重要战略任务，这既是繁荣发展哲学社会科学的迫切要求，也是增强中国特色社会主义国际影响力的迫切要求。概括中国哲学社会科学体系的基本概念和基本范畴，提炼和抽象基本原理，构建具有中国特色的中国哲学社会科学话语体系，已经成为当前学术界应当着手进行的一项非常有意义的工作，既有利于中国哲学社会科学与国际社会的对话交流，增强中国哲学社会科学研究的国际影响力，也有利于我们准确地去讲好"中国故事"、传播好"中国声音"，扩大中国特色社会主义的国际影响力。

2. 中国特色话语体系建设的路径

第一，坚持当代中国马克思主义指导。 马克思列宁主义、毛泽东思想和中国特色社会主义理论体系，是坚持和发展中国特色社会主义的指导思想，是当代中国哲学社会科学最根本的理论基础，也是建设中国哲学社会科学话语体系的重要思想源泉。中国哲学社会科学话语体系建设必须以马克思主义为指导，鲜明地体现出马克思主义的立场、观点和方法。在马克

---

① 《习近平关于全面深化改革论述摘编》，中央文献出版社，2014，第85页。
② 习近平：《在哲学社会科学工作座谈会上的讲话》，人民出版社，2016，第24页。

思主义指导下的其他各门哲学社会科学，例如哲学、法学、经济学、新闻学、宗教学等学科，是对中国特色社会主义事业某个方面的规律性认识，可以为中国特色社会主义事业提供强大的精神动力和智力支持。当前国际和国内形势发生了深刻变化，我国的改革发展进入了关键阶段，新情况新问题不断出现，实践创新迫切需要哲学社会科学给予科学的解答，实践经验迫切需要哲学社会科学进行理论上的提升，所有这些都对哲学社会科学话语体系创新提出了要求。要把推进马克思主义中国化时代化大众化作为哲学社会科学话语体系创新的关键，使中国特色社会主义实践创新、理论创新和制度创新成果不断升华为马克思主义理论，使马克思主义理论真正成为时代精神的结晶、成为人民大众手中的锐利武器，通过推进马克思主义中国化时代化大众化引领哲学社会科学话语体系创新沿着正确方向前进。国家要从战略高度来把握哲学社会科学话语体系创新，从学科建设做起，每个学科都要构建成体系的学科理论和概念。把深入实施哲学社会科学创新工程作为抓手，不断创新学科体系、学术观点和科研方法，不断巩固马克思主义理论学科，打造具有世界影响的哲学学科、法学学科、经济学学科、新闻学学科、宗教学学科等优势学科，以能够体现伟大创新实践、紧跟时代前进步伐和勇立世界学术前沿为目标，推动形成以马克思主义为指导的哲学社会科学话语体系。

第二，植根中国特色社会主义实践。高质量的国际话语必须做到融通中外，有新的概念、新的范畴、新的表述。我国话语质量不高，固然有对国际规则、思潮和问题的敏感点不了解或了解不足的原因，但同时也由于对我国的价值体系、政策理由与独特国际贡献说不清，结果难以达到被认同有着密不可分的关系。我们成功地开创和发展了中国特色社会主义，创造了世界发展的奇迹，这是中国哲学社会科学工作者开展学术研究、赢得话语优势的丰厚资源。中国特色社会主义既是当今中国的时代主题，也是建设哲学社会科学话语体系的立足点和着力点。建设哲学社会科学话语体系必须立足于中国特色社会主义伟大实践，服务于建设和发展中国特色社会主义的伟大实践，而不能仅仅是从理论到理论作抽象的推理。检验哲学社会科学话语体系创新的最终标准，应该是能不能回答中国特色社会主义实践中出现的新课题、能不能为中国特色社会主义实践提供雄厚的理论支撑。我们应坚持哲学社会科学话语体系创新回答中国实践问题的导向，既把握世界大势，又不脱离社会主义初级阶段的国情，做到理论创新紧贴社会实践、学术创新为人民所喜闻乐见，从而使哲学社会科学话语体系创新具有持久的生命力。

第三，善于汲取中华优秀传统文化精华。 中华优秀传统文化包含着中华民族最根本的精神基因，是我们最深厚的软实力，也是加强话语体系建设的宝贵源泉。话语体系建设要坚持古为今用、推陈出新的方针，深深地植根中华文化沃土，从中汲取丰厚的养分，在充分彰显中华民族特色中构建属于我们自己的话语体系，让我们的话语体系堂堂正正地走向世界。话语体系建设要重点在突出中国特色、中国风格、中国气派上下功夫，不论是在内容上，还是在形式上，都要体现出鲜明的中国印记和中华民族特色。中国的哲学社会科学话语体系创新必须坚持以马克思主义为指导，立足于中国大地，反映中国人的实践、思维和语言，传承中华民族的优秀文化，打上中华文化的烙印，体现出鲜明的中国特色、中国风格和中国气派，拥有旺盛的生命力、不竭的创造力和强大的凝聚力。

第四，正确对待西方话语体系。 以美国为首的西方发达资本主义国家凭借其在经济上的先发优势，创造了民主、自由、人权、法治、市场经济等一系列概念，垄断了对于这些话语的解释权，形成了发达国家在话语上的霸权。提高我国国际话语权既要依靠提升国家实力，也要依靠话语本身。由于我国话语体系在原创性和影响力上还有很大不足，必须以开放包容、兼收并蓄的态度，认真学习借鉴西方发达国家话语体系的有益成分，坚持以我为主、洋为中用，去粗取精、去伪存真的原则，经过科学的扬弃之后使之为我所用，不断提高我国的话语质量和话语权。

二 创新方式方法，更好地传播中国声音

建设文化强国的过程，既是传承弘扬中华文化、增强其生命力和影响力的过程，又是吸纳外来文化文明精华、推动中华文化不断丰富的过程。必须秉持开放包容、互学互鉴的理念，以更自信的心态、更宽广的胸怀，深入开展同各国的文化交流合作，广泛参与世界文明对话，促进对彼此文化文明的理解、欣赏和借鉴，让各国人民更好地了解中国，让中国人民更

好地了解世界。

1. 要以创新精神打开工作局面

习近平总书记在全国宣传思想工作会议上指出："要精心做好对外宣传工作，创新对外宣传方式，着力打造融通中外的新概念新范畴新表述，讲好中国故事，传播好中国声音。"① 一方面要培养创新意识。由于我们对外开放时间较短，相关工作的重视程度不高，在对外传播的过程中，传统媒体未能很好地掌握国际社会传播规则、适应国家发展需求。但是，随着我国国家实力的快速发展，文化软实力与发展硬实力之间的落差逐渐明显，并成为严重阻碍我国国家形象构建的制约性因素，出现了我们没法说、说不明白、说了人家听不懂的被动局面。究其原因，实际上我们在技术、设备、手段等硬件设施方面都已具备，甚至达到了国际先进水平，但在创新精神、运作模式、媒体管理等涉及理念、原则、方法、手段的方面，还有待提高，这就需要我们大力弘扬创新精神，以创新破旧局。另一方面要创新方式方法。让对方听得到、听得懂是让对方相信并且支持的前提，这就涉及传播技巧的问题。因为我们是在国际传播的大平台上发出声音，这个声音就要和其他声音和谐起来，不能自说自话，否则最后还是会被边缘化。对外传播面对的受众与国内受众显然不同，他们与我们在政治制度、法律体系、宗教信仰、文化习俗等方面往往存在较大的差异。如果忽视这一点，仍然以对待国内受众的传播方法去对待他们，轻则导致传播失效，重则有可能引起国家间的矛盾冲突。所以很重要的一点就是，我们必须了解和尊重国际传播的规律，了解国外受众的需求和阅读、视听习惯，掌握有效的方法、技巧，进而采取有针对性的传播策略。与此同时，随着自媒体的崛起，我们也应当重视发掘并培养相关人才，要兼容并蓄、广纳英才，让具备国际背景、国际视野的自媒体人才成为中国形象的代言人、传播者。

2. 以大国国民心态打造传播中国声音的人才队伍

在对外传播中，很多问题都出在语言转换和文化对接上，语言转换不到位，文化对接再有问题，对方就不容易理解你，这就是传播屏障。要以更专业的水准，站到更高的平台上参与国际舆论竞争，就得有对外传播的

① 《习近平著作选读》第 1 卷，人民出版社，2023，第 150 页。

专门性人才。这几年，虽然高校中相关专业方向在增加，但从整体上看，国际传播的专门性人才还是紧缺。不仅是外宣媒体，政府方面也缺乏这样的人才。这就为新闻传播领域中的人才培养提出了新的目标和任务。

正如习近平总书记 2018 年 8 月在全国宣传思想工作会议上发表的重要讲话中指出："要推进国际传播能力建设，讲好中国故事、传播好中国声音，向世界展现真实、立体、全面的中国，提高国家文化软实力和中华文化影响力。"① 这不仅需要我们打造国际一流媒体，创新"走出去"方式，更需要全社会共同参与。

与此同时，要着力培育我国人民的大国国民心态。随着对外开放和改革事业的深入，我国人民在走出去和引进来的过程中发挥了重要作用，不仅专业媒体和专业传播队伍走了出去，而且更多的中国人民也走了出去。仅 2019 年全国出入境人数就高达 6.7 亿人次②，这一数据甚至高于世界上绝大多数国家的总人口数量。这也就意味着，每一个走出国门的中国人都是行动的中国形象代言人，一举一动一言一行都代表着中国形象，其思维方式和行为方式不断向世界人民传播着中国声音。在走出去的过程中，每一个中国人都应秉持大国国民心态，不仅应该时刻注意自己的言行举止，破除国际社会对中国人的刻板与负面印象，而且应该自觉做中国形象的捍卫者、中国声音的传播者，向世界传递中国价值、中国观念、中国立场、中国故事，展现中国风格、中国气派。

三 争取国际议题设置权

习近平总书记指出："国际话语权是国家文化软实力的重要组成部分。尽管我们在提高国际话语权方面取得了重要进展，但同西方国家相比，我们还有不小差距。应该承认，对国际话语权的掌握和运用，我们总的是生手，在很多场合还是人云亦云，甚至存在舍己芸人现象。要精心构建对外话语体系，发挥好新兴媒体作用，增强对外话语的创造力、感召力、公信

---

① 《习近平著作选读》第 2 卷，人民出版社，2023，第 194 页。
② 参见《2019 年出入境人员达 6.7 亿人次》，国家移民管理局网站，https://www.nia.gov.cn/n741440/n741567/c1199336/content.html。

力，讲好中国故事，传播好中国声音，阐释好中国特色。"①

1. 增强中国国际话语权的重要意义

增强中国国际话语权，我们通常会想到媒体的对外传播。那么，中国媒体的对外传播能力究竟如何呢？在当前西强东弱、话语权力严重失衡的国际传播格局中，以美国为首的西方媒体占据着主导地位，中国处于弱势，缺乏主导权。"四大西方主流通讯社——美联社、合众社、路透社和法新社每天发出的新闻信息量占据了整个世界全部发稿量的80%，西方50家媒体跨国公司占领了世界95%的传媒市场，其中美国控制了全球75%的电视节目的生产和制作，第三世界国家的电视节目中有60%~80%的内容来自美国。"②随着中国综合国力不断上升，国内发生的重大事件成为世界关注的热点。然而，中国的传播能力和对外话语权尚弱，致使国内发生的一些重大事件因为国际舆论的歪曲而陷政府于被动。话语权的缺乏使得中国的国家形象很难保证在其他国家的媒体上不被扭曲，必须打造中国自己的国际媒体，以在国际社会中真实、客观地发出自己的声音，展现出自己完整的国家形象。

2. 增强中国国际话语权的重点是提高中国国际话语质量

当前中国国际话语权的提升仍然面临如下问题：在回应国际舆论对我国政策的歪曲和对我国制度的抹黑上比较乏力，"有理说不清"；在国际舆论议题设置上缺乏足够能力，常常只能被动接受；在外交政策的实行与国际责任的承担上，我们做得合理合法合情，却经常遭到西方的无端指责。这在很大程度上是因为某些西方国家把社会主义中国的发展强大视为对其世界霸权、价值理念和制度模式的挑战，加强了对我国意识形态领域的渗透。中国国际话语质量亟待提升，如对国际规则、思潮和问题的敏感点不了解，对我国的价值体系、政策理由与独特国际贡献说不清，结果难以达到被认同的效果。高质量的话语能够做到在国际议题设置上有引导力，在国际规则制定的争议中有说服力，对于国际曲解与抹黑有回击力，对于国际质疑有解释力；不回避敏感国际问题并能巧妙表达，熟悉国际规则并占据国际社会道义制高点。

首先，提高国际地位是提高话语质量的根本所在。提高我国国际话语

---

① 《习近平关于社会主义文化建设论述摘编》，中央文献出版社，2017，第203页。
② 庞亮：《视听传播：基于历史视角的考察》，中国传媒大学出版社，2021，第218页。

质量离不开对外国际传播，但根本上靠的是中国国际地位的提高，只有中国的国际地位提高了，中国的观点才会被更多地倾听和重视，中国的话语才会产生更大的影响力。

其次，弘扬社会主义核心价值观是提高话语质量的重要路径。话语之所以能产生权力，很大程度上在于它所包含的价值观和意识形态被认同。当前中国在国际话语权上处于弱势地位的一大原因，正是由于先前的意识形态话语体系瓦解之后，至今尚未重建起一套属于中国自己的新的话语体系。在这种情形下，我们也经常被某些本来源于西方经验并带着西方中心主义的所谓"普适价值"所迷惑，甚或徘徊于现代观念与传统价值、西方观念与本土价值之间。因此，加快培育和践行社会主义核心价值观，使中国有一套新的话语体系，是提高话语质量的重要路径。

最后，繁荣发展哲学社会科学是提高话语质量的基础工程。提高话语质量必须大力发展以马克思主义为指导的中国哲学社会科学和中国特色社会主义理论体系研究，构建具有国际影响力的中国学术概念和话语。虽然从政府到民间都有自己的话语，但高质量的、能在国际上产生广泛影响力的中国话语的"生产"，还必须依靠发达的中国哲学社会科学研究和中国特色社会主义理论体系研究。中国哲学社会科学学术界和马克思主义理论研究界是理论和思想的阵地，也是"生产"中国话语和话语权的阵地。与近年来中国经济对外大幅"出超"形成鲜明对照的是，中国哲学社会科学学术界和马克思主义理论研究界在与西方的话语交流之间存在严重的"逆差"。这种状况很难为国家承担起"生产"强势国际话语的任务。

因此，提高话语质量最终必须落实到发展具有基础性意义的中国哲学社会科学研究和中国特色社会主义理论体系研究上来。中国在走和平发展道路的过程中，必须提高话语质量，扩大国际话语权。尽管中国特色社会主义的成功实践给中国带来了显著的变化，甚至对世界经济发展也产生了广泛的影响，但中国哲学社会科学和中国特色社会主义理论体系的对外交流、宣传是明显不够的，还远不能承担起为国家"生产"强势国际话语的任务。大力发展中国哲学社会科学和中国特色社会主义理论体系研究，构建具有国际影响力的中国学术概念和话语，用中国自己的话语主动定位中国的国际身份，并让这种身份被国际社会接受；打破西方的话语霸权，用中国的话语、中国特色的语言宣传中国哲学社会科学和中国特色社会主义理论体系，弘扬中国社会的核心价值观与主流意识形态，将是中国外交或者说理论外交工作面临的重大课题，也是提升中国特色社会主义国际影响力所要完成的历史使命。

四　增强文化规则制定权

规则是体现人类社会运行、运作规律、由全社会共同认可并且遵守的章程、原则或制度。西方学者将"规则"划分为"明规则""潜规则""元规则"，其中"明规则"和"潜规则"即"明文规定的原则"和"潜在应遵守的原则"，这两个概念较为容易理解。但"元规则"却带有明显的霸权主义色彩，这一概念最早由澳大利亚学者杰佛瑞·布伦南（Geoffrey Brennan）和美国学者詹姆斯·M. 布坎南（James M. Buchanan）在其合著的《宪政经济学》一书中提出，并由国内学者吴思在其《潜规则》《血酬定律》等著作中进行介绍与研究。吴思的研究指出，西方学界中，"规则"的内涵为"暴力最强者说了算"，同时，相较于"明规则"和"潜规则"，"元规则"更多地触及了生命、生存资源及其分配问题，因此更加重要。由上可知，西方对"规则"的理解与实践实际上带有明显的强权主义和霸权主义色彩。当将"规则"概念引向"文化"时，就很容易理解西方的"文化霸权主义"产生的根源和逻辑了。

1. 旗帜鲜明反对文化霸权主义

文化霸权主义信奉实力/暴力决定论，其结果取决于实力/暴力博弈，秉持文化霸权主义的国家只有在实力/暴力出现平衡状态时才能被迫采取平等的态度对待"他者"。但实力对比状态是动态变化的，为实现平等而追求实力平衡并不可取，一旦信奉丛林法则的霸权国家占据主动，就会带来人类灾难，更遑论文化灾难。因此，文化霸权主义不仅不利于和平，更为发展制造了严重阻碍。

我们应当旗帜鲜明地反对文化霸权主义，中国始终秉持的原则就是"国家不分大小、强弱、贫富，都是国际社会平等成员，理应平等参与决策、享受权利、履行义务"[①]，并且应当"赋予新兴市场国家和发展中国

---

① 《习近平谈治国理政》第2卷，外文出版社，2017，第481页。

家更多代表性和发言权"①。

从人类历史的角度来看，国与国之间的竞争始终存在并不断变化，19世纪是军事竞争，20世纪是经济竞争，进入21世纪，文化越发体现出其重要性，并成为当代国际竞争的新焦点。经过长期努力，我国的国家实力和国际影响力不断提升，并日益走近世界舞台中央，通过大国外交实践，不断构建中国特色国际话语体系，中华文化的深厚底蕴、独特魅力和兼容并蓄展现出独具特色的优势，获得了世界人民的欢迎。必须指出的是，我们旗帜鲜明地反对西方国家文化霸权主义并不是为了使中华文化取代其他文化，或者占据统治地位，而是站在全体人类的命运上，关注人类的生存与发展，捍卫文化多样性、多元性，倡导各美其美、美美与共的人类文化共同繁荣与发展。这不仅是中国作为拥有悠久历史文化文明大国的自信，也是坚持和平与发展大国的自觉，更是作为美好大国的担当。

2. 各美其美、美美与共

在当前国际规则面临重大变数的背景下，国际规则制定权之争越来越成为国际社会竞争的制高点。中国作为具有悠久历史的文明大国、坚持和平发展的社会主义大国、负责任敢担当的美好大国，应当坚持和制定什么样的文化规则呢？我们认为，中国参与和主导的文化规则制定不仅应符合中国人民的发展要求和愿望，并且也应当回应世界上一切爱好和平、谋求发展的国家和人民的诉求。总的来说，就是要在文化规则的制定上，坚持文化多元主义，实现各美其美、美美与共。

首先，是中国完成阶段性和平崛起的条件，积极参与国际规则的制定不仅是维护国家利益的理性选择，更是有担当和负责任的大国行为。主动塑造国际规范已成为中国政府对外政策的重要工作，正如习近平总书记在2014年12月5日中央政治局集体学习时所强调的"我们不能当旁观者、跟随者，而是要做参与者、引领者"②，"在国际规则制定中发出更多中国声音、注入更多中国元素，维护和拓展我国发展利益"③。要做到这一点，就必须更加珍视本国文化，更加重视对本国文化的发掘与研究，因为"文

---

① 《习近平谈治国理政》第 2 卷，外文出版社，2017，第 481 页。
② 《习近平谈治国理政》第 2 卷，外文出版社，2017，第 100 页。
③ 《习近平谈治国理政》第 2 卷，外文出版社，2017，第 100 页。

明特别是思想文化是一个国家、一个民族的灵魂。无论哪一个国家、哪一个民族，如果不珍惜自己的思想文化，丢掉了思想文化这个灵魂，这个国家、这个民族是立不起来的"①。

其次，要尊重不同文明和文化的多样性，各美其美、美美与共，从而实现和而不同、天下一家的终极理想。中国人民自古就有这样崇高的理想，"夫和实生物，同则不继。以他平他谓之和，故能丰长而物归之，若以同裨同，尽乃弃矣。故先王以土与金、木、水、火杂，以成百物"②。也就是说，不同事物都有其特殊性，也都有其价值性，从来不会以此生彼灭、此存彼亡的单向思维来看待问题。世界文明和文化也是这样，每种文明和文化都有其自我思维的方式和自我表达的话语，它正是民族多样性和世界多样化本身的一种映射，各美其美、美美与共的多元文化主义正是对此多样性的承认与描绘。

各美其美、美美与共的多元文化主义要求我们在设置文化规则时要融合而不要冲突，要协调而不要对立，要互鉴而不要敌视。正如习近平总书记指出的，要"理性处理本国文明与其他文明的差异，认识到每一个国家和民族的文明都是独特的，坚持求同存异、取长补短，不攻击、不贬损其他文明"③。倡导各美其美、美美与共的多元文化主义不仅是对西方文化霸权主义的批判与纠正，而且是对人类社会发展规律的认同与维护。

最后，我们主张设置各美其美、美美与共的多元文化主义的文化规则反映了中国人民自古历来"天下一家"的理想，也是对人类命运共同体的深入关切。我们不仅希望悠久璀璨的中华文化能够在继承中获得发展与活力，也希望世界各国各民族的文化都能够得到保护与传承。世界文化，天下一家，只有秉持多元主义的文化规则，才能够在不断交流中增进理解，进行互补，让各国家、各民族的优秀文化保持持久生命力与创造力，才能够将真实而又丰富的人类文化传递给未来。

---

① 《习近平著作选读》第 1 卷，人民出版社，2023，第 279 页。
② 《中国哲学史》上卷，人民出版社，1982，第 49 页。
③ 《习近平著作选读》第 1 卷，人民出版社，2023，第 279 页。

结语 和合、进步、美好：中国共产党领导的社会主义大国

> 中国共产党将履行大国大党责任，为增进人类福祉作出新贡献。
>
> ——习近平在中国共产党与世界政党领导人峰会上的主旨讲话

近代以来，大国之间的形象斗争始终存在，如独立战争期间的英美形象攻势、第二次世界大战期间同盟国与轴心国的形象攻势，这一类大国间的形象攻势是作为战争的辅助手段同步进行的，但到了冷战期间，美苏两个超级大国并没有爆发直接战争，大国形象上升为斗争的主要场域。这一时期，社会主义大国占据的形象关键词是"民主"，而资本主义大国占据的形象关键词是"自由"，双方交锋态式紧张，并且势均力敌。然而冷战结束后，以美国为首的西方获得了民主自由的解释权，并自封为民主自由的灯塔。这一历史进程启发我们，"知识—权力"理论仍然是当前西方把持国际话语权的主要手段和方式。对此，我们应当勇于斗争、善于斗争，一方面要摆脱被动解释局面，积极引导国际议题；另一方面要审慎谋划、提前布局，占领形象"知识"的下一个高地。可以从三个方面进行尝试，即**"和合""进步""美好"**。这三个词语的优势在于，简洁直白、易于翻译传播，能够产生跨民族、跨文化的共情与认同；内涵美好、符合和平与发展的时代主题，响应人类社会追求合作共赢的历史潮流；具有鲜明中国特色，体现中国大国本质，响应人类命运共同体理念。

首先是**和合**。当今的时代主题仍然是和平与发展，各国相互依存、休戚与共，人类生活在同一个地球村里，越来越成为你中有我、我中有你的命运共同体，唯有合作才能维护世界和平，唯有合作才能促进共同发展，

合作是人类社会走向持久和平、稳定与繁荣的唯一正确选择。百年未有之
大变局带来了风险与挑战，新时代的中国正是和平合作、开放包容、互学
互鉴、互利共赢精神的主要倡导者与践行者。

其次是**进步**。随着两个大局不断深入，以美国为首的西方大国更加显
露出其本质，世界各国和人民逐渐认识到以美式民主和自由为构建核心的
西方大国形象的虚伪，世界需要新的领导力量带领各国人民不断进步。进
入新时代，璀璨悠久的中华优秀传统文化持续向世界展现出强大的吸引
力，航母高铁、量子通信、桥梁基建和空间站等不仅铸就大国重器，也成
为大国新名片，向世界展示了一个进步大国该有的样子。

最后是**美好**。美好生活是人类的共同期待。改革开放 40 多年以来，
中国取得了举世瞩目的辉煌成就，创造了人类历史上的发展奇迹，这"极
大改变了中国的面貌、中华民族的面貌、中国人民的面貌、中国共产党的
面貌"①。尤其是进入新时代以来，中国实现了第一个百年目标，在中华
大地上全面建成小康社会，正在意气风发地向着第二个百年目标迈进。中
国经济建设、政治建设、文化建设、社会建设、生态文明建设"**五位一
体**"的总体布局不断实现，使中国成为纷乱世界中一个更加美好的大国。

"旗帜就是方向，旗帜就是形象。"② 最为重要的是，不论是"和合"
"进步"，还是"美好"，它们都应当归于中国共产党领导这一根本原则，
就是**中国共产党领导的社会主义大国**。

"办好中国的事情，关键在党。中国特色社会主义最本质的特征是中
国共产党领导，中国特色社会主义制度的最大优势是中国共产党领导。坚
持和完善党的领导，是党和国家的根本所在、命脉所在，是全国各族人民
的利益所在、幸福所在。"③ 中国共产党是革命建设改革事业行稳致远的
掌舵者，是暴风骤雨来袭时中国人民最可靠的主心骨。新中国成立后，中
国共产党始终立足人民立场，一任接着一任干，接力奋斗不停步，取得了
一个又一个伟大成就，绘就了一幅波澜壮阔、气势恢宏的历史画卷，谱写
了一曲感天动地、气壮山河的奋斗赞歌。

① 习近平：《在庆祝改革开放 40 周年大会上的讲话》，人民出版社，2018，第 19 页。
② 《全面建成小康社会重要文献选编》（上），人民出版社、新华出版社，2022，第 376 页。
③ 《习近平著作选读》第 1 卷，人民出版社，2023，第 194 页。

在中国共产党的带领下，中国人民和中华民族不仅经历了巨大的经济社会变迁，也经受了不少重大考验。党的十八大以来，凭借集中力量办大事的制度优势，中国在国产大飞机、超级计算机、量子通信、港珠澳大桥、北京大兴国际机场、"蓝鲸 1 号"钻井平台、"天眼"探空、天问一号奔向火星、北斗导航系统建成、"奋斗者"入海、"嫦娥"登月等一大批重大创新工程上取得突破，标志着我国已经处于世界科技创新的先进水平。回望 2000 年，中国国内生产总值约是日本的 1/4。2010 年，中国超越日本成为世界第二大经济体，时至今日，中国国内生产总值约为日本的 2.5 倍。人类历史上恐怕从来没有哪个国家能像中国这样实现快速发展。中国改革开放之所以能取得巨大成就，最重要的原因是在中国共产党的坚强正确领导下，中国人民根据本国国情，找到了一条适合本国的发展道路，艰苦奋斗、勤勉工作。事实雄辩地证明，要发展中国、稳定中国，要全面建成小康社会、加快推进社会主义现代化，要实现中华民族伟大复兴，必须坚定不移坚持和发展中国特色社会主义。因此，历史和现实已经无数次证明，将中国建设成为和合、进步、美好大国的使命，必然而且只能由中国共产党来肩负。

中国共产党第十九次全国代表大会指出："中国特色社会主义进入新时代，我国社会主要矛盾已经转化为人民日益增长的美好生活需要和不平衡不充分的发展之间的矛盾。"① 推己及人，今天的世界，部分国家的人民还处在战乱的水深火热之中，部分国家的人民还在温饱线上下徘徊，部分国家成为新兴经济体开启了快速发展，部分国家则在苦苦思考转型。不论是哪种情况的国家，不论是哪种状态的人民，发展始终是核心问题。尽管世界各国有着不同的文化、政体、制度、模式，对美好的需求与界定有所不同，但这不妨碍世界各国与各国人民各美其美，也不影响各国和各国人民对美好的一致追求。那么，构建一个和合、进步、美好大国的中国形象应是中国人民和世界人民能共同认可、易于接受，并且心向往之的。

在具体实践上，不论历史与现实的维度，还是物质与文化的层面，或者应然与必然的关联，中国构建大国形象应当落脚到社会主义大国，并且

① 《习近平著作选读》第 2 卷，人民出版社，2023，第 9 页。

突出中国特色，即**新时代中国是中国共产党领导的社会主义大国**。换句话说，中国的大国形象就是中华民族的形象，就是中国人民的形象，就是中国共产党的形象。而中国共产党立党为国，是中华民族和中国人民的先锋队，其形象能够高度代表中国形象。"中国共产党所做的一切，就是为中国人民谋幸福、为中华民族谋复兴、为人类谋和平与发展。"① 因此，不论从中国的角度还是世界的角度来看，将中国形象定义为中国共产党领导的社会主义大国适当其时，也是构建中国形象的题中应有之义。

构建中国共产党领导下的社会主义大国，除了要坚定不移地走好自己的路，办好自己的事，更重要的是要重视中国共产党百年历史重要财富，持续不断把握历史规律和大势。

自 2020 年 4 月，习近平总书记在陕西考察时提出"对国之大者要心中有数"② 的重要论述以来，多次谈到"国之大者"。什么是"国之大者"？习近平总书记明确指出，"国之大者"就是"党中央在关心什么、强调什么"③，就是"党和国家最重要的利益"④，就是"最需要坚定维护的立场"⑤。因此，把握"国之大者"，重要的在于立足"大国"定位，胸怀"大局""大势"，发挥"大党"优势，落实"大政"，维护人民根本"大利"。

第一，**大国定位是基础**。探讨"国之大者"要清醒把握我们国家的历史定位与内在本质，向国际社会展示我们的大国形象。贯通历史、现在、未来，中国的大国形象有三个主要定位，一是东方文明古国，二是社会主义大国，三是负责任大国。这三个形象定位是"国之大者"的历史依据、现实依据。中国自古以来就是大国，也是现在最大的社会主义国家，中国的文化、社会主义的本质决定了我们必须成为负责任的大国。习近平总书记指出："我们这么大一个国家，就应该有雄心壮志。"⑥ 中国的雄心壮志不仅是为人民谋幸福、为民族谋复兴，还要为世界做出应有的和更大的贡

---

① 《习近平外交演讲集》第 2 卷，中央文献出版社，2022，第 91 页。
② 《习近平谈治国理政》第 4 卷，外文出版社，2022，第 39 页。
③ 《习近平谈治国理政》第 4 卷，外文出版社，2022，第 39 页。
④ 《习近平谈治国理政》第 4 卷，外文出版社，2022，第 39 页。
⑤ 《习近平谈治国理政》第 4 卷，外文出版社，2022，第 39 页。
⑥ 习近平：《在庆祝改革开放 40 周年大会上的讲话》，人民出版社，2018，第 40 页。

献，为世界谋大同，维护世界的和平、促进世界的发展。

第二，**胸怀天下、把握大势是前提**。国之大者要心中有数，要有大局观。必须胸怀大局、把握大势，顺应历史发展潮流，做到因势而谋、应势而动、顺势而为。习近平总书记明确指出："领导干部要胸怀两个大局，一个是中华民族伟大复兴的战略全局，一个是世界百年未有之大变局，这是我们谋划工作的基本出发点。"① 就国内大局来说，我们比以往任何时候都更有能力、更有信心实现中华民族的伟大复兴。实现中华民族的伟大复兴，是"国之大者"的宏伟目标。我们必须坚定"四个自信"，坚持战略定力，敢于担当历史使命。为此，在坚持我国仍然处于社会主义初级阶段基本国情的基础上，要深刻认识新发展阶段的新特征新要求，贯彻新发展理念、构建新发展格局，从而由大国走向强国。就国际大局、大势来说，当前我们正面对百年未有之大变局。一方面，世界格局呈现了东升西降、社升资降的明显趋势，世界社会主义开始由低谷走向复兴。另一方面，我们也要深刻把握世界大势的"变"与"不变"。和平与发展的时代主题没有变，但世界进入动荡变革期，国际环境不稳定性不确定性明显增加。新冠疫情全球大流行和世界百年未有之大变局相互影响，各国人民求发展、求和平、求团结、求进步的期待更加强烈。同时还要看到，经济全球化遭遇波折，美国推行的单边主义、保护主义、霸权主义，不但加大了对中国的遏制和打压，也对世界和平与发展构成了威胁。面对百年未有之大变局带来的前所未有的风险挑战，我们既必须坚持引领和平、发展、合作、共赢的时代潮流，又必须准确识变、科学应变、主动求变，增强忧患意识，扬优势、固根基、补短板，敢于斗争、善于斗争。

第三，**强化大党优势是保证**。近代以来的历史充分证明，只有共产党才能救中国，才能发展中国，才能实现中华民族的伟大复兴。中国的雄心壮志必须在中国共产党的坚强领导下，凝聚全体人民的力量才能实现。中国共产党是人类历史上最辉煌的大党。"大就要有大的样子"②，正如习近平总书记指出的："中国共产党是为中国人民谋幸福的政党，也是为

---

① 《十九大以来重要文献选编》（中），中央文献出版社，2021，第716页。
② 《习近平著作选读》第2卷，人民出版社，2023，第105页。

人类进步事业而奋斗的政党。中国共产党始终把为人类作出新的更大的贡献作为自己的使命。"① 对马克思主义的信仰和对共产主义的信念决定了中国共产党既不能有一党之私，也不能有一国之私。然而"大也有大的问题"。中国共产党必须通过不断的自我革命，永葆生机活力，才能始终成为中国特色社会主义事业的领导核心，不断推进伟大社会革命，朝着中华民族伟大复兴的宏伟目标前进。

第四，**落实大政方针是关键**。国之大者，不是空谈出来的，而是干出来的。党的十八大以来，以习近平同志为核心的党中央为实现中华民族伟大复兴的中国梦，提出了一系列战略方针、战略举措。统筹推进"五位一体"总体布局、协调推进"四个全面"战略布局就是"国之大者"。中国的问题，关键在党，关键在人。妥善处理好"国之大者"中"事"与"人"的核心是坚持党的领导，关键在党的各级领导干部。为此，各级领导干部应当旗帜鲜明讲政治，提高政治判断力、领悟力和执行力，坚定"四个自信"，强化"四个意识"，做到"两个维护"，深入贯彻落实中央重大决策部署，这也是"国之大者"。各级领导干部要对大局做到心中有数，讲政治、抓落实，"多打大算盘、算大账，少打小算盘、算小账"②，锚定党中央擘画的宏伟蓝图，咬定青山不放松，敢于担当、勇于作为，"无论什么时候，该做的事，知重负重、攻坚克难，顶着压力也要干；该负的责，挺身而出、冲锋在前，冒着风险也要担"③。

第五，**国之大者的力量在于人民**。"人民对美好生活的向往，就是我们的奋斗目标"④。人民是我们执政的最大底气，是我们党的力量之源、胜利之本、执政之基。要成就大国、大业，必须把人民摆在首位，发展的目的就是不断满足人民日益增长的美好生活的需要。进入新时代，我们在许多方面还依旧存在发展不平衡、不充分的问题，还有许多短板需要弥补。这就需要我们全面落实以人民为中心的发展思想，使改革发展成果更

---

① 《习近平著作选读》第 2 卷，人民出版社，2023，第 47 页。
② 《习近平谈治国理政》第 4 卷，外文出版社，2022，第 40 页。
③ 习近平：《论把握新发展阶段、贯彻新发展理念、构建新发展格局》，中央文献出版社，2021，第 506 页。
④ 《十八大以来重要文献选编》（上），中央文献出版社，2014，第 69 页。

多地惠及全体人民，不断谋民生之利、多解民生之忧，增进民生之福，实现共同富裕。这才是真正的"国之大者"。而且，对马克思主义的信仰和对共产主义的信念决定了中国共产党既没有一党之私，也没有一国之私，我们不仅要切实维护好、实现好最广大人民的根本利益，也必须为人类谋进步，赢得国际社会的认同。

参考文献

一 经典文献

《马克思恩格斯选集》（第 1~4 卷），人民出版社，2009。

《马克思恩格斯文集》（第 1~10 卷），人民出版社，2009。

《列宁选集》（第 1~4 卷），人民出版社，1995。

《毛泽东文集》（第 1~8 卷），人民出版社，1993、1996、1999。

《毛泽东选集》（第 1~4 卷），人民出版社，1991。

《建国以来毛泽东文稿》（第 6 册），中央文献出版社，1992。

《毛泽东外交文选》，中央文献出版社、世界知识出版社，1994。

《邓小平文选》（第 1~3 卷），人民出版社，1994、1994、1993。

《邓小平文集（一九四九——一九七四）》上、中、下，人民出版社，2014。

《江泽民文选》（第 1~3 卷），人民出版社，2006。

《胡锦涛文选》（第 1~3 卷），人民出版社，2016。

《习近平著作选读》（第 1~2 卷），人民出版社，2023。

《习近平谈治国理政》（第 1~4 卷），外文出版社，2018、2017、2020、2022。

《习近平外交演讲集》（第 1~2 卷），中央文献出版社，2022。

《党的十九大报告辅导读本》，人民出版社，2017。

《党的二十大报告辅导读本》，人民出版社，2022。

《习近平总书记系列重要讲话读本》，学习出版社、人民出版社，2016。

《习近平关于全面建成小康社会的论述摘编》，中央文献出版社，2017。

《习近平关于全面深化改革论述摘编》，中央文献出版社，2014。

《习近平关于社会主义政治建设论述摘编》，中央文献出版社，2017。

《习近平关于社会主义文化建设论述摘编》，中央文献出版社，2017。

《习近平：论党的宣传思想工作》，中央文献出版社，2020。

《中国共产党历史（1921～1949）》，中共党史出版社，2011。

《中国共产党历史（1949～1976）》，中共党史出版社，2011。

《十八大以来重要文献选编》上、中、下，中央文献出版社，2014、2016、2018。

《十九大以来重要文献选编》上、中、下，中央文献出版社，2019、2021、2023。

《中国共产党第十九次全国代表大会文件汇编》，人民出版社，2017。

《中国共产党第二十次全国代表大会文件汇编》，人民出版社，2022。

习近平：《携手建设更加美好的世界——在中国共产党与世界政党高层对话会上的主旨讲话》，人民出版社，2017。

习近平：《在纪念马克思诞辰200周年大会上的讲话》，人民出版社，2018。

习近平：《为实现民族伟大复兴推进祖国和平统一而共同奋斗——在〈告台湾同胞书〉发表40周年纪念会上的讲话》，人民出版社，2019。

习近平：《深化文明交流互鉴共建亚洲命运共同体：在亚洲文明对话大会开幕式上的主旨演讲》，人民出版社，2019。

习近平：《在庆祝中华人民共和国成立70周年大会上的讲话》，人民出版社，2019。

习近平：《在"不忘初心、牢记使命"主题教育总结大会上的讲话》，人民出版社，2020。

习近平：《在全国抗击新冠肺炎疫情表彰大会上的讲话》，人民出版社，2020。

习近平：《携手抗疫共克时艰——在二十国集团领导人特别峰会上的发言》，人民出版社，2020。

习近平：《在纪念中国人民抗日战争暨世界反法西斯战争胜利75周年座谈会上的讲话》，人民出版社，2020。

习近平：《在全国脱贫攻坚总结表彰大会上的讲话》，人民出版社，2021。

习近平：《在党史学习教育动员大会上的讲话》，人民出版社，2021。

习近平：《加强政党合作共谋人民幸福——在中国共产党与世界政党领导人峰会上的主旨讲话》，人民出版社，2021。

习近平：《在庆祝中国共产党成立 100 周年大会上的讲话》，人民出版社，2021。

习近平：《在纪念辛亥革命 110 周年大会上的讲话》，人民出版社，2021。

习近平：《在文化传承发展座谈会上的讲话》，人民出版社，2023。

《新时代的中国与世界》，人民出版社，2019。

《新中国 70 年》，当代中国出版社，2019。

《社会主义发展简史》，人民出版社、学习出版社，2021。

《中国共产党简史》，人民出版社、中央党史出版社，2021。

《中华人民共和国简史》，人民出版社、当代中国出版社，2021。

《改革开放简史》，人民出版社、中国社会科学出版社，2021。

《建党以来重要文献选编（1921—1949）》第 26 册，中央文献出版社，2011。

二 专著

陈志刚：《全球化与现代性的超越》，重庆出版社，2011。

杜飞进：《中国的治理——国家治理现代化研究》，商务印书馆，2017。

段忠桥：《从历史唯物主义到政治哲学》，人民出版社，2020。

丁磊：《国家形象及其对国家间行为的影响》，知识产权出版社，2010。

杜雁芸：《美国政府对中国国家形象的认知》，时事出版社，2013。

郭沫若：《中国史稿》，人民出版社，1995。

葛兆光：《宅兹中国——重建有关"中国"的历史论述》，中华书局，2011。

葛剑雄：《统一与分裂：中国历史的启示》，商务印书馆，2013。

官力：《和平为上：中国对外战略的历史与现实》，九州出版社，2007。

管文虎编《国家形象论》，电子科技大学出版社，2000。

黄平：《家国天下：中国发展道路与全球治理》，社会科学文献出版社，2020。

金民卿：《马克思主义中国化的思想逻辑》，社会科学文献出版社，2018。

金民卿：《马克思主义中国化史论》，社会科学文献出版社，2018。

金民卿：《马克思主义中国化研究文稿》，社会科学文献出版社，2018。

金民卿、李建国主编《马克思主义中国化研究报告》，社会科学文献出版社，2011。

金民卿等：《治国方略十四讲》，人民日报出版社，2018。

钱穆：《中国历代政治得失》，生活·读书·新知三联书店，2012。

柳诒徵：《中国文化史》，吉林人民出版社，2021。

刘继南、何辉等：《中国形象——中国国家形象的国际传播现状与对策》，中国传媒大学出版社，2006。

刘继南、何辉：《国际视野中的中国国家形象：中国国家形象的国际传播现状与对策》，中国传媒大学出版社，2006。

李扬等：《经济蓝皮书（2019）》，社会科学文献出版社，2018。

李宝骏：《当代中国外交概论》，人民大学出版社，1992。

李智：《中国国家形象：全球传播时代建构主义的解读》，新华出版社，2011。

李正国：《国家形象构建》，中国传媒大学出版社，2006。

梁漱溟：《东西文化及其哲学》，中华书局，2018。

梁展：《帝国的想象——文明、族群与未完成的共同体》，生活·读书·新知三联书店，2023。

楼宇烈：《中国文化的根本精神》，中华书局，2016。

孟建、于嵩昕：《国家形象：历史、构建与比较》，江苏人民出版社，2019。

潘维：《信仰人民——中国共产党与中国政治传统》，人民大学出版社，2017。

彭兴庭：《资本主义5000年：资本秩序如何塑造人类文明》，中国友谊出版公司，2021。

孙津：《赢得国家形象》，河南美术出版社，2002。

王景伦：《走进东方的梦：美国的中国观》，时事出版社，1994。

吴友富：《中国国家形象的塑造和传播》，复旦大学出版社，2009。

忻剑飞：《世界的中国观：近二千年来世界对中国的认识史纲》，学林出版社，1991。

颜声毅：《当代中国外交》，复旦大学出版社，2004。

阎学通：《世界权力的转移：政治领导与战略竞争》，北京大学出版社，2015。

阎学通：《大国领导力》，中信出版社，2020。

俞可平：《论国家治理现代化》，社会科学文献出版社，2014。

周明伟主编《国家形象传播研究论丛》，外文出版社，2008。

张锦涛、王华丹：《世界大国海洋战略概览》，南京大学出版社，2015。

张锦涛、刘学政：《世界大国战略概览》，南京大学出版社，2015。

张锦涛、谢钧：《世界主要大国军政概况》，南京大学出版社，2016。

张昆：《国家形象传播》，复旦大学出版社，2005。

张昆等：《中国国家形象传播报告》（2015），社会科学文献出版社，2016。

张昆等：《中国国家形象传播报告》（2016），社会科学文献出版社，2017。

张昆等：《中国国家形象传播报告》（2017－2018），社会科学文献出版社，2018。

张昆等：《中国国家形象传播报告》（2019），社会科学文献出版社，2020。

张昆等：《中国国家形象传播报告》（2020－2021），社会科学文献出版社，2021。

张荫麟：《中国史纲》，中华书局，2019。

张星星主编《当代中国成功发展的历史经验：第五届国史学术年会论文集》，当代中国出版社，2007。

周宁：《天朝遥远——西方的中国形象研究》，北京大学出版社，2006。

赵汀阳：《天下体系——世界制度哲学导论》，人民大学出版社，2011。

赵汀阳：《天下的正当性——世界秩序的实践与想象》，中信出版社，2016。

赵汀阳：《惠此中国——作为一个神性概念中国》，中信出版社，2016。

〔俄〕普列汉诺夫：《跨进20世纪的时候：旧〈星火报〉论文集》，王荫庭等译，东方出版社，1998。

〔英〕马丁·雅克：《大国雄心——一个永不褪色的大国梦》，孙豫宁、张莉、刘曲译，中信出版社，2016。

〔法〕阿朗·佩雷菲特：《停滞的帝国：两个世界的撞击》，王国卿等译，生活·读书·新知三联书店，1995。

〔法〕米歇尔·福柯：《词与物——人文科学考古学》，莫伟民译，上海三联书店，2002。

〔法〕米歇尔·福柯：《规训与惩罚》，刘北成等译，上海三联书店，1999。

〔法〕米歇尔·福柯:《必须保卫社会》,钱翰译,上海人民出版社,1999。

〔法〕米歇尔·福柯:《知识考古学》,谢强等译,生活·读书·新知三联书店,1998。

〔法〕米歇尔·福柯:《权力的眼睛:福柯访谈录》,严锋译,上海人民出版社,1997。

〔加〕阿米塔·阿查亚:《美国世界秩序的终结》,袁正清、肖莹莹译,上海人民出版社,2017。

〔美〕斯塔夫里阿诺斯:《全球通史——从史前史到 21 世纪》(上、下),吴象婴等译,北京大学出版社,2005。

〔美〕费正清:《中国的世界秩序:传统中国的对外关系》,杜继东译,中国社会科学出版社,2010。

〔美〕弗朗西斯·福山:《政治秩序的起源——从前人类时代到法国大革命》,毛俊杰译,广西师范大学出版社,2014。

〔美〕弗朗西斯·福山:《国家构建:21 世纪的国家治理与世界秩序》,郭华译,学林出版社,2017。

〔美〕汉斯·摩根索:《国家间的政治:寻求权力与和平的斗争》,徐昕译,中国人民公安大学出版社,1990。

〔美〕卡伦·明斯特、伊万·阿雷奎恩-托夫特:《国际关系精要(第七版)》,潘忠岐译,上海人民出版社,2018。

〔美〕孔力飞:《中国现代国家的起源》,陈兼、陈之宏译,生活·读书·新知三联书店,2013。

〔美〕罗伯特·基欧汉:《霸权之后:世界政治经济中的合作与纷争》,苏长和译,上海人民出版社,2001。

〔美〕约翰·米尔斯海默:《大国政治的悲剧(修订版)》,王义桅、唐小松译,上海人民出版社,2014。

〔美〕亚历山大·温特:《国际社会的政治理论》,秦亚青译,上海人民出版社,2001。

〔美〕詹姆斯·多尔蒂、小罗伯特·普法尔茨格拉夫:《争论中的国际关系理论(第五版)》,阎学通、陈寒溪译,世界知识出版社,2013。

〔美〕伊曼纽尔·沃勒斯坦:《现代世界体系》,郭方、夏继果、顾宁译,社会科学文献出版社,2013。

〔美〕保罗·麦克唐纳:《天下·霸权的黄昏:大国的衰退和收缩》,武雅斌译,法律出版社,2020。

〔美〕彼得·沃克:《大国竞合》,陈春华,中信出版社,2021。

〔美〕T. 克里斯托弗·杰斯普森:《美国的中国形象(1931—1949)》,姜智芹译,江苏人民出版社,2010。

〔美〕杜赞奇:《从民俗国家拯救历史:民族主义话语与中国现代化史研究》,王宪民、高继美、李海燕、李点译,江苏人民出版社,2009。

〔意〕詹尼·瓜达卢皮:《天朝掠影——西方人眼中的中国》,何高济译,商务印书馆,2018。

〔挪威〕盖尔·伦德斯塔德:《大国博弈》,张云雷译,吴征宇校,中国人民大学出版社,2015。

〔日〕渡边信一郎:《中国古代的王权与天下秩序》,徐冲译,上海人民出版社,2021。

〔日〕宫崎正胜:《大国霸权:5000 年世界海陆空争霸》,米彦军译,浙江人民出版社,2020。

〔日〕王柯:《从"天下"国家到民族国家:历史中国认知与实践》,上海人民出版社,2020。

三 期刊论文

陈嬿如:《爱国主义宣传和国家形象塑造》,《当代传播》2002 年第 2 期。

陈志刚:《中国式现代化及其规律性和多样性》,《马克思主义理论学科研究》2021 年第 5 期。

陈宗权、谢红:《社会认同论与国家形象主体性生成理论的可能——兼论国家形象研究范式及未来的研究纲领》,《国际观察》2015 年第 3 期。

董青岭、李爱华:《和平·发展·合作——关于中国国家形象建设的几点思考》,《理论学刊》2006 年第 4 期。

方世南:《国家与民族形象意识:内容、价值与培育》,《南京林业大学学报》(人文社会科学版)2001 年第 3 期。

范焕昕：《十八大以来对中国国家形象的塑造》，《现代交际》（学术版）
　　2017 年第 9 期。

管文虎：《国家的国际形象浅析》，《当代世界》2006 年第 6 期。

管文虎：《新中国领导人对国家形象问题的认识》，《高校理论战线》2009
　　年第 4 期。

管文虎、李振兴：《论负责任的大国形象》，《天府新论》2004 年第 5 期。

管文虎、邓淑华：《党的三代领导人对树立新中国国家形象的贡献》，《思
　　想理论教育》2000 年第 1 期。

郭树勇：《论和平发展进程中的中国大国形象》，《毛泽东邓小平理论研
　　究》2005 年第 11 期。

郭树勇：《论大国成长中的国际形象》，《国际论坛》2005 年第 6 期。

韩源：《全球化背景下的中国国家形象战略框架》，《当代世界与社会主
　　义》2006 年第 1 期。

胡腾蛟：《大学生国家形象观教育的建构与意义分析》，《思想政治教育研
　　究》2010 年第 5 期。

金民卿：《改革开放是具有鲜明个性的伟大社会革命》，《马克思主义研
　　究》2018 年第 11 期。

金民卿：《增强意识形态安全意识的时代依据和对策思考》，《当代世界与
　　社会主义》2018 年第 6 期。

金民卿：《唯物史观的时代观与当今时代判断》，《世界社会主义研究》
　　2018 年第 10 期。

金民卿：《中国特色社会主义新时代的历史坐标》，《云南社会科学》2018
　　年第 5 期。

金民卿：《西方文化霸权的四大"法宝"会不会失灵》，《党政视野》2017
　　年第 2 期。

金民卿：《"中国梦"理论建构中的"融通"思维》，《探索》2017 年第
　　5 期。

金民卿：《传统文化中的道德养成路径及其当代价值》，《中国文化研究》
　　2014 年第 4 期。

金民卿：《全球化·大众文化·文化主权》，《河北学刊》2000 年第 6 期。

季乃礼：《国家形象理论研究述评》，《政治学研究》2016 年第 1 期。

汲立立：《美国国家形象的建构对中国的借鉴意义》，《长春市委党校学报》2018 年第 2 期。

焦占广：《和谐外交理念与中国国家形象的构建》，《思想理论教育导刊》2008 年第 3 期。

李崇富：《马克思主义国家观和国家认同问题》，《中国社会科学》2013 年第 9 期。

李岚：《习近平对外国家形象战略思想的基本内涵、精神实质、理论品格和实践指向》，《中共杭州市委党校学报》2018 年第 5 期。

刘书林：《不发达国家首先发生社会主义革命的历史必然性与中国特色社会主义道路自信》，《世界社会主义研究》2018 年第 3 期。

罗建波：《中国国家形象战略的基本框架与实现途径》，《理论视野》2007 年第 8 期。

门洪华：《地区秩序建构的逻辑》，《世界经济与政治》2014 年第 7 期。

孙有中：《国家形象的内涵及其功能》，《国际论坛》2002 年第 3 期。

韦日平：《邓小平的中国形象观》，《思想理论教育导刊》1995 年第 3 期。

王培文：《试论邓小平的"主张和平的社会主义"——中国总体国际形象思想》，《平顶山学院学报》2008 年第 4 期。

王生才：《中国的大国外交战略与大国形象塑造》，《唯实》2007 年第 3 期。

王仲萃：《论邓小平的中国形象观》，《福建论坛》（人文社会科学版）1994 年第 6 期。

俞邃：《爱国主义佳作〈国家形象论〉》，《当代世界》2000 年第 12 期。

阎学通：《无序体系中的国际秩序》，《国际政治科学》2016 年第 1 期。

赵汀阳：《"天下体系"：帝国与世界制度》，《世界哲学》2003 年第 5 期。

张国清：《他者的权利问题——知识—权力论的哲学批判》，《南京社会科学》2001 年第 10 期。

张海鹏：《中华文明的连续性和创新性——兼对国外有关中国历史文化中断的驳议》，《北京日报》2023 年 9 月 25 日。

四　学位论文

陈世阳：《国家形象战略研究》，中共中央党校，2010。

洪登海：《建构主义视角下的东北亚区域安全合作研究》，苏州大学，2008。

刘艳房：《中国国家形象战略与国家利益实现研究》，河北师范大学，2008。

孙祥飞：《中国形象的跨文化传播路径研究》，复旦大学，2014。

沈琬：《中国国家形象之构建：一种品牌国家形象的研究》，复旦大学，2013。

县详：《当代中国国家形象构建研究》，西南财经大学，2011。

袁赛男：《哲学视域下的国家形象建设研究》，中共中央党校，2011。

周厚虎：《中美软实力战略比较研究》，中共中央党校，2013。

邹丽萍：《毛泽东对外宣传思想研究》，中共中央党校，2015。

张希中：《习近平大国治理思想研究》，中共中央党校，2018。

图书在版编目（CIP）数据

大国形象论纲：近代以来大国的存在方式、核心变
量及其形象问题研究／方正著. -- 北京：社会科学文
献出版社，2024.4
　ISBN 978 - 7 - 5228 - 3539 - 6

　Ⅰ.①大…　Ⅱ.①方…　Ⅲ.①国家 - 形象 - 研究 - 中
国　Ⅳ.①D6

中国国家版本馆 CIP 数据核字（2024）第 080072 号

大国形象论纲
近代以来大国的存在方式、核心变量及其形象问题研究

著　　者／方　正

出 版 人／冀祥德
责任编辑／岳梦夏
责任印制／王京美

出　　版／社会科学文献出版社·马克思主义分社（010）59367126
　　　　　地址：北京市北三环中路甲 29 号院华龙大厦　邮编：100029
　　　　　网址：www. ssap. com. cn
发　　行／社会科学文献出版社（010）59367028
印　　装／三河市龙林印务有限公司

规　　格／开　本：787mm × 1092mm　1/16
　　　　　印　张：14.75　字　数：232 千字
版　　次／2024 年 4 月第 1 版　2024 年 4 月第 1 次印刷
书　　号／ISBN 978 - 7 - 5228 - 3539 - 6
定　　价／98.00 元

读者服务电话：4008918866